大学生心理成长
理论和实践

主 编 王英梅
副主编 张 莹 冯 佳 罗 莹

DAXUESHENG XINLI CHENGZHANG
LILUN HE SHIJIAN

四川大學出版社
SICHUAN UNIVERSITY PRESS

图书在版编目（CIP）数据

大学生心理成长理论和实践 / 王英梅主编. — 成都：四川大学出版社，2022.11

ISBN 978-7-5690-5767-6

Ⅰ. ①大… Ⅱ. ①王… Ⅲ. ①大学生—心理健康—健康教育 Ⅳ. ①G444

中国版本图书馆 CIP 数据核字（2022）第 200141 号

书　　名：大学生心理成长理论和实践
　　　　　Daxuesheng Xinli Chengzhang Lilun he Shijian

主　　编：王英梅

选题策划：唐　飞　吴连英

责任编辑：吴连英

责任校对：张艺凡

装帧设计：墨创文化

责任印制：王　炜

出版发行：四川大学出版社有限责任公司
　　　　　地址：成都市一环路南一段 24 号（610065）
　　　　　电话：（028）85408311（发行部）、85400276（总编室）
　　　　　电子邮箱：scupress@vip.163.com
　　　　　网址：https://press.scu.edu.cn

印前制作：四川胜翔数码印务设计有限公司

印刷装订：成都新恒川印务有限公司

成品尺寸：185mm×260mm

印　　张：16.25

字　　数：393 千字

版　　次：2022 年 12 月 第 1 版

印　　次：2022 年 12 月 第 1 次印刷

定　　价：60.00 元

扫码查看数字版

四川大学出版社
微信公众号

目　录

大学生健康心理培育的工作机制与体制研究

大学生心理成长与危机预防干预的理论与实践

大学生心理成长与危机预防的案例与分析

大学生健康心理培育的工作机制与体制研究

新时代背景下高校心理健康教育创新发展与实施途径探析

王英梅[①]

摘要：高校心理健康教育是培养堪当民族复兴大任的合格人才的重要组成部分，新时代赋予了心理健康教育新的内涵与新的意义，提出了新要求和新任务，树立新时代中国特色的心理健康教育观，建立符合中国国情、富有中国特色的心理健康教育体制机制，就必须形成一套涵盖内涵和外延的创新工作方案，不断探索务实的实施路径与具有成效的工作体系。

关键词：新时代；高校心理健康教育；创新发展；实施途径

2021年4月19日，习近平总书记在清华大学考察时强调："我国高等教育要立足中华民族伟大复兴战略全局和世界百年未有之大变局，心怀'国之大者'，把握大势，敢于担当，善于作为，为服务国家富强、民族复兴、人民幸福贡献力量。"大学生是国家栋梁和民族希望，大学阶段是世界观、人生观、价值观形成发展的重要时期，高等学校做好新时代心理健康教育工作，事关培养社会主义合格建设者和接班人的育人使命，事关培养堪当民族复兴大任的时代新人的历史使命。

高等学校的教育工作者要与时代同呼吸共命运，新时代全面推进和深化高等学校心理健康教育，要树立建设具有中国特色的心理健康教育的系统观。新时代赋予了心理健康教育新的内涵与新的意义，提出了新要求和新任务，树立新时代中国特色的心理健康教育观，就是要建立符合中国国情、富有中国特色的心理健康教育体制机制，为此我们需要守正创新，形成一套涵盖内涵和外延的创新工作方案，形成包括中国文化和时代背景下的心理健康教育新的理论体系、明确的价值遵循、务实的实施路径与具有成效的工作体系。

---

① 王英梅，四川大学心理健康教育中心，副教授，博士，主要研究方向为大学生心理健康教育与心理咨询。

一、新时代高校心理健康教育需要理论创新

习近平总书记的系列重要讲话精神，为高校心理健康教育工作提供了指导思想和根本遵循。新时代高校心理健康教育的理论体系应该在习近平新时代中国特色社会主义思想指导下，把心理健康教育领域相关概念，以及近年实践形成的既有经验，与新时代的要求紧密结合起来，形成新的具有鲜明时代特色和育人实效的理论体系，为心理健康教育与实践提供理论依据和现实指导。这给新时代高校心理健康教育工作者既带来巨大的挑战，又带来了理论创新的发展机遇。

（一）建设中国特色的心理健康教育

习近平总书记曾经讲过两个大局，一个是世界百年未有之大变局，一个是实现中华民族伟大复兴的战略全局。新型冠状病毒肺炎疫情的暴发使得我们对世界百年未有之大变局有了更加清醒的认识，世界政治、经济、科技等格局正在发生深刻的变革。高校心理健康教育要立足于当下正在发生的广泛而深刻的社会变革，从心理健康教育角度研究社会变革和社会变迁给当代大学生的人格、认知、行为、精神等层面带来的巨大变化，回应大学生真实的心理需求，帮助他们为适应世界百年未有之大变局做好心理准备。

2021 年 4 月 19 日，习近平总书记在清华大学考察时还强调："我们要建设的世界一流大学是中国特色社会主义的一流大学，我国社会主义教育就是要培养德智体美劳全面发展的社会主义建设者和接班人。"改革开放给我国带来政治、经济、文化、生活、心理等诸多领域的变革。这些变革给人民的社会生活带来深刻变化，也给人们的思想观念、人格形成、心理状态带来了巨大冲击。现在的大学生的人格特点和心理状态具有鲜明的时代特征。

探索中国大学生特有的心理现象，建立符合中国国情、具有中国特色、匹配中国人生活和文化背景的心理健康概念、理论与研究方法等，是心理健康教育本土化的时代命题。已有研究表明，不同文化群体之间在心理主观体验和客观认知上都有显著的差异，这提示我们，对于建立在西方文化基础上所开发出来的心理测量评表并不一定能很好地反映中国人的心理状况。在自我概念的产生背景与主客体评价体系、集体主义和个体主义文化影响方面，中国都与其他国家有比较大的差别。

在实现中华民族伟大复兴战略全局背景下，心理健康教育体现文化自信。总结、提炼中国特色心理健康教育的新理念、新范畴、新方法，寻找适合中国人的心理测量工具，发展解释中国人社会心理与社会行为的模式理论，以此来建构符合中国特色的心理健康教育的学科体系、学术体系、话语体系，不仅能为新时代背景下大学生成长与成才助力，而且具有高度的本土原创性和文化启示性，这是构建中国特色高等学校心理健康教育理论体系的必经之路。

（二）在健康中国背景下建构心理健康教育

在 2018 年 9 月召开的全国教育大会上，习近平总书记明确提出"健康第一"的教

育理念，这是统揽高等学校心理健康教育工作的理论基石。习近平总书记关于身体健康、心理健康的一系列重要论述，为构建心理健康教育理论体系和社会心理服务体系提供了根本遵循。

在 2016 年 8 月召开的全国卫生与健康大会上，习近平总书记强调："要加大心理健康问题基础性研究，做好心理健康知识和心理疾病科普工作，规范发展心理治疗、心理咨询等心理健康服务。"这给新时代高校心理健康教育工作提出了具体要求。

健康是人类永恒的话题，健康的体魄和平衡的心态构成健康的个体。健康不仅关乎人民群众的幸福生活和美好期待，也对社会的稳定和民族的可持续发展、国家的长治久安具有重要战略意义。1989 年，世界卫生组织重新定义了健康的概念，认为健康包括躯体健康、心理健康、社会适应良好和道德健康。国家相关部门制定并出台了一系列政策与方案，2021 年 3 月，十三届全国人大四次会议通过了《中华人民共和国国民经济和社会发展第十四个五年规划和 2035 年远景目标纲要》，其中有三处关于心理健康的论述：在建设高质量教育体系中提出要"重视青少年身体素质和心理健康教育"，在全面推进健康中国建设中提出要"重视精神卫生和心理健康"，在维护社会稳定和安全中提出要"健全社会心理服务体系和危机干预机制"。这是新时代我国心理健康教育事业发展的政策基础。《国务院关于实施健康中国行动的意见》明确提出要实施心理健康促进行动。因此，加强心理健康教育与心理服务是实施"健康中国"行动的必然要求，也是促进健康中国的一部分。在健康中国时代背景下实践高校心理健康教育工作任重道远，也是理论与实践相结合、做出工作实效的试验田。

（三）将幸福中国作为心理健康教育的内涵和外延

习近平总书记在多个场合强调"幸福都是奋斗出来的""奋斗本身就是一种幸福""新时代是奋斗者的时代"。幸福感，是主观幸福感、心理幸福感和社会幸福感的总称，是衡量个体生活和适应状态的重要标准，也是国际上通行的衡量人民生活质量和社会发展水平的重要指标。

全社会对幸福感的追求、对心理健康的关注都在持续升温，人们越来越意识到心理健康是人的全面发展的必然要求，是人类快乐工作、和谐生活的根本基础。当幸福中国作为我国社会发展进步的重要指标时，心理健康工作既要承担起对各种心理行为问题进行咨询、治疗和补救的任务，又要担负起引导和教育人们健康、幸福生活的责任，开展更多发展性的服务，为幸福中国助力。

文化是构成心理健康问题的有机因素，所以，要很好地解决中国人的心理健康问题，必须考虑从中国文化角度进行阐述。西方心理学产生于欧美特殊的文化背景中，当心理学原理应用于欧美社会时，它是有效的，但是把这些原理应用到其他国家时，就会出现很多不适应的情况。比如，传统的东方儒家文化强调，为了未来的幸福或重要目标，应该学会忍耐，放眼未来，如古语云"天将降大任于是人也，必先苦其心志，劳其筋骨，饿其体肤，空乏其身……"，而西方文化则强调及时行乐。

"幸福是奋斗出来的"，就是在参与创造伟大时代的同时，创造自己的美好人生，要为幸福而奋斗，在奋斗中谋幸福，这也是对高等学校心理健康教育最终目标的诠释。

二、新时代高等学校心理健康教育的指导思想

高等学校心理健康教育的指导思想是在新时代社会转型时期形成和发展起来的，是社会意识特别是社会主义核心价值观的具体反映，为心理健康教育提供价值导向和根本依据，包括立德树人、以人为本、生命至上等基本育人要素。

（一）坚持立德树人的根本任务

2016年12月7日，习近平总书记在全国高校思想政治工作会议上明确指出："要坚持不懈培育和弘扬社会主义核心价值观，引导广大师生做社会主义核心价值观的坚定信仰者、积极传播者、模范践行者。"这就要求高校必须把社会主义核心价值观融入心理健康教育全过程，引导学生准确理解和把握社会主义核心价值观的深刻内涵和实践要求，发挥其立德树人的价值导向作用。

学校是立德树人的地方。立德树人在高等学校心理健康教育的价值体系中位居首位。党的十八大报告首次明确提出将立德树人作为我国德育与思想政治教育发展战略的一项基本任务，而心理健康教育本来就是德育与思想政治教育的题中之义。目前，立德树人的教育实践已经与我国社会主义发展阶段和基本国情遥相呼应，为培养"德才兼备"的社会主义建设者和接班人发挥了重要作用。其显著特征为：一是立德树人任务明确，德育与思想政治教育地位空前提高；二是德育与思想政治教育海纳百川，通时合变。立德树人框架下的高等学校心理健康教育，务必要坚持正确的政治方向与价值导向。价值导向，从本质上来讲，是对社会上存在的多种多样的价值取向进行整合和消解的过程，是引导大学生认同社会主义核心价值观的重要手段，解决"为谁培养人"的问题，也是避免大学生在现代多元的价值取向中迷失方向的解决之道。

（二）突出以人为本的工作理念

2021年，在考察清华大学时，习近平总书记指出："教师要成为大先生，做学生为学、为事、为人的示范，促进学生成长为全面发展的人。"立德树人必须坚持以人为本、育人为本、学生为本。全员育人、全过程育人、全方位育人的"三全育人"理念的贯彻实施，是打通立德树人"最后一公里"的重要手段。心理健康教育作为一种以人的发展为目的的教育实践活动，促进学生更好发展是其出发点和归宿。因为心理健康教育的主体是人，也只有在人的积极主动参与下，心理健康教育的效果才能最大化。心理健康教育具有不同于学科专业教育的特点，特别强调潜移默化的影响，重视"润物细无声"的教育效果。

要坚持面向全体学生，坚持正面教育，根据大学生身心发展特点和教育教学规律，聚焦他们的主要心理社会性发展任务，灵活运用心理辅导、心理咨询的理论知识和方法技能，培养他们的良好人格特质和积极心理品质，不断提高他们适应社会生活的能力；引导他们正确认识"义和利、群和已、成和败、得和失，培育学生自尊自信、理性平和、积极向上的健康心态，促进学生心理健康素质与思想道德素质、科学文化素质协调

发展”。

高等学校心理健康教育的效果最终会体现在大学生身上，要特别强调“以人为本”，重视健康心理和健全人格的提升与塑造。大学生的健康成长与发展才是根本，只有真正从大学生实际出发，充分考虑他们的现实需要及身心发展特点，遵循心理健康和教育规律，才能真正实现人的自由全面发展。

（三）践行生命至上的工作宗旨

2017 年 10 月 18 日，习近平总书记在中国共产党第十九次全国代表大会上的报告中指出：“树立安全发展理念，弘扬生命至上、安全第一的思想，健全公共安全体系……”2022 年 3 月 17 日，中共中央政治局常务委员会召开会议，习近平总书记强调：“要始终坚持人民至上、生命至上，坚持科学精准、动态清零，尽快遏制疫情扩散蔓延势头。”生命至上、安全第一，是人民利益至上的具体表现，是建设平安中国的思想引领，是满足人民群众日益增长的美好生活需要的基石，体现出我们社会的价值取向，体现出中国共产党在任何时候都把群众利益放在第一位的使命担当。

心理健康教育就是帮助大学生形成正确的生命意识，树立生命至上的价值理念，强调生命需要用心去珍爱。心理健康教育在生命观塑造上具有独特的工作优势和工作方法，生命教育应该成为心理健康教育的重要内容，同时心理危机干预也是守护生命的重要防线。敬畏生命，必须积极预防和干预心理疾病、心理障碍引发的危机事件，如预防和干预自杀、暴力冲突、精神分裂和意外事故等。生命至上意味着不仅要热爱生命、珍惜生命，更要彰显生命的价值。要教育大学生负起生命责任，在日常学习中坚定生命信念，在社会交往中丰富现实生命，引导他们无论遇到多大的挫折和失败，都不看低自己生命的价值，也不迁怒于人，要时刻善待自己和他人的生命，绝不轻言放弃。

三、高等学校心理健康教育的重要途径

心理健康教育作为我国高等教育的新兴学科，既涵盖心理学、教育学、思想政治教育学、精神医学等学科的最新理论与实践成果，又不同于其中任何一门学科，是一门多学科交叉应用的新兴学科。目前我国高等学校心理健康教育已初具发展规模，在二十多年实践探索基础上有效实现了育心与育德相统一、促进学生全面发展、注重创新与特色发展的有机整合。

（一）育心与育德相统一

在我国高等学校教育实践中，心理健康教育很大程度上就是在德育的大框架下开展起来的，随着几十年的实践，现在又回归到思政大背景下。德育是一个有着丰富思想内涵的动态发展的概念体系，它与心理健康教育紧密联系，而心理健康教育又赋予德育全新的时代内涵。德育和思想政治教育对学生进行道德观、世界观、人生观、价值观等方面的教育，为心理健康教育指明了方向，成为其背后强大的思想支撑；心理健康教育则赋予了德育新的时代内涵和教育模式，对学生个性、认知、情感、行为和意志品质等方

面的培养起到了重要引导作用。

教育界强调心理健康教育与德育、思想政治教育相统一，重视育心与育德相结合、育心为育德服务，因为两者的终极目标具有一致性，即使学生得到成长和全面发展。育心和育德既有区别又有联系，两者的理论依据、工作原则、工作任务、教育途径和方法不同，但教育内容具有部分重叠，如在合作、理解、尊重、奉献等方面的关注点是一致的，更重要的是服务对象具有同一性。总之两者是相互联系、相互促进、相互补充的。

（二）促进学生全面发展

2020 年 8 月 17 日，习近平总书记在致全国青联十三届全委会和全国学联二十七大的贺信中说："我国广大青年要坚定理想信念，培育高尚品格，练就过硬本领，勇于创新创造，矢志艰苦奋斗，同亿万人民一道，在矢志奋斗中谱写新时代的青春之歌。"在德智体美劳全面发展教育中，心理健康教育可以起到"催化剂"式的促进和放大作用，与德育、智育、体育、美育、劳动教育一起，共同构成了辩证统一的全面发展教育体系。

开展心理健康教育，有利于提高学生的道德修养，培养良好品德；有利于开发学生的智力和创造力，造就一代创新型人才；有利于培养学生坚忍不拔的拼搏精神，提升心理素质；有利于培养学生健全的人格，促进审美能力的提高与发展；有利于帮助学生形成良好的劳动习惯，增强生活与社会适应能力。虽然德智体美劳"五育"都有不同的教育目的、任务、内容、规律和方法，但心理健康教育可以与"五育"深度融合，可以与"五育"重拳齐发，这是新时代铸造大格局教育的一个重要举措，既体现了学生由教育客体向教育主体的真正回归，又彰显教育的核心目标是人的全面发展。

（三）注重创新与特色发展

创造力或创新素质作为人类心理机能的表现形式，其发展水平是心理健康与否的重要标志，创造力培养是心理健康教育的突出亮点。心理健康是个体创造力、创新素质发展和发挥的基础，而富有创造力的活动也会促进心理健康的发展。要以心理健康教育为重要手段，全面培养和提高大学生的创新意识与创新精神、创新思维与创新人格、创新能力与实践能力。

高等学校心理健康教育的创新发展，指在创新教育的理念指导下，积极有序地开展心理健康教育，把"创新人才培养"和"心理健康教育"有机地结合起来，培养心理健康、勇于创新的新一代大学生，培养学生的创新能力，促进大学生心理健康和个性的全面发展。

高等学校心理健康教育的特色发展，在宏观层面是教育部关于教育教学、实践活动、咨询服务、危机干预、平台保障五位一体的指导纲要，具体到实际则是指各个高校要明确在促进学生身心健康发展方面的任务和目标，科学规范学校心理健康教育工作，发展本校心理健康教育的特色，以高标准和严要求促进高校心理健康教育的新发展。最终，以高素质综合性人才的产出作为各高校心理健康教育实效的核心指标。

当今背景下，创新工作还要注重家校协同。家校协同就是在家庭与学校之间架起一座桥梁，使学校教育与家庭教育有机结合起来，形成优势互补，相互促进。医教协同是建立心理危机转介诊疗机制，畅通从学校心理健康教育与咨询机构到精神卫生专业机构的转诊绿色通道，以便及时转介疑似患有严重心理或精神疾病的学生到专业机构接受诊断和治疗。

高等学校心理健康教育是一项复杂的生态工程、系统工程，需要学校、家庭、社会诸方面共同配合、通力合作。时代是思想之母，实践是理论之源。加强理论应用、创新实践载体、采取务实措施、提高工作实效、高效推进高等学校心理健康教育实践与科学研究，是新时代心理健康工作者共同的任务。

参考文献：

俞国良，王浩. 构建新时代心理健康教育新格局［N］. 中国社会科学报，2021－12－09（7）.

吕慧玲，黄晓娟. 心理咨询本土化的综述研究［J］. 科教文汇，2008（8）：236.

中华人民共和国国民经济和社会发展第十四个五年规划和 2035 年远景目标纲要［EB/OL］.（2021－03－13）［2022－03－13］. http://www.gov.cn/xinwen/2021－03/13/content_5592681.htm.

俞国良，李森. 我国“立德树人”教育政策历史进程的文本分析与启示［J］. 西南民族大学学报（人文社会科学版），2019（6）：217－222.

陈章龙，周莉. 价值观研究［M］. 南京：南京师范大学出版社，2004.

中共教育部党组. 中共教育部党组关于印发《高等学校学生心理健康教育指导纲要》的通知［EB/OL］.（2018－07－13）［2022－03－13］. http://www.moe.gov.cn/srcsite/A12/moe_1407/s3020/201807/t20180713_342992.html.

大学生心理危机分级干预工作体系探索

冯　佳[①]

摘要：本文在梳理和回顾有关文献的基础上，提出了新时代背景下大学生心理危机分级干预工作体系，并列出了相应的响应措施，为加强和改进大学生心理危机预防干预工作提供参考。

关键词：大学生；心理危机；分级干预

青少年自杀直接危害青少年的生命安全，给个人、家庭、学校和社会带来巨大伤害，已成为引起广泛关注的全球性公共卫生问题。

自杀是可以预防的，其风险因素包含身心疾病、被虐待和创伤、缺乏问题解决能力及恶劣家庭和学校环境等。有自杀倾向的学生在自杀前可能会向亲友透露自己的自杀意图，如果亲友处理不当，很可能使其错失重要的求助机会以致酿成悲剧，同时，有自杀倾向的学生的内心常常是无助的，或缺乏求助意识，或无力求助，教师需要借助完善的专业资源主动与这类学生进行沟通。

近年来，我国大学生心理健康问题广受关注，大学生存在严重心理健康问题尤其是存在自伤、自杀及伤人等心理危机问题，亟需学校高度重视并采取有效措施进行预防和干预。为了加强大学生心理危机预防干预工作，有必要深入研究新时代背景下我国大学生心理危机的发生特点、表现形式、影响程度，在此基础上探究大学生心理危机分级方案，并根据不同危机水平进行恰当的干预。

一、大学生心理危机干预工作背景

大学生的心理健康问题越来越引发社会关注，《普通高等学校学生心理健康教育工作基本建设标准（试行）》（教思政厅〔2011〕1号）、《关于加强心理健康服务的指导意见》（国卫疾控发〔2016〕77号）、《高校思想政治工作质量提升工程实施纲要》（教党

---

① 冯佳，四川大学心理健康教育中心，主要研究方向为发展心理学、教育心理学。

〔2017〕62 号）以及《高等学校学生心理健康教育指导纲要》（教党〔2018〕41 号）等文件中明确提出要加强大学生心理健康教育，做好大学生心理危机预防干预工作。近年来，国家针对心理健康教育工作所出台的政策也更具有效性。2021 年 6 月，教育部颁布的《未成年人学校保护规定》中强调关注学生心理健康；2021 年 7 月，《教育部办公厅关于加强学生心理健康管理工作的通知》中，明确提出要提高学生心理健康工作的针对性和有效性，切实加强专业支撑和科学管理，全方位提升学生心理健康素养；2021 年 11 月，教育部在《关于进一步落实青少年抑郁症防治措施的提案》中明确将抑郁症筛查纳入学生健康体检内容。

然而，我国部分高校的心理健康教育机构，既需要提供专业的心理健康教育和咨询服务，又担负着管理的职能，其专业定位不明确，工作机制也有待完善。自 2013 年《中华人民共和国精神卫生法》开始实施以来，大学生心理危机干预工作的伦理困境和规范化要求愈加突出。

同时，在大学生心理危机评估过程中，缺乏权威的评估标准和应对机制，学校心理咨询师、院系辅导员往往通过主观询问、利用过往工作经验来评判学生是否处于危机状态，评估学生的危机风险等级，并进行评估后的干预。以主观评估为主的危机干预工作，很大可能会导致决策的困难。

我国高校中的心理健康教育机构的专职教师数量有限，学生心理健康教育、学生心理危机与干预工作，不能仅依靠专职教师孤军奋战，还需要学工系统以及教职员工的参与。与此同时，对学生心理危机水平进行分级，划分危机干预职责，推进多方协同合作，才能共同助力学生健康成长。

二、高校中的心理危机干预

心理危机指个体遭遇重大心理影响的事件或境遇，超出其自身有效应对的程度，从而引发急性认知、情感、躯体和行为等方面的功能失调的不利或危险状态。

心理危机干预指在心理学理论指导下，对有心理危机的个体或群体的一种短期的帮助行为，其目的是及时为经历个人心理危机、处于困境或遭受挫折和将发生危险的对象提供支持和帮助，使之恢复心理平衡。有效的心理危机干预，不仅可以避免严重恶性事件的发生，把已发生的心理危机事件可能带来的伤害降低，还可以把心理危机事件转化为促进学生健康成长的契机。

大学生心理危机中，自杀危机是最主要、最值得高度重视的校园风险。自杀并非一个单独的事件，而是包含一系列相关的行为表现，如自杀态度的转变、自杀意念的产生、自杀计划的制订以及自杀行为的尝试，都有可能在自杀行为实现之前出现。

在危机发生过程不同阶段的危机干预可以分为预防性干预、治疗性干预和补救性干预。大学生心理危机干预工作，重点是预防性干预，尤其是尽早发现、识别和评估危机。研究认为，我国大学生自杀的危险因素大体可分为三大方面：精神障碍、性格偏差和长期存在的应激反应。其中，精神障碍和应激反应都需要精神医疗服务的参与，而医疗服务的介入，必然涉及法律和当事人的隐私权和自主权等议题。《中华人民共和国精神卫生法》第二十八条明确规定，“疑似精神障碍患者发生伤害自身、危害他人安全的行为，或者有伤害自身、危害他人安全的危险的，其近亲属、所在单位、当地公安机关应当立即采取措施予以制止，并将其送往医疗机构进行精神障碍诊断”。法律强调精神障碍者住院治疗实行自愿原则，但未明确强制留院观察的条件。当学校评估学生存在精神障碍时，在当事学生自知力完好的情况下，只能通过劝说当事学生自愿或由其近亲属护送到医院治疗，而不能强制采取措施。这使学校危机干预工作面临更为复杂的局面，尤其是在当事学生及监护人不配合的情况下，更容易导致严重的后果。

在高校的工作环境下，大学生心理危机干预工作也呈现出迅速反应和精准决策的特性。高校与学生家长之间的沟通交流、高校内部各部门之间的协调合作、高校与医院精神专科门诊之间的联动，都是高校心理危机干预工作的重要影响因素。高校设置危机应急工作小组，全面部署和负责学生心理危机干预工作，对重大危机事件形成快速的决策和执行，确保能够快速掌控危机局面；同时，学生工作部门和心理健康教育机构要进行协调和联动，一方面保证了专业工作者的评估和干预，另一方面也有助于行政资源的有效动员和应用。

三、大学生心理危机干预分级策略

我国高校学生管理实施的是“分层管理、条块结合”的组织架构和运作机制，有专门的心理危机预防与干预的工作体系，有强大的高校学生管理工作队伍。心理危机发展过程中，当事人会出现一些异常的行为表现，如离家出走、学业拖延、频繁的人际冲突、自暴自弃、自伤行为等，这些既是发现潜在心理危机的重要线索，也是学校应对学生心理危机的重要依据。多渠道、全方位、深入细致地收集线索，对学生心理危机的程度进行评估，是有针对性地实施干预的重要前提。

（一）心理危机干预的基本原则

大学生心理危机干预，需要学院、学生工作系统、心理健康教育机构、保卫处等相关部门的积极协调配合，各方人员都需要遵循以下几项原则：

第一，尊重生命。树立“生命高于一切”的思想，把保证学生的生命安全放在首要位置。

第二，及时性。心理危机需要尽早干预，迅速地做出反应和处理，避免心理危机发展失控。

第三，发展性。心理危机既意味着“危险”，又存在着“机会”。心理危机干预不仅要解决当事人所面临的主要问题，更要充分调动当事人的积极资源，在引导当事人有效应对心理危机的基础上，使其获得新的经验，全面提升其心理素质和能力。

第四，系统性。心理危机干预体系包括“学校—学院（系所）—学生”三个层面，畅通“学生到老师、老师到中心、来访者到咨询师、中心到学院、中心到医院”五条通道，以整合多方面资源，推动家校联动，共同做好心理危机预防与干预工作。

（二）心理危机分级评估和干预方案

个体心理健康与否受性格特质、生活风格、家庭氛围、成长环境、教育经历等多方面因素的综合影响。心理危机的成因也有很复杂的影响因素，如早期不良经历多、学业发展任务重、现实影响挑战大等。有研究认为，最能预测自杀行为的因子有三个：（1）不久前才尝试过严重的自杀行为；（2）存在危险的、可能导致自杀的精神病性症状；（3）流露出自杀意图，表明自己成熟的近期自杀计划（或由周围可靠人员告知）。还有研究指出，疾病、家庭问题、学校负性生活事件、不良性格是大学生自杀的主要风险因素，学业和恋爱问题是诱发大学生自杀的重要原因，而精神疾病是自杀行为最大影响因素。

总之，无论是什么因素导致学生出现心理危机，其异常表现都主要体现在个体思维模式、情绪情感状态、躯体状态、行为应对等几方面。因此，对于大学生心理危机的预防，学校需要重视但又不可过分纠结于学生心理危机的现实诱发因素，更需要聚焦于学生遭遇压力事件后所产生的感受、想法、行为，及其导致的消极影响和外在表现。

因此，根据实践经验，建立大学生心理危机分级方案（见表1），匹配相应的危机干预措施，有助于各部门明确职责、做出响应，有助于大学生心理危机干预工作的系统化开展。

表1　大学生心理危机分级方案

级别	来源（满足所列任意一条）	干预措施
警戒	①心理测评及评估后级别为“警戒”。 ②有危机干预记录（近期实施过自杀、自伤行为；近期有强烈自杀想法或自杀计划）。 ③咨询处理意见选择“危机干预”。	由学校心理健康教育中心主要负责，辅导员配合联系家长告知学生现状，督促学生尽快就医，24小时密切关注并进行评估。在解除警戒状态之前，学院和家长需采取必要的保护措施。
高危	①心理测评及评估后级别为“高危”。 ②有危机干预记录（曾实施过自杀、自伤行为；曾有自杀想法或自杀计划）。 ③院系上报中同时存在三类及以上问题。 ④院系上报中同时存在心理疾病和学业两类问题。 ⑤院系上报中显示有自杀想法但拒绝就医或就医后未规范治疗。	由学校心理健康教育中心指导学院开展工作，联系辅导员和家长，告知学生现状，督促学生尽快进行咨询或就医。在解除高危状态之前，学院和家长需采取必要的保护措施，并每周评估了解该同学的情况。
追踪	①心理测评及评估后级别为“追踪”。 ②院系上报中同时存在两类问题。 ③院系上报中显示曾诊断患有心理疾病。 ④咨询处理意见选择“转介就医”。	由学院主要负责。辅导员每个月至少需要和该生深入交谈一次。如果有同学出现特殊情况，例如有学业受挫、失恋、家庭问题等，建议学生定期咨询。
关注	①心理测评及评估后级别为“关注”。 ②院系上报中存在一类问题。 ③咨询处理意见选择“跟踪随访”。	由学院主要负责。辅导员需关注，每学期至少需要和该生深入交谈两次。日常谈话中如发现其情绪出现较大波动，可以鼓励其到心理健康教育中心进行咨询。

在高校进行大学生心理危机干预的实际工作中，从学生入学时参加的心理健康测评

开始，便建立起了学生心理健康档案，教师根据测评和评估的结果进行初始分级，随后结合日常工作中各方面的信息，对大学生心理健康状态进行动态分级调整，并做出相应的跟进干预，可以取得良好的效果。

新时代背景下，大学生心理危机干预工作面临着日益严峻复杂的挑战，需要"家庭—学校—医疗机构"等多方面协同合作，而合作的前提是对大学生心理危机进行合理分级，并在适当分级的基础上确立各自的职责。

本文所论述的大学生心理危机分级干预工作体系，基于目前高校心理健康教育"全员参与"模式，取得了一些实际工作成效，具有一定的指导意义。后续研究还将聚焦于建构更为具体的评估指标体系，确定分级的量化指标，并进行相关的实证研究，建构更具有解释力、预测性和实操性的分级分类工作体系或模型，更好地为大学生身心健康成长做出贡献。

参考文献：

中共教育部党组. 高校思想政治工作质量提升工程实施纲要 [EB/OL]. (2017-12-06) [2019-03-08]. http://www.moe.gov.cn/srcsite/A12/s7060/201712/t20171206_320698.html.

中共教育部党组. 高等学校学生心理健康教育指导纲要 [EB/OL]. (2018-07-13) [2019-03-08]. http://www.moe.gov.cn/srcsite/A12/moe_1407/s3020/201807/t20180713_342992.html.

马川. "00后"大学生心理健康水平的实证研究——基于近两万名2018级大一学生的数据分析 [J]. 思想理论教育，2019，480 (3)：95-99.

杨振斌，李焰. 大学生自杀风险因素的个案研究 [J]. 思想教育研究，2013，225 (8)：96-98，109.

吴才智，江光荣，段文婷. 我国大学生自杀现状与对策研究 [J]. 黑龙江高教研究，2018，36 (5)：95-99.

姚玉红，毕晨虹，赵旭东.《精神卫生法》实施对高校心理咨询工作的影响初探 [J]. 思想理论教育，2014，451 (5)：85-88.

包莉. 美国高校学生心理危机预防性干预方式研究——以纽约市五所高校为例 [J]. 当代教育实践与教学研究，2016，(12)：18-19.

杨振斌，李焰. 大学生非正常死亡现象的分析 [J]. 心理与行为研究，2015，13 (5)：698-701.

刘海骅，徐凯文，庄明科. 高校心理危机干预工作的思考与尝试 [J]. 北京教育（高教），2014 (3)：19-21.

张纯. 校园个体自杀的表征及预防 [J]. 江苏教育，2018 (48)：34-36.

高校红色文化教育融入大学生健康心理品质塑造的长效工作机制

何韵云[①]

摘要：红色文化是由中国共产党人在漫长革命斗争与建设实践中所凝练而出的优秀传统文化，承载着革命先辈誓死为国为民的崇高信仰，蕴含着丰富且强大的心理品质，是强化中华民族心理素质的精神支柱，也是高校培育大学生积极心理品质所不可或缺的精神元素。将红色文化融入大学生心理健康教育，可为积极心理品质的塑造提供有力保障，也为进一步推动积极心理学研究向纵深发展提供有效助力。

关键词：积极心理品质；红色文化；大学生；心理健康教育

近年来，随着世界格局的变化日益加剧，各种思潮交融，全球化与逆全球化激烈博弈，人们的思维方式与学习、工作及生活方式不断变化、发展，我国的教育事业也在蓬勃发展中，全面推动着改革发展迈上新的台阶。党的十九大以后，中国特色社会主义进入新时代，中华民族发展迎来最好时期，高校青年学子既面临着建功立业的人生际遇，又肩负着"实现中华民族伟大复兴"的历史使命。习近平总书记在纪念五四运动100周年大会上强调："青年是整个社会力量中最积极、最有生气的力量，国家的希望在青年，民族的未来在青年。"高校担负着育人重担，需切实通过对青年学子的培养来促进其人格的完善，并在多元化教育过程中引导他们树立正确的世界观、人生观、价值观，保持心理健康，丰富精神世界，以逐渐形成坚定、崇高的理想信念。而建立于中国特色社会主义文化背景下的高校心理健康教育之理论、方法与思想政治教育紧密联系，无法割裂，高校心理健康教育则更需有机融合思想政治教育的理论和方法，突破局限，守正创新，为深入发展本土化的大学生心理健康教育理论、模式及技术做出贡献。

---

① 何韵云，四川大学生命科学学院，讲师，博士，主要研究方向为思想政治教育与心理健康教育。

一、中国特色社会主义文化视域下思想政治教育的价值与塑造大学生积极心理品质的联系

（一）育人为本：思想政治教育价值的本质

价值的根源涉及需要与满足的关系，思想政治教育的价值则在于不断满足人和社会的需要，最终满足社会发展的需要。中国特色社会主义背景下的思想政治教育要长期坚持社会主义意识形态的主导地位，为培育“德智体美劳”全面发展的社会主义建设者和接班人服务，在此前提下，“思想政治教育还具有非意识形态功能性，涵盖心理健康教育、科学素质教育等方方面面，以全面适宜于社会发展的需要”。由此可见，思想政治教育价值的实现将最终落足于“育人成才”这一本质。教育者需特别重视并丰富受教育者的精神需要，塑造并完善其人格。

（二）红色文化蕴含丰富的积极心理品质

“文化载体是实现思想政治教育价值所不可分割的重要资源，能潜移默化促成集体共同的价值观，并使个体自发而主动地参与进构建中华民族共有精神家园的伟大事业。”在众多文化载体形式中，红色文化作为意识形态的表现形式之一，蕴含着崇高的革命精神与优秀的道德品质，是培育时代新人的宝贵资源。红色文化的精神内核涵盖革命理想主义、革命英雄主义、革命乐观主义及革命集体主义，其精神内涵透露着革命先辈们忠于理想的共产主义精神、为国为民的奉献精神、追求真知的进取精神、坚贞不屈的斗争精神等崇高精神，体现了智慧、勇敢、奉献、仁慈、正义、坚持、希望、信仰等积极品质，与积极心理学所研究的积极个人特质及公民美德在内涵和本质方面具有一致性。可以说，红色文化所蕴含的精神价值巨大，育人潜力无限，能为高校塑造大学生积极心理品质提供有益借鉴。

（三）红色文化在促进大学生人格完善过程中具有重要价值

当代大学生成长于国家经济飞速发展时期，在感受深刻的社会变革所带来的物质、精神差异的同时，也不断接受着多元文化及各种思潮的冲击，思想观念在发生着变化，其中不变的是各时代大学生于此年龄段所共有的内心矛盾。通过长期、系统化的心理健康教育，高校已能帮助学生从“知、情、意”角度初步认识并解决其心理冲突。然而，新时代大学生面临着竞争与就业压力，同时需妥善处理理想与现实的抉择难题，以及纷繁复杂的人际关系与情爱问题，由此所带来的矛盾将使大学生更易产生自卑、偏激等消极心理。对此，有学者指出：“大学生成长关键时期的许多心理问题是由对历史、社会、政治、人生、前途等认识的不足或偏颇所致，用心理健康的理论和知识并不能使之彻底解决问题，需要从其他途径，如在思想政治教育的过程中去吸取营养以克服困难。”

红色文化有益于大学生积极心理品质的形成，亦可作为高校心理健康教育的载体，进一步使大学生提高自我认同意识，砥砺意志品质，构筑和谐人际关系，树立健康价值

观念。教育者应充分认识到个体从历史经验中汲取乐观生活态度和拼搏奋斗精神对树立理想人格的重要性，并有意识地将红色文化作为教育载体之一融入心理健康教育，以全方位引导大学生正确看待困难与挫折，养成积极心理品质与健全人格。

二、红色文化塑造大学生健康心理品质的有效途径

（一）以红色文化为载体，创新心理健康课程教学内容与形式

心理健康教育课程是开展大学生积极心理品质培育工作的主阵地，现阶段心理健康教育课程以课堂教学为主，强调理论学习并于实践中促进学生身心全面和谐发展。我国高校自 20 世纪 80 年代中期开始进行心理健康教育，虽已取得不小成效，但在传统教育模式下仍有部分学生心理出现较严重问题，如焦躁抑郁、内心孤僻、社交障碍等。对于出现心理问题的个体，高校往往更重视以心理咨询的方式帮助其调整认知、悦纳自我、理解他人。然而，个体的心理咨询存在被动性与局限性，其效力通常多集中于“点”，能形成深度却缺乏广度。故越来越多的高校心理健康教育课程开始结合学生群体的心理行为训练，通过团体内人际交互作用，促使个体在交往中通过观察、学习、体验去习得新的态度与行为方式，提升学生整体的心理素质及心理健康水平。

无论是教授理论课程还是开展群体行为训练，高校心理健康教育者均可引入红色文化所蕴含的积极心理品质来塑造大学生的健全人格。特别是针对覆盖面广、体验感强的团体辅导，教师可通过情景创设、情感互动等环节使学生充分感受红色精神内涵，从而激发群体克服困难、奋勇拼搏的斗志。在这一方面，四川大学则利用自身优势，发挥了校友江竹筠“江姐精神”的育人潜力，以“江姐”生平事迹及红色精神为内容创新教学过程的观感体验，让学生更能有效地产生情感共鸣与价值认可，从而自发渴望养成积极的心理品质，成为拥有完善人格的优秀个体。

（二）构建红色文化资源体系，全面开展积极心理品质培育工作

红色文化形式多样，高校应着力构建其相关资源体系以使教育资源进一步整合成具有代表性及归属感的整体，让教育者取之有源，受教育者习之有感，方可于潜移默化中达到系统化、形象化地培育积极心理品质的目的。

高校构建红色文化资源体系，一是要打造校园红色文化特色，形成标志性建筑、具象化产品、榜样化群体，尽可能营造强烈的红色文化氛围与积极向上的校园环境，为培育大学生的积极心理品质提供基础条件。二是要串联校外红色文化教育平台以拓宽心理健康教育实践基地。例如：四川大学打造以“江姐精神”为主的红色校园文化，并着力将校区内由江姐纪念馆所承载的革命历史与自贡的江姐故居、重庆的红岩联线文化发展管理中心等关联历史进行连接，不仅拓展了校园红色文化的广度，还发展了整体性更强的实践育人体系，让学生能于实景中了解江姐的革命奋斗历史，感受其光辉人格。三是要构筑红色文化网络教育阵地，运用大众媒体所蕴含的红色资源开展舆论引导。高校尤其需重视在自身创立的心理健康教育媒体平台上报道、转载红色文化相关内容，以进一

步传递正能量，丰富学生群体的积极情感体验，将网络资源切实融入大学生心理健康教育的各个环节。

（三）以实践促“知行合一”，着力提升积极心理品质的自主塑造能力

自我教育是思想教育的特殊形式，标志着思想教育进入了高度自觉阶段，是思想政治教育的最高境界和形式。古人所说的“吾日三省吾身”“见贤思齐焉，见不贤而内自省也”均强调了中华民族重视“内省”“慎独”的优良传统，说到底，教育便是要通过“教”达到“不教”，引导受教育者逐步学会自我教育。个体自我教育与集体自我教育是自我教育的两种基本形态，以实践促进“知行合一”的关键则在于有机融合两种教育形态，使个体、集体相辅相成，共同进步。由此可见，高校心理健康教育应重视提升学生个体和群体的自主塑造能力，并充分统一教育过程中的主客体，发挥其主观能动性。首先，高校心理健康教育工作者应鼓励大学生积极参与社会实践和公益服务，引导其挖掘身边的红色能量，学会为自身创造积极的情感体验。其次，高校应重视大学生群体内部“互助团体”的作用，通过红色文化培育“榜样群体”去主动聆听，发现困难，协助解决，以使成员于生活、学习中不断提升人际交往能力以及乐观、积极的适应能力。最后，高校心理健康教育形式还需结合红色文化育人活动来生动、有效地充实学生的精神世界，如开展民族音乐鉴赏、红色诗歌朗诵、爱国主义教育主题观影等丰富多彩的学生活动，为学生愉悦身心、提高综合素质提供良好平台，也为其自主塑造积极心理品质提出可行之法。

三、结语

大学生心理健康教育是我国社会长期关注的焦点，通过心理健康教育理论学习及实践锻炼，大学生能养成健康、积极的心理品质，为其进一步形成正确的世界观、人生观、价值观，并逐渐成长为能担当民族复兴大任的时代新人打下坚实基础。而红色文化天然蕴含着丰富的积极心理品质，将之融入大学生心理健康教育过程，高校能更全面、系统、可持续地开展大学生积极心理品质培育工作，使青年学子形成健康、正确的人格，最终成长为符合国家发展需求的新型人才。

参考文献：

骆郁廷．思想政治教育原理与方法［M］．北京：高等教育出版社，2010.
邱伟光，张耀灿．思想政治教育学原理［M］．北京：高等教育出版社，1999.
海珍．高校马克思主义中国化理论与实践研究［M］．北京：中国书籍出版社，2018.
张珊．论红色文化融入时代新人培育的实践［J］．广西青年干部学院学报，2020，30（6）：75-79.
孙晓敏．浅析红色文化的精神内核与当代价值［J］．新一代（理论版），2020

(3)：255.
李洪梅. 红色文化与大学生积极心理品质塑造的价值关联［J］. 广东水利电力职业技术学院学报，2019，17（2）：77－80.
刘建军. 新时期思想政治工作创新研究［M］. 北京：中国人民大学出版社，2018.
赵伯妮，李玉婷，覃映雯. 大学生积极心理品质现状及影响因素分析［J］. 教育观察，2021，10（44）：14－17.
高宇. 红色基因融入大学生心理健康教育工作探究［J］. 太原城市职业技术学院学报，2020（12）：165－167.
樊富珉. 我国团体心理咨询的发展：回顾与展望［J］. 清华大学学报（哲学社会科学版），2005，20（6）：62－69.
李厚仪. 大学生积极心理品质培育路径探索［J］. 产业与科技论坛，2020，19（19）：122－124.
孙奕，廖文娜. 中国特色社会主义文化视域下大学生心理健康教育研究进展［J］. 广东开放大学学报，2020，29（6）：80－86.

高校引领大学生就业心理成长的策略研究①

向　丹②

摘要：当前就业形势日益严峻，大学生就业压力日益增大，需要高校不断调整和完善就业指导的措施，做好大学生就业心理健康教育工作，树立正确的就业观，化解他们在就业过程中的心理问题，提升他们的自信心与意志力，提高他们的抗压抗挫能力，让他们在择业过程中能够从容应对，从而预防就业心理问题的出现。

关键词：高校；大学生；就业；心理

当前国际政治形势愈发复杂多变，经济又持续受到新型冠状病毒肺炎疫情的影响，加之我国经济结构和产业结构面临深度转型，导致大学生的就业形势日益严峻，就业困难不断增多，大学生心理压力日益加大，出现了不同程度的就业心理健康问题。在新形势下，大学生的就业心理健康问题成为关系到大学生自身发展和社会稳定的重要问题，也是高校教育工作中亟待解决的重要课题。因此，必须加强对大学生就业心理健康问题的研究，根据大学生就业心理的发展变化，不断调整和完善就业指导的措施，做好大学生就业心理健康教育工作，解决大学生在就业过程中的心理问题，引导他们以积极的心态正确面对择业，提高他们的就业能力。作为一名高校教育工作者，笔者结合自身的工作实践经验和大学生群体的实际情况，从高校角度就引领大学生就业心理健康成长的策略总结了一些思考。

一、大学生就业心理现状

在面对激烈的就业竞争和严峻的就业形势时，部分大学生常常会自我怀疑，出现一些就业心理问题，主要表现为三个方面：第一，对自我认识不正确，产生自负或自卑心

① 基金资助：教育部高校思想政治工作创新发展中心（长安大学）2020 年度专项课题。项目编号：20200304。

② 向丹，四川大学离退休工作处，综合科科长，讲师，主要研究方向为大学生思想政治、大学生就业。

理；第二，缺乏自主意识，盲目从众跟风，选择热门职业，无形中增加了自己的就业压力；第三，承受能力偏低，一旦遭到拒绝就心情抑郁，表现出过度焦虑、悲观等情绪，对就业失去信心。这些负面情绪的滋生，使大学生的就业心理出现不同程度的健康问题，影响到大学生就业，甚至影响到其整个人生的发展。

二、大学生就业心理压力产生的因素

大学生就业心理压力产生的因素来自多个方面，主要包括个人因素、家庭因素、学校因素、社会因素等方面，本文主要探讨学校因素。

（一）就业指导服务体系不健全

学校对学生就业有着至关重要的影响，大学生就业压力的产生与学校有着紧密的联系。一方面，高校就业心理服务的师资力量不足，承担大学生就业心理指导工作的相关人员没有经过专业培训，缺乏就业心理指导的知识和经验，导致高校的就业心理指导工作不能顺利进行。另一方面，一些高校对大学生的就业心理问题缺乏足够的重视，在应聘技巧、心理压力排解等方面的辅导工作也未见有效落实。高校有关部门因缺乏对大学生就业心理指导工作的重视，导致心理辅导工作形式化，缺乏个性化和实践性。所以高校就业心理指导工作难以起到针对性的效果，使学生在择业过程中出现目标不清晰、要求不明确的现象，致使有的学生在就业问题上出现负面情绪。

（二）人才培养计划与社会发展需求有偏差

高校重在“育人”，用人单位重在“用人”，高校在人才培养计划的设置方面与社会发展的需求之间存在偏差。例如，部分高校的专业课程设置没有明显的专业特色，各个专业间的课程设置相似度极高。一些教学计划虽然看起来能够让学生涉猎各方面的知识，但致使学生他们对专业并不精通，违背了培养专业型人才的初衷。除此以外，学校对于课外实践和专业实习的重视程度也不够。目前，部分高校的部分专业的假期实习流于形式，并没有达到提高实践专业认知和培育动手能力的教学效果，当然学生的能力也达不到用人单位的要求，致使他们就业出现困难，产生自卑、焦虑等情绪。

三、高校引领大学生就业心理成长的策略

大学生的就业心理健康是高校教育工作的重点之一。高校应高度重视大学生就业心理健康工作，着力完善自身的就业指导服务工作体系，构建“教育教学、实践活动、咨询服务、预防干预”四位一体的指导就业心理健康成长的工作格局，帮助大学生舒缓就业压力、保持健康的就业心理，促进大学生以良好心态对待就业。

（一）教育教学：优化人才培养模式，引导大学生树立正确的就业观

第一，优化人才培养模式，加强大学生综合能力的培养。高校要根据社会对人才的

需求来制订人才培养规划，充分贯彻素质教育，注重培养大学生的实践能力和学习能力，通过多种方式培养学生的创新意识，全面提高学生的综合能力，培养社会需要的复合型人才。高校不仅要给学生传授书本上的理论知识，还要多渠道拓宽学生的知识面，引导学生通过多种途径、多种方式来学习更多的知识。从德智体美劳等多方面对学生进行培养，强化市场竞争意识和创新意识，增强学生的实际工作能力，提高学生就业的竞争力。

第二，完善就业指导课程，培养大学生积极健康的就业心态。心理水平越高的人，就业能力越强，越容易在职场竞争中脱颖而出。目前，高校都开设有职业生涯规划与就业指导选修课程，但是还缺乏就业心理指导课程。因此，高校需在对大学生的职业生涯规划与就业指导课程中，增加就业心理指导的内容，帮助学生培养积极健康的就业心态，从而挖掘其潜在的智慧与能力，提高其就业的成功率，降低其出现就业心理问题的可能性。在设置选修课时，可以将就业指导课程渗透到大学生的每一个学习成长阶段。针对不同的学习成长阶段，要分别开设不同年级的就业心理指导课程，同时要将学生的专业和就业结合起来分析，让学生掌握自己专业未来的就业方向和就业要求，帮助学生做好就业心理准备，引导他们有效规避就业心理问题。

（二）实践活动：开展就业指导实践活动，激发大学生就业的信心

高校如何贯彻“育人”方针，应考虑使自己培育的人才既符合高校对于学生考核的要求，又能满足用人单位对应聘者能力和素质的要求，所以要加强大学生就业实践锻炼。

第一，开展“请进来”的就业经验分享活动，举办就业心理指导沙龙。一方面，高校可以邀请往届优秀毕业生回校进行求职经验分享，向在校大学生讲述他们求职过程中的经验，以及当前用人单位对求职者的能力要求，为在校大学生求职提供一些可借鉴的成功就业经验。另一方面，高校可以针对不同专业的学生，开展用人单位进校园活动。邀请相关用人单位的人力资源负责人与大学生面对面交流，分享当下用人单位招聘员工的要求，介绍职业发展前景等方面的情况，使大学生对当前自己所学专业的就业形势有一个总体了解，并对照用人单位招聘员工的要求进行自查，明确自己的优劣势，找准择业方向，树立正确的就业观。

第二，开展“走出去”的就业实践活动。一方面，高校可以实行“预就业实习”学分制，将就业实习纳入必修课程，每位学生每年必须进行为期不少于一个月的实习，实习时间可在寒暑假中选择。同时，高校应搭建好用人单位与大学生之间的桥梁，帮助大学生找到合适的实习岗位。实习单位可由学校提供，然后由学生和实习单位进行双选，或者由学生自行联系。另一方面，学校还应加强对参加实习的学生的就业指导与帮助，以确保每一位学生都能更好地在就业实习中体验到就业的重要性，从而提升他们的自信心，提高其抗压抗挫能力，使其在择业过程中能够从容应对各种失败和困难，预防就业心理问题的出现。

（三）咨询服务：健全就业心理咨询服务体系，帮助大学生保持就业心理健康

目前，针对大学生就业难问题，我国高校均设有就业指导服务部门来指导大学生的就业，但不少高校的就业指导服务部门并没有充分发挥应有的作用，工作上仅限于搜集用人单位信息、统计就业资料、分析行业需求等，忽视了大学生就业心理辅导方面的“软”工作，对大学生在就业过程中出现的就业心理问题不够重视。因此，高校就业指导服务部门应重视就业心理指导，建立健全就业心理咨询服务体系。

第一，设立就业心理咨询部门，解决大学生就业心理问题。就业心理咨询能够帮助大学生克服心理障碍，消除心理问题，摆脱就业思想问题的困扰，从就业心理误区中走出来，从而保持一个良好的心态面对就业，选择适合自己的岗位和工作。加强就业心理指导工作是解决大学生就业心理问题的重要部分。培养学生健康的就业心理，使学生能够正确、客观地评价自己，认识到自己的优势和劣势，缓解学生因为就业而产生的负面情绪，引导学生设定合理的就业预期，选择能够充分发挥自身才能、实现自我价值的工作。高校应当普遍设立专门的就业心理咨询部门，建立一支由专业心理教师、辅导员和学生干部组成的就业心理健康工作队伍，为大学生提供就业心理健康咨询服务，倾听学生的心理诉求，帮助他们分析和解决就业过程中的心理问题，引导他们树立积极健康的就业心理，降低其就业心理困境出现的可能性，提高其就业的成功率。

第二，加强就业心理辅导师资队伍建设，提供专业的就业服务指导。要想解决大学生在就业过程中的心理问题，辅导老师需要具有心理学、社会学、教育学、就业指导等多方面的综合知识和综合素养。辅导老师的专业水平决定了其所能提供的服务的科学性和专业性。因此，就业心理辅导师资队伍建设和专业提升，是有效解决大学生就业过程中出现的心理问题的前提和保障。一方面，学校应加强对就业心理辅导老师的培训，补充其心理咨询和职业生涯规划的知识，提升其就业心理指导的能力；另一方面，还要注重对辅导员、班主任等从事基层学生管理工作的人员进行培训，使就业心理咨询服务贯穿于学生整个大学生活之中，使心理咨询真正契合学生实际，走进学生心中。

（四）预防干预：建立就业心理预警机制，使就业心理问题早发现早防治

对于大学生在就业求职过程中可能出现的心理问题，“防”重于“治”。高校要紧紧抓住大学生就业心理健康教育工作，积极、主动、及时地发现大学生就业心理健康问题的新苗头、新趋势、新内容和新形式。因此，高校就业指导部门应构建一套全面、多元的就业心理预防机制。一方面，学校在学生大一、大二年级时就早介入、早引导，定期开展心理健康教育活动，向学生普及心理教育，适时开展就业心理指导，帮助学生了解必须具备的就业能力，引导学生正确地认识自己，从整体上提高学生就业心理的健康水平；另一方面，到学生大三、大四年级时，就业心理指导应由浅入深，逐步引导他们更好地了解本专业的就业状况和社会需求，不断调整就业期望值，使之更加客观现实。其中，重点要加大对毕业生就业心理辅导的工作力度，对学生的就业心理进行全程跟踪，将就业心理问题解决于萌芽阶段之中。同时，高校要建立一套就业心理问题反映机制，当发现有学生出现就业心理问题后，要立即对学生进行心理援助，帮助学生做好求职前

的各种心理准备，引领其就业心理健康成长，促进其成功就业。

参考文献：

王晴晴，袁蕴洁．大学生就业心理辅导体系的构成及其构建［J］．黑龙江畜牧兽医，2017（6）：256－258.

康程程．当代大学生就业心理问题及其影响因素研究［J］．湖北开放职业学院学报，2020，33（22）：65－66.

夏建华，邓红．高校学生就业心理问题探析［J］．中国成人教育，2015（4）：53－55.

权方英．大学生就业心理资本的缺失与重建［J］．教育理论与实践，2017，37（3）：23－25.

王志贤．大学生就业心理困境干预途径研究［J］．中国成人教育，2017（1）：80－82.

冯卫东，张剑波．试论大学生就业心理问题的表现与调适［J］．思想理论教育导刊，2012（7）：119－121.

宋熹．试论大学生就业心理问题的表现与调适［J］．中国科教创新导刊，2012（8）：240－241.

“三全育人”视域下大学生健康心理培育机制建设的理路探究

杨晟颢[①] 林丽丽[②]

摘要：大学生的心理健康已经成为高校乃至社会的关注焦点，“三全育人”综合改革试点工作为高校建设大学生健康心理培育机制提供了有利契机。建设大学生健康心理培育机制对于学生成长成才、学校日常管理和社会长治久安具有重要意义。针对现阶段高校心理育人工作中暴露出的一线育人队伍较为单薄、纵向育人阶段存在割裂、横向育人环节存在死角等现实问题，依托“三全育人”理念，提出锤炼全员育人队伍、构建全过程育人体系、营造全方位育人环境的大学生健康心理培育机制。

关键词：“三全育人”；大学生；健康心理；培育机制

随着经济社会的高速发展和医学技术水平的持续提高，我国心理疾病的检出率逐年上升。尤其是面对诸如新冠肺炎疫情、俄乌冲突等“黑天鹅”“灰犀牛”事件，加之世界正处于百年未有之大变局中，人们的心理健康问题受环境影响而愈加突出和明显。高校承担着为党育人、为国育才的重要使命，其根本任务是立德树人，而培养人才的首要条件是学生的身心健康。心理疾病相对于身体疾病更加具有隐蔽性，但却严重影响和制约着学生的成长发展，如何构建大学生健康心理培育机制已经成为高校亟需面对和解决的重要课题。中共中央、国务院联合印发的《关于加强和改进新形势下高校思想政治工作的意见》中提出“坚持全员全过程全方位育人”，在“三全育人”视域下实现育人和育心的协同发展，为大学生健康心理培育机制的建设提供了科学指引。

---

① 杨晟颢，四川大学华西口腔医学院，辅导员，主要研究方向为思想政治教育。
② 林丽丽，四川大学华西口腔医学院，辅导员，主要研究方向为思想政治教育。

一、建设大学生健康心理培育机制的必要性

（一）大学生的心理健康影响学生成长成才的发展路径

大学阶段的学习和生活相较于中小学阶段存在明显区别，其更加重视对于学生自主意识的培养，引导学生自主选择自身成长发展的路径，这就对学生的心理健康提出了更高要求。社会支持系统的欠缺和心理健康教育知识的匮乏是导致大学生心理健康状况下降的重要原因。由于高校招生规模的扩大以及社会经济发展带来的激烈竞争，从学业压力到就业形势的各种外界环境会在不同程度上为大学生带来心理压力。相关研究表明，近10年，大学生焦虑（13.7%）、抑郁（20.8%）、睡眠问题（23.5%）和自杀未遂（2.7%）的检出率显著上升。相较于存在心理问题的学生，拥有健康心理的学生通常在个人发展的路径选择中更有规划性和掌控力，同时能够最大程度上减少外界场景引发的心理问题对于正常学习生活的影响，面对挫折和困难时能够具有更好的调整能力。很大程度上，心理健康是决定大学生成长成才发展路径的关键因素，建设大学生健康心理培育机制对于促进学生心理健康、引领学生成长成才具有重要的现实意义。

（二）大学生的心理问题蕴藏学校日常管理的重大风险

有关地区的数据显示，仅40.87%的中小学校明确设置心理健康教育业务机构，乡村学校比例更低，校外心理机构提供转介服务的中小学仅占0.60%。由于现阶段我国中小学心理健康的培育干预体系仍不完善，中小学生心理问题检出率与实际异常比例存在较大差异，导致形成“压力后置”的现象，显性与隐性“带病入学”的大学生占据了相当大的比例，让高校承担了较大的工作压力。一方面，学生和家长对于学生自身是否存在心理问题没有正确清晰的认识，不利于家长和学生对于心理健康问题形成科学的认知，不利于学生配合与家校联动；另一方面，学生积压已久的心理问题需要尽快、尽早加以识别并采取针对性措施予以帮扶，但是大部分心理健康问题隐蔽性较强，学生没有主动求助的意识，增加了高校辅导员对于心理健康问题识别和判断的压力。近年来，由学生心理问题引起的校园突发危机事件的数量呈走高态势，学生心理问题成为高校日常管理中的重大风险点，大学生的心理问题也已经成为高校辅导员工作的重点和难点，通常少数重点关注的存在心理问题的学生占据了辅导员大部分的时间和精力，一定程度上影响了高校学生工作的效率和整体质量。因此，建设大学生健康心理培育机制具有及时防范和化解校园危机与风险的重要意义。

（三）大学生的心理状态关系国家和社会的长治久安

青年兴则国家兴，作为国家和社会的未来和希望，大学生的心理状态会在其离开学校走上工作岗位后对社会产生巨大的影响。近年来，国家和高校对于大学生的心理健康愈加重视，高校的心理健康教育资源相对于社会来说处于优势地位，大学生在校期间相较于毕业后有更多的时间和更好的机会接受良好的心理健康教育和心理咨询治疗，高校

也就成为大学生健康心理培育的重要场所。大学生的心理状态，影响的不只是学生本人，还有其背后的家庭和工作，学生个体的心理问题可能会对家庭造成巨大伤害，给国家和社会的长治久安带来隐患。因此，建设大学生健康心理培育机制既是国家和社会赋予高校的重要责任，也是构建全民健康心理培育和干预机制的关键举措。

二、“三全育人”视域下大学生健康心理培育机制的现状分析

（一）育人队伍较为单薄，全员育人格局尚未有效形成

现阶段，高校主要以负责专项心理健康教育的心理健康专职教师和负责日常心理健康教育的思想政治辅导员为主体，他们承担大学生大部分的健康心理培育任务，但从实际工作效果上看，仍然不能满足所有大学生对于健康心理的要求。一方面，心理育人队伍从人员配备数量上看较为单薄，即便大多数高校均已经按照比例要求配备专职教师和专职辅导员，但考虑到心理健康问题的特殊性和持续性，数量仍然不够；另一方面，心理育人队伍从专业素质技能的储备上看较为单薄，尤其是专职辅导员的主要研究方向为思想政治教育，虽然他们通过集中培训和个人自学等方式能够在一定程度上掌握心理健康教育的基础知识和应用技能，但与专业人士相比仍存在明显差距。总体上看，育人队伍的“底数”不足严重制约了大学生健康心理培育机制的建设和发展，加强队伍建设、引入人员支持显得尤为重要。

（二）育人阶段相互割裂，全过程育人体系有待科学规划

高校开展心理健康教育具有明显的差异性和针对性，对于不同年级、不同个性的学生，通常会结合学生特点设计不同的心理健康教育方案。如对于新生，学校通常从适应性角度出发开展心理健康教育，同时开设大学生心理健康相关的必修课程；对于毕业年级学生，学校通常从升学和就业角度出发开展心理健康教育，同时配合开展职业生涯规划和就业指导；在每年的“5·25心理健康节”等特定时段，学校会开展心理健康系列主题教育。整体上看，高校在不同时间、不同阶段开展的心理健康教育之间缺乏有效的过渡和衔接，彼此之间相互割裂，不能形成从“第一公里”到“最后一公里”的全过程心理育人体系，归根结底是缺乏科学、系统的整体设计。与之形成鲜明对比的是学生的专业课程培养方案，培养方案通常经过周密设计和安排，内容环环相扣，有助于学生更好地理解和掌握专业要求的知识技能。相信随着心理健康教育的逐步发展，全过程心理育人体系也将逐步规划设计，为大学生健康心理培育机制提供科学指导。

（三）育人环节存在死角，全方位育人环境亟需完整营造

当前，高校开展的心理健康教育更多将精力放在心理危机干预方面，主要是对已经发现心理问题的学生投入大量精力、采取措施进行帮扶，但从实际效果上看，此时进行干预，效果往往不如预期，进展缓慢。这种现象说明高校在心理健康教育的投入上不够均衡、合理，在健康心理的常态化培育机制上仍存在一定缺陷。同时，当前阶段的高校

心理健康教育往往不能与其他学生活动有机结合，学校没有灵活地将社会实践、志愿服务、创新创业、就业指导等活动作为心理健康教育的有效载体，未能充分发挥心理健康教育与日常思想政治教育工作的适配性。这样就会使心理健康教育成为思想政治教育中相对孤立的部分，与心理健康教育过程“前移”、营造全方位心理育人环境的期望背道而驰。

三、“三全育人”视域下建设大学生健康心理培育机制的实施路径

（一）落实全员育人，锤炼专兼结合、素质过硬的育人工作队伍

建设大学生健康心理培育机制要求高校落实以心理健康专职教师和思想政治辅导员为主，以其他教职员工、学生家长和精神类专科医院医生团队为补充的全员育人健康心理培育队伍。同时，通过加强对健康心理培育队伍的针对性培训，如针对辅导员开展团体辅导培训，面向家长开设“空中家长心理健康课堂”等方式，促使全员在立足岗位开展工作的同时具有一定的心理健康教育基础，为开展心理育人相关工作创造必要条件。辅导员和心理健康专职教师要主动作为，担当全员育人的关键核心，紧密联动全员，加强协同配合，形成心理健康的监看网络、心理问题的探照网络和心理危机的化解网络，及时识别和化解大学生群体的心理问题，为健康心理培育的全过程和全方位育人提供人员基础。

（二）落实全过程育人，构建衔接得当、科学完善的育人工作体系

落实全过程育人，需要高校相关部门提高对心理育人的关注程度，以高度的政治站位建设大学生健康心理培育机制，在充分调研学生特点和现实需求的基础上制订科学合理的育人工作体系，进而实现日常心理育人工作的贯通式发展。心理育人的培养方案可参照各专业的课程培养方案进行规划和设计，以附件的形式配套置入课程培养方案，有条件的情况下还可以根据不同专业类别和学制年限的特点进行“量身定制”的针对性设计，让育人的主体和客体都能对大学阶段将要开展的持续性心理健康教育有着充分的认识和充足的准备。在具体实施过程中，高校要充分发挥课堂的主渠道作用，供给多方面的心理学课程和团体辅导课程，同时将心理育人的相关内容与大学生各个培养阶段的常态化思政工作紧密结合，以此推动心理育人成为贯穿大学生由入学到毕业的持续性工作。

（三）落实全方位育人，营造发力均衡、互联互通的育人工作环境

心理健康教育“前移”指将心理育人的工作重心从发现问题后的“干预”转向日常生活中的“预防”。心理育人是长效化的工作，将心理健康教育“前移”，通过营造良好育人环境尽可能降低心理问题出现的概率，对于高校来说是最具有性价比的工作策略。习近平总书记在全国高校思想政治工作会议上指出：“好的思想政治工作应该像盐，但不能光吃盐，最好的方式是将盐溶解到各种食物中自然而然吸收。”对于心理育人来讲

同样是这样，全方位育人要求高校将心理健康教育“融化”在班团建设、新媒体建设、“一站式”学生社区建设等思想政治工作的方方面面，让思想政治工作成为心理育人的有效载体和源头活水，通过持续均衡地绵绵用力，激发学科交叉的理论创新和实践创新，形成“思政+心理”的长效育人模式。当心理育人真正渗透到各项思想政治工作中，就能够发挥心理育人的媒介作用，促进各项工作的互联互通和互相转化，有助于一体化心理育人工作环境和氛围的营造，为大学生提供“日用而不觉”的健康心理支持体系。

综上所述，大学生的心理健康事关个人成长、学校建设乃至国家发展，具有十分重要的意义。“三全育人”理念为建设大学生健康心理培育机制提供了广阔思路和宝贵机遇。大学生健康心理培育机制基础在人、关键在法、核心在环境，高校需要在“三全育人”综合改革试点的实践中不断探索、不断完善、不断创新，从而实现大学生群体在健康心理状态下的茁壮成长。

参考文献：

中共中央国务院印发《关于加强和改进新形势下高校思想政治工作的意见》[EB/OL].（2017－02－27）[2022－09－16]. http://www.gov.cn/xinwen/2017－02/27/content_5182502.htm.

郑丹凤，王涛.“三全育人”视域下高校心理健康教育工作探析[J]. 学校党建与思想教育，2021（1）：88－90.

柳静，王铭，孙启武，等. 我国大学生心理咨询与危机干预的管理现状调查[J]. 中国临床心理学杂志，2022，30（2）：477－482.

彭玮婧，王瑞瑶，胡宓. 湖南省中小学心理健康教育资源的现况与展望[J]. 中国临床心理学杂志，2021，29（2）：406－413.

习近平. 习近平在全国高校思想政治工作会议上的讲话[N]. 人民日报，2016－12－09.

高校校友资源在大学生心理培育工作中的运用

司振兵①

摘要：当代大学生面临社会、家庭、学校等多方面的压力，加强大学生心理健康教育，注重心理培育工作的开展，对于促进大学生全面发展，推进高校素质教育有着重要的意义。在高等教育工作中，注重挖掘优秀校友资源，应用在大学生心理健康教育中，丰富心理培育工作形式，推动心理健康教育工作发展，已成为高校教育发展探索的新方向。

关键词：大学生；心理健康教育；校友资源

2016年12月召开的全国高校思想政治工作会议上，习近平总书记重点指出："高校思想政治工作关系高校培养什么样的人、如何培养人以及为谁培养人这个根本问题。要坚持把立德树人作为中心环节，把思想政治工作贯穿教育教学全过程，实现全程育人、全方位育人，努力开创我国高等教育事业发展新局面。"高校在"三全育人"格局下，必须聚合校内外多种育人资源，坚持全员全过程全方位育人，实现育人主体、时间、空间三个维度的有效协同。因此，对于当代大学生的健康心理培育工作，不应局限于高校内部的思政教师、教职工等，还应包含社会、家庭等因素组成的全员育人体系。

一、优秀校友资源在健康心理培育工作中的作用

教育部党组书记、部长怀进鹏在2021年11月召开的全国高校学生心理健康教育工作推进会中强调，要把全面加强和改进学生心理健康教育工作作为培育担当民族复兴大任的时代新人的重要内容。作为一名高校思政工作者，应认真落实教育部工作要求，紧紧围绕立德树人根本任务，加强学生精细化教育管理，加强人文关怀和心理疏导，培育

---

① 司振兵，四川大学化学工程学院，学生科科长，主要研究方向为大学生思想政治教育、心理健康教育、就业指导等。

学生自尊自信、理性平和、积极向上的心理品质，助力学生健康阳光成长。在推动健康心理培育工作的过程中，拥有丰富的信息资源、文化资源、物力资源和社会影响力的校友资源，依托多元性、潜在性、可持续性等特点，为高校构建“多位一体”全员育人模式，摸索多种类型的健康心理培育体系提供了更多的选择路径。

校友资源作为高校“三全育人”的重要组成部分，也是高校培育工作的宝贵财富。校友资源不仅是高校办学成果的重要体现，也是高校育人体系中的一支重要社会力量。校友资源具有多元性、潜在性、可持续性等特点，拥有丰富的信息资源、文化资源、物力资源和社会影响力等，在促进高校提升人才培养质量、构建高水平人才培养体系等方面拥有巨大的潜力。

在高等教育中，心理培育工作是很重要的部分。深入研究大学生心理健康教育问题，有助于培养大学生良好的道德品质，提升综合素养；有助于大学生将健康的心理状态外化成积极向上的行为表现，增进对社会的贡献。心理健康教育与思政教育，在教育方法、内容、目标等方面，存在诸多契合之处，且更具有发展性、情感性、活动性。因此研究发掘校友在心理健康培育工作中的价值，并将优秀校友资源有机融入心理健康培育体系，在促进高校心理健康教育工作方面是值得探索的新途径。

二、心理培育工作中优秀校友资源的开发和利用

（一）心理健康教育与优秀校友资源结合的思政育人价值

优秀校友的高尚品德和奋斗历程，对于高校来说是反哺育人的宝贵精神资源，也是高校开展思想政治教育的重要载体。优秀的校友与在校大学生拥有相同的教育背景，自身的事迹和案例是最真实、最贴近大学生的，有较强的吸引力、说服力和可信度。大学生在心理和情感上对校友的认可度较高，不会出现逆反心态，更易于接受和传递价值理念。

在学校层面，通过各种形式将优秀校友事迹融入心理健康教育活动中，加强理论知识与多元活动的结合，有针对性地引入优秀校友事迹，发挥优秀校友的榜样示范作用，引导大学生主动学习思政教育内容，促进心理培育工作质效的提升。在学生层面，通过采取学生喜闻乐见的形式，如开展“5·25心理教育活动”、心理主题游戏、心理学社团交流活动等，在寓教于乐的活动中，利用优秀校友丰富的人生经验和特殊教育资源，循序渐进地传导理性和感性思想相融合的价值观，达到通过先进思想和典型模范优秀事迹育人的目的。

（二）心理健康教育与优秀校友资源结合的服务育人价值

我国高校拥有数十年乃至上百年的办学历程，培养了无数优秀毕业生，拥有着丰富而多元的校友资源，对于所有校友来说，学校是知识学习的承载和事业起步的基石，是维系同学关系的重要纽带。重视和利用好优秀校友资源，对于维持高校学术影响力和社会影响力有着重要的意义。在高校毕业校友中，有很多资金雄厚的经济活动家，经常以

物资捐赠和设置奖助学金为主要形式支持母校的发展。捐赠的物质资源，通常用以建设教学大楼和图书馆、置办各类教学设备、支持高校心理健康教育活动等，有效提升了心理健康教育的硬件环境，促进了心理健康教育研究课题的推广和开展，从而让大学生享受到优越的心理培育资源，为大学生心理健康成长和全面成才助力。

（三）心理健康教育与优秀校友资源结合的辅导咨询价值

世界经济的快速发展，加之高层次人才的竞争日趋激烈，叠加心理、生理、社会等因素，导致大学生就业心理压力日趋严峻，从而引起心理失衡等尖锐问题。大学生在进入社会择业和发展的过程中，由于实践经验和社会阅历的匮乏，对就业环境和发展形势等方面缺乏准确、全面的了解，容易造成就业、创业成功率不高的情况。在对大学生进行就业、择业、创业教育时，优秀的校友资源就具有突出的优势，能够有效帮助大学生化解就业、择业、创业阶段的心理压力问题。

优秀的校友能够为大学生提供个性化的职业规划指导，优秀校友的模范榜样作用和朋辈效应为大学生提供切合自身知识体系的信息支持和身心健康发展的科学指引。借助优秀校友宝贵的职业经验和丰富的社会阅历，发挥优秀校友资源在大学生从课堂到岗位、从专业到行业、从迷茫到明确的桥梁作用，引导大学生正确认识自我与社会的现状，树立健康的心理价值观，有效增强大学生的综合竞争力，培养健康人格。

（四）心理健康教育与优秀校友资源结合的疏导育人价值

大学生的心理健康问题，关系大学生自身成长和发展，关系高校高水平人才的培养质量，优秀校友资源在高校大学生心理健康教育工作中发挥着重要作用。优秀校友有的经历了诸多挫折和逆境，同时在克服困难的过程中也培养了自身强大的心理素质。高校可利用校庆、院庆等时机，举办优秀校友座谈会、在校生走访活动，提供在校生与优秀毕业校友之间面对面的沟通交流机会，分享优秀校友疏解心理压力的方式，提升在校生的自我心理调节和控制能力，从而增强心理素质，促进心理健康。

三、心理培育工作与优秀校友资源的结合运用

（一）提高心理培育认识，注重校友资源利用

高校要注重校友资源的多元化发展和利用，在“三全育人”的高校教育方针指导下，将优秀校友资源引入到心理健康培育工作中，这是一项新的实践课题。高校应进一步拓展心理健康教育工作思路，认识到校友资源在心理健康教育中的协同育人作用，加强对校友资源的主动挖掘，发挥校友资源多样性、可持续性等特点，将其运用到心理健康教育的各个教学环节和帮扶工作中去，促进高校学生心理健康教育工作进一步发展。

（二）创新心理培育模式，引入校友育人活动

优秀校友拥有丰富的社会阅历和突出的工作成就，能够有效延展高校心理健康教育

和职业规划教育，学校可利用多元的互动交流平台，传递校友进取精神和榜样力量；可利用节假日和校友开放日，开展“校友面对面”活动，引导大学生倾听校友们的奋斗故事，采访和了解校友们对校风校训的认知，汲取上进动力；可通过校友学术大讲堂、生涯指导讲座等活动，邀请各领域的优秀校友分享科技前沿信息，传播积极正能量，激励大学生树立远大理想，帮助大学生克服负面心理问题和情绪。

（三）强化心理培育机制，构筑校友资源平台

高校在多年办学过程中，搭建了成熟的校企协同合作平台，构筑了完善的校友资源库，实现了校友资源的有效利用。在学校教书育人环节，我们可以总结经验，搭建“校友育人”机制和平台。搭建校友资源与心理培育融合平台，有助于提升高校大学生整体的心理健康水平。其具体做法：一方面，扩充心理健康教师队伍，聘请优秀校友为校外导师，打造在校生与优秀校友“一对一”交流的培育模式，发挥校友示范作用；另一方面，拓展心理健康教学模式，对接优秀校友企业，建立校外心理健康辅导站，依托多行业、多层级的校友资源，以“心理培育+社会实践”模式提升大学生整体素养，减少负面心理因素对学生发展的影响。

（四）延续心理教育传承，凝聚优秀校友力量

高校的发展离不开校友的支持，高校心理培育工作也离不开校友们的参与。我们要善于发掘出政治强、思想新、情怀深、视野广、自律严、人格正的优秀校友，在心理健康领域形成校友传帮带助机制，积极开发和运用高校优秀校友资源，凝聚优秀校友力量，在大学生中传承归属感和荣誉感。

四、结语

随着高等教育理念的优化和提升，挖掘优秀校友资源，应用在大学生心理健康教育中，丰富心理培育工作形式，推动心理健康教育工作发展，已成为高校教育发展探索新方向。建立起一个相对完善的“家—校—友”三元育人体系，将是未来运用校友资源开展大学生心理健康培育工作中需要进一步探索的问题。

参考文献：

习近平在全国高校思想政治工作会议上强调：把思想政治工作贯穿教育教学全过程开创我国高等教育事业发展新局面［N］. 人民日报，2016－12－09（1）.

范珩. 优秀校友资源协同高校育人的价值与应用探究［J］. 现代交际，2021（3），39－41.

江婷，熊英. 思想政治教育在大学生心理健康教育中的效用研究［J］. 科教导刊，2021（7）：181－183.

新时代高校心理健康教育研究

——以积极心理学为视角[①]

谭立洁[②] 张 波[③]

摘要：本文在阐述新时代大学生面临的心理健康问题的基础上，探讨将积极心理学作为高校心理健康教育重要视角的必要性，构建基于积极心理的育人新思路，以促进学生全面发展为目标，通过创新教育方法、拓宽教育载体、丰富教育内容、完善教育环境，有效提升大学生心理健康教育工作的质量和实效。

关键词：积极心理学；心理健康教育；大学生

习近平总书记在党的十九大上指出："中国特色社会主义进入了新时代，这是我国发展新的历史方位。"我国高校大学生作为中国特色社会主义的合格建设者和接班人，担负着中华民族实现伟大"中国梦"的责任和使命。当今世界正处于百年未有之大变局，随着中国特色社会主义进入新时代，我国日益走近世界舞台中央、新媒体进入高速发展阶段，我国大学生的思想行为特点特别是心理特征发生着显著变化，对大学生的价值观、人际交往、学习行为、消费行为等多方面产生了重要的影响。因此，及时了解新时代大学生的心理特征，有效开展大学生心理健康教育，促进大学生树立正确的价值观，是高校培育"德才兼备"的社会主义建设者和接班人的重要课题，是我国社会发展的重要任务和目标之一。2016 年，习近平总书记在哲学社会科学工作座谈会上强调："要面向全体学生，帮助学生形成正确的世界观、人生观、价值观，提高道德修养和精神境界，养成科学思维习惯，促进身心和人格健康发展。"新时代大学生心理健康教育的进一步完善与发展需从关注少数心理问题学生向全体学生转变。因此，面向对象更广的积极心理学的兴起，将为新时代大学生心理健康教育发展提供丰富的理论基础和实现路径。

---

① 基金项目：2021 年度"四川大学青年教师科研启动基金"（思政教师专项系列）。项目批准号：sksz202123。

② 谭立洁，四川大学物理学院，辅导员，主要研究方向为思想政治教育。

③ 张波，四川大学物理学院，党委副书记，主要研究方向为思想政治教育。

一、新时代大学生的心理特征与问题

新时代大学生中，“00后”已成为“主力军”。随着当代中国经济和社会快速发展，人们的生活节奏日益加快，竞争越来越激烈，人际关系越来越复杂。科学技术的飞速进步、各种学科知识的增加，一方面为大学生的心理发展增加了许多积极因素，如思维活跃、知识面广、价值追求多元化，具有鲜明的平等意识、自我意识，崇尚个性张扬，追求自我实现等；而另一方面使得“00后”大学生需要面对更加复杂且充满不确定性的社会环境，特别是在信息化网络时代需要面对诸多引发心理冲突的新困境。马川在《“00后”大学生心理健康水平的实证研究——基于近两万名2018级大一学生的数据分析》中指出，新时代大学生呈现出心理问题发生的低龄化、消极的人际交往态度、社会环境竞争压力下的长期紧张焦虑、现实生活中的抗挫能力弱等时代特征。这些新时代的新问题对大学生心理健康教育提出了新的挑战。

二、目前高校心理健康教育的局限性

21世纪以来，随着党和国家的高度重视，我国多数高校均建立起较为完善的大学生心理健康服务体系，但其工作重心主要放在对少数心理问题学生的干预和危机化解上，以及解决学生存在的消极情绪疏导上，学校各级心理健康工作人员基本上都充当着“消防员”角色，缺乏针对全体学生心理健康发展的系统的教育体系。彭梅通过问卷及访谈的方式，在《积极心理学视野下大学生心理健康教育研究》中得出结论，“学校把心理健康教育目标放在防治上，主要关注如何解决个别学生的心理问题，而不是帮助多数心理健康的学生更好地发展，导致教育目标出现偏离”。目前，多数高校长期采取重点关注心理健康中的消极因素的模式引发了下列问题。

第一，教育者自身的焦虑问题。目前，高校心理健康教育体系的建立缺乏对教育者本身的心理健康发展的重视。在高校的心理健康教育三级网络中，处于学生工作一线的辅导员队伍，除了思想政治引领、日常事务处理、学生奖助贷工作、班团建设工作，对心理问题学生的关注帮扶逐渐成为其工作的重中之重。不同于其他事务的处理，由于心理问题学生群体的特殊性，辅导员需要24小时持续关注，让人疲惫，多数辅导员存在长期的紧张焦虑情绪，对心理健康教育工作的开展感到不顺。

第二，大学生受当前防治为主的心理健康教育理念及其环境影响，存在过多的担忧情绪，不利于健康人格的发展。

三、积极心理教育在当代大学生心理健康教育中的必要性

积极心理学于20世纪50年代由美国心理学家玛丽·贾霍达（Marie Jahoda）提出，被定义为人格和社会环境的良性互动状态，强调人的全面发展、自我实现及积极的

自我态度。20世纪末积极心理学在美国心理学会原主席马丁·赛利格曼（Martin E. P. Seligman）的推动下受到了世人的关注。积极心理学致力于发掘能够使个人、集体和社会进步的积极因素，以便促进人类健康、幸福和社会的和谐发展。积极心理学的研究内容，主要包括三个方面：关于积极的情绪体验研究、积极的人格特质、积极的社会组织系统。当今时代是一个互联网的时代，各国文化通过线上无限交流碰撞，社会思潮观念和价值取向日趋活跃，极易使青少年的价值观产生偏差。在网络平台上诸多诱惑与混乱舆论面前，大学生需要具有高度的自律意识与辨别能力。全球化深入发展带来的激烈竞争普遍存在，要求大学生具备良好的适应能力与抗挫能力、强大的自信心及积极的进取心。新时代同样为人才发展提供了广阔的平台，大学生作为人才队伍的中坚力量，更应该抓住机遇，成长为科学文化渊博、心理素质高、能够担当中华民族复兴大任的时代新人。在积极心理学视角下进行心理健康教育，能够培养大学生良好的心理品质，以应对时代发展对大学生提出的各种挑战。

四、从积极心理学视角出发完善新时代大学生心理健康教育体系

针对新时代大学生的心理特征与存在的普遍问题，基于积极心理学视角可以从下面不同层面推进大学生积极健康教育，促进大学生全面健康发展。

（一）利用积极心理学打造健康幸福的教师队伍

通过人文关怀，优化教师发展通道制度，营造良好的学术科研文化氛围，改善目前重科研、轻教学的现状，让教师把教育真正当作是幸福的事业，从而从中获得一种自豪感、成就感。通过授课培训，不但提升了教师教授专业课程的水平，更加强了教师在教学过程中利用积极心理学的方法打消学生课堂学习中的畏难情绪，帮助学生制订合理的学习目标，将学生的目光从沉迷手机的状态中吸引到课堂上来。

（二）基于积极心理学打造积极健康向上的课堂

第一，开设积极心理学的相关课程，采用必修课为主、选修课为辅的课程设置，利用严格的考核方式突出课程的重要性。真正让同学们掌握如何树立正确的价值观、正确的自我认知、正确的情绪管理，学习心理的调适方式，学会人际交往的原则与技巧，建立健康恋爱心理、健康网络意识等。

第二，充分发挥思想政治课帮助学生树立远大的职业理想的作用，正如马克思在《青年在选择职业时的考虑》文中所述："如果我们选择了能为人类幸福而工作的职业，就没有什么重担可以压倒我们。我们感受到的将不是可怜、有限、自私的乐趣，我们的幸福将属于千百万人。"思想政治教育可以帮助学生树立正确的世界观、人生观、价值观，在为社会主义事业培养合格建设者的过程中，同时实现了积极心理学的育人目标。

（三）开展高质量的学生社团活动，理论联系实践

让学生将课堂上学习到的积极心理健康理论知识运用到实践活动中加深理解与体

会。社团活动中可以创造现实环境以增强学生的外倾性。让学生在活动中体验乐观带来的幸福感和成就感，体验积极防御机制如何成功应付生活中的紧张、焦虑等精神压力，激励学生学习培养自我独立思考的能力。

（四）提倡积极的心理危机干预理念

无论是高校心理健康工作者还是大学生群体都要提倡以积极的心态面对危机的健康理念。危机本是一把双刃剑，有危险更有机遇，通过传统的方法及时进行危机干预，帮助学生渡过暂时的难关，这只是危机干预的开始，后期的引导教育更是关键。要帮助学生通过积极健康的认知方式看待问题和从渡过危机中获得应对困难的成功经验，使危机转化成学生成长的机遇，提高学生的抗挫能力。

（五）构建更高效的大学生心理健康教育模式

目前我国高校普遍存在专业心理健康教育师资力量匮乏的现象，如何利用有限的教师资源打造出高效的心理健康体系，这个问题成为亟待解决的问题。多数学校按照传统的心理健康教育模式建立三级心理健康危机干预机制：第一级为学校心理健康教育中心，总体负责全校的心理健康教育工作，建立学生心理档案，开展日常咨询工作及对心理辅导员、班级心理卫生委员进行专业培训；第二级是学院思想政治教育辅导员、班主任，负责及时发现学生心理异常现象，进行心理辅导，达到及时解决问题的目的；第三级为班级心理卫生委员，负责在学生中进行心理知识宣传，组织开展丰富多彩的心理健康教育活动，及时发现学生中存在的心理问题，达到早期预防效果。这种三级心理健康危机干预机制在大学生心理健康教育中起到了非常重要的作用。但由于心理教育的专业性强，非专业人员欠缺进行心理学理论知识系统学习，仅经培训掌握一定的心理咨询基础知识和技巧的情况下从事心理辅导具有很大风险。要在心理健康教育中充分实现“全员育人”，必须考虑“以人为本”和“术业有专攻”的教育理念，精准分工，更高效地利用各个岗位上教育者的专业特长以服务到心理健康教育事业中来，如负责思想政治教育的教师可以着重课堂教育，在班团建设中引导学生树立远大的理想信念、增强集体主义精神、锻炼坚韧的人格品质；专业科任老师通过课堂教授同学们如何制订合理的学习目标、如何正确处理学习困惑与挫折。

（六）拓展心理健康教育新载体，搭建专业的线上心理健康服务平台

对于长时间沉迷网络的新时代大学生，相比线下的大学生心理健康课程、学校的心理健康中心咨询以及医院诊治，线上问诊是他们更愿意接受的途径。当前线上心理健康的服务平台普遍存在质量参差不齐、收费过高等弊端，并没有很好发挥作用。因此，搭建可靠、规范、快捷的心理健康教育线上平台是解决新时代大学生心理健康教育的重要途径。

（七）外部环境的支持，建立“家校”联系制度

心理健康教育除了校园环境、师资队伍、教育载体的建设，社会环境、家庭环境的

影响也至关重要。特别是在网络时代，“00后”是伴随着互联网一起成长的一代人，网络化社会使人与社会的相互作用已经几乎不受地域限制，因此，新时代的社会环境对当代大学生心理健康的影响愈发重要。新时代大学生价值观的形成很大程度上受网络媒体的影响，要发挥主流媒体的积极舆论导向作用，加强网络平台监管，营造积极健康向上的网络环境。同时，大学生的心理健康教育更离不开家庭教育，建立良好的家庭氛围、和谐的家庭关系，运用正确的积极教育方式都可以有效促进大学生心理健康发展。

参考文献：

习近平．决胜全面建成小康社会　夺取新时代中国特色社会主义伟大胜利［N］．人民日报，2017－10－28（1）．

新华网．习近平：在哲学社会科学工作座谈会上的讲话［EB/OL］．（2016－05－18）［2022－09－16］．http://news.xinhuanet.com/politics/2016－05/18/c_1118891128_4.htm.

马川．“00后”大学生心理健康水平的实证研究——基于近两万名2018级大一学生的数据分析［J］．思想理论教育，2019（3）：95－99．

彭梅．积极心理学视野下大学生心理健康教育研究［D］．哈尔滨：黑龙江大学，2014．

卡尔·马克思．青年在选择职业时的考虑［J］．今日中学生，2022（Z2）：24－27．

新冠肺炎疫情常态化情况下研究生心理教育模式的探讨[①]

——以对我院2018级某硕士研究生开展的心理辅导为例

姜利寒[②]

摘要：本文以学院处理的某位研究生心理危机事件为例，反映出在抗击新冠肺炎疫情时，研究生心理健康教育的阶段性任务、内容、方法、载体不尽相同，必须有步骤、分阶段进行。应当针对研究生的心理压力特点，采取有针对性的举措，提高研究生的心理素质。

关键词：新冠肺炎疫情；研究生；心理健康教育

在全国上下万众一心、众志成城抗击新冠肺炎疫情之际，面对研究生这一群体，贯彻落实习近平总书记关于抗击新型冠状病毒肺炎疫情的重要论述，高校亟待发挥心理健康教育在抗击疫情中的重要作用。在新型冠状病毒肺炎疫情防控中，高校研究生是一个不容被忽视的群体。高校心理健康教育工作必须充分利用抗击新冠肺炎疫情这一特殊时期、特殊情况，主动开展研究生的心理教育。这既是做好疫情防控工作的客观需要，也是提升研究生思想政治教育针对性和有效性的有利契机。

在抗击新冠肺炎疫情的不同发展阶段，研究生心理健康教育的阶段性任务、内容、方法、载体不尽相同，必须有步骤、分阶段进行。

高校要做好研究生的心理健康教育工作，将线上教育与线下教育相结合，做到既"键对键"又"面对面"，凝聚广大青年的爱国主义热情，教育引导广大学生坚定对马克思主义的信仰，坚持不懈培养和弘扬社会主义核心价值观，厚植爱国主义情怀，弘扬"抗疫精神"，坚决响应党中央号召，为打赢疫情防控阻击战发挥应有作用。

【事例梗概】

某硕士研究生，女，原就读于四川大学化学工程学院化学工艺专业2018级，目前

① 四川大学2021年研究生思想政治理论研究课题。

② 姜利寒，四川大学化学工程学院党委副书记，副研究员，主要研究方向为党建、大学生思想政治教育。

已退学。

该生保研至四川大学就读硕士研究生，自入校以来学习勤奋刻苦，性格开朗活泼。2020 年因全国新冠肺炎疫情严重，学校按照教育部要求推迟开学，由导师通过网络对在家硕士研究生开展学业辅导。学院辅导员多次通过打电话、网络留言等方式关心该生及其家人的身体健康，叮嘱她多和导师交流科研进展。

2020 年 8 月，学校逐步启动学生返校工作，截至 8 月 27 日，该生仍未返校。据家长反映 2020 年 6 月 14 日，该生便以返校为理由离开重庆家中。8 月 27 日当天起，她不再接听家人和老师的电话，并给家人发送内容消极的文字信息。经过老师走访、排查，得知她在成都某宾馆住宿，她的哥哥知道情况后，立即赶到成都一起寻找。在寻找过程中，她哥哥还联系了新闻记者，并在媒体上发布寻人启事。

【过程设计】

学院认为当务之急是找到学生本人，于是，通过发动导师、同学和学校相关部门，一同寻找，最终在学校附近一间民宿中找到了她。见到学校老师后，该生全程哭泣，拒绝与人交流。经过学校心理健康中心的指导，辅导员将突破口放在她哥哥身上。经过反复沟通，她哥哥表示：该生中学时被家中亲戚侵犯，没有保存证据且无人得知。新冠肺炎疫情防控期间因她在家长达半年，恰巧亲戚返回老家过年，在家中相遇，该生当天情绪失控，告诉了家人这件往事。父母一方面心疼女儿，一方面碍于面子不愿得罪亲戚，所以只让女儿忍耐。该生对家人失望，于是离家出走。

该生成长过程中的伤疤被揭开，且得不到家人的信任和支持，于是她无法接受现状，也寻找不到解决方案，一时间就产生了“避世”的想法。因此在对其开展帮助的过程中要从心理教育入手，避免刺激她，帮助转移她的注意力，帮助她重新树立信心和对未来生活的向往。

【处理过程】

老师了解情况后，按照学校心理健康中心的建议，全程由女老师和该生交谈，引导她向树立奋斗信心、争取更美好的人生这个方向上奋进。在和学生的沟通中能感受到她对学校老师的信任，于是学校老师建议她和学校心理健康中心的老师见面，进行专业的心理咨询。经本人同意，心理健康中心主任亲自和她面对面交谈，关心抚慰她的心灵。

在学校和学院的全程努力下，该生情绪逐渐稳定，并表示希望和哥哥暂住校外，自己再认真思考个人发展。其间，导师和辅导员老师一直和她密切联系，鼓励她通过自身努力改变生活现状。经过慎重考虑，她决定终止学业，和哥哥南下工作。临行前，兄妹二人感谢学校和学院的关怀，并表示会争取在以后的生活中克服既往伤害，努力过好自己的人生。

【案例总结】

该生的情况包含了多个方面：未成年时被亲戚侵犯、成年后和原生家庭观念不契合、新冠肺炎疫情防控期间的过度焦虑、因新冠肺炎疫情长期在家导致伤疤被揭开、研究生学业压力、丧失生活信心和方向、消极避世等。

在新冠肺炎疫情防控期间，因为客观因素的影响，该生心理产生剧烈波动，将其引而不发的矛盾点引爆，从而在较短时间内产生了一系列应激反应。

新冠肺炎疫情来势汹汹，各地纷纷启动突发公共卫生事件一级应急响应，限制人员流动、延迟复工开学等一系列抗击新冠肺炎疫情措施陆续出台。这一重大社会事件作为压力源，也引发了个体的应激状态。新冠肺炎疫情防控期间大众出现抑郁、焦虑、失眠、急性应激障碍等精神心理问题。冲突环境下精神心理疾病的发病率显著升高，人们产生更大的心理负担。

2020 年 2 月，习近平总书记主持召开中共中央政治局常务委员会会议研究应对新型冠状病毒肺炎疫情工作时指出，“要加强心理干预和疏导，有针对性做好人文关怀”，这为我们用“心”防“疫”指明了方向，为构建全方位、立体化、全覆盖的心理干预和疏导机制提供了遵循。在抗击新冠肺炎疫情的过程中，如何实现党的十九大报告提出的“加强社会心理服务体系建设，培育自尊自信、理性平和、积极向上的社会心态”，在高校面对庞大的学生群体，如何提升新冠肺炎疫情下心理服务工作成效，凝聚人心、安慰民心、战胜疫情，值得我们深入探讨。

一、学校要引导学生科学认识新冠肺炎疫情，正确面对应激反应

要引导学生科学认识新冠肺炎疫情，通过官方渠道获取疫情及防护相关信息。引导学生学会辨别信息、过滤信息，帮助学生有效减少过度恐慌的情绪，让他们多关注自身生活安排，积极思考怎么尽自己所能多做些有意义的事情，这样既能赶走不良情绪，也能体现自我价值，增强自我效能。

新冠肺炎疫情对我们每个人来说，都是一种强烈的应激情境，需要我们对环境威胁和挑战做出反应。应激反应通常表现在认知、情绪、行为和躯体症状等多个方面。新冠肺炎疫情初期，由于疾病传播源的隐蔽性、病毒感染的不确定性，当人们不知道如何进行有效防范的时候，就会感到高度紧张。其主要表现为对未知的过度担心、惶恐不安，对外界刺激敏感，注意力难以集中，易受干扰，情绪不稳定，心神不安、睡眠变差等，有的还会出现心跳加快、尿频尿急、口干、胃部不适等神经功能紊乱的表现。

研究表明，体育运动在促进心理健康方面有较好的作用。日常学习生活中，对伴有焦虑恐惧情绪的大学生来说，要强化自我的运动认知能力，通过运动干预放松、转移情绪，从而达到更好的促进效果。面对疫情的威胁，焦虑不安、心烦意乱，这都是正常的应激反应，因此无需排斥，要坦然接纳，用心体验，调动身体的内外在资源，尽量放松平静下来。

二、学校要及时发现并疏导研究生的各方面压力

当前，很多高校已具备较为健全的大学生心理健康教育体系，但针对研究生这一特定群体的专门的心理健康教育相关方法没有得到确立和广泛推广。这也说明了高校对研究生的心理健康教育问题的关注度还比较低。事实上，研究生的心理压力特点与本科生

的存在明显的差异，不同年级、不同学科领域、不同年龄的研究生实际情况各不相同，心理压力来源也不尽相同，应当针对研究生的心理压力特点，采取有针对性的举措，提高研究生的心理素质。

在当前研究生群体中普遍存在的有学业压力、科研适应和创新压力、毕业压力、情感压力、经济压力、人际交往压力、家庭压力、就业压力、健康压力等。

研究生毕业后将直接进入社会工作，他们的心理健康情况，直接关系着社会的发展。作为高校，不能简单地认为高学历人群就有良好的心理素质，要针对研究生群体独有的特征，及时调整心理健康教育策略，把思想政治教育和心理健康教育有机结合，更好地为研究生服务。我们不但要重视有心理问题的研究生的心理健康教育，更要重视整个研究生群体的心理健康教育。在日常的心理健康教育中要坚持预防为主，坚持促进每个研究生充分全面发展的原则，通过多种方式，对不同年龄层次的研究生进行心理健康教育和指导，帮助研究生提高心理素质，健全人格，增强承受挫折、适应环境的能力。

三、家校合作，应对矛盾和危机

当学校和家庭发现学生存在心理健康问题时，学校和家庭之间、家庭成员之间，要互相配合，共同面对，找准“敌人”。

第一，遇到问题要有共同面对危机的觉悟。在新冠肺炎疫情防控的特殊时期，谁也不希望出现不好的结果，而彼此的争辩指责对事情的良性发展毫无帮助。

第二，换位思考，感同身受。新冠肺炎疫情环境下，每个人都承受着不同程度的压力，相较于正面情绪，负面情绪更容易互相影响，因此容易产生心理障碍。尝试换位思考，多站在对方的角度体会对方的感受，解除心理障碍，让大家的心理愉悦，增进对彼此的真正了解。在任何情况下人与人之间的关系处理，都要做到换位思考。

第三，委婉的表达方式。换一种表达方式，可能会得到截然不同的效果。比如，把对家庭成员的指责、要求，换成“我因为担心你，所以希望你……”，这种表达方式更能准确地向家人传达真实想法，从而对方更容易接受建议和意见，而不是被表现出来的情绪影响。

第四，珍惜难得的相聚时光。平时疲于奔波，一家人难得长时间相聚，要珍惜、享受这样的时光。家庭关系和同学关系的融洽、理解、陪伴和支持，有助于大家更加从容地面对困难，积攒力量渡过难关。如果通过调整仍无法消解分歧，那就说明家庭关系深藏着问题。此时，应当寻求专业心理医生的帮助，通过专业心理咨询来帮助调整家庭关系。

四、对策分析

第一，我们要树立信心，坚信人类一定可以战胜新冠肺炎疫情，相信我们党和国家采取的“以人民为中心、生命至上”的有效防控措施。对个人而言，一定要了解和学习关于新冠肺炎疫情的科学知识，如新冠肺炎疫情的典型症状、传播途径、个人防护措施等，坚持积极履行个人防护。

第二，培养个人良好的防疫心态，这也是克服恐慌心理的主要环节。盲目恐慌只会束缚我们的大脑，影响我们做出正确的判断。因此，我们应把注意力集中到力所能及的行动上，这也算是一种主动出击。

第三，坦然对待危机心理应激反应。心理应激反应其实是一种自我保护的预警，属于正常的心理现象。如果过分抑制或是逃避这种情绪，反而会增加内心的不确定感和恐慌感。建议预留缓冲时间，去尝试接纳当前的负面情绪，这对于维持心理的稳定尤为重要。

第四，培养积极的兴趣爱好，重新建立积极、乐观、稳定的工作生活状态，有助于缓解恐慌心理。建议用积极的兴趣爱好来代替消极的生活状态，培养新的兴趣爱好代替消极的状态。

第五，寻求有效的情绪宣泄途径。要学会把情绪表达出来，同时保持一定的人际联系，不能陷入自我孤立的心理状态。

第六，适当开展体育活动。适当的体育活动会使大脑产生神经递质的功能变化，让人产生愉悦感，减轻压力和负面情绪，增强身体和心理的防御能力。

第七，必要时寻求专业心理援助。当负面的心理情绪持续时间过长，严重影响到生活状态，自己经过努力也无法进行有效的心理调适时，建议寻求专业的心理援助。可以通过网络平台或心理援助热线电话，寻求“一对一”的心理干预，也可以前往医院进行药物治疗等。

参考文献：

中共中央政治局常务委员会召开会议研究加强新型冠状病毒感染的肺炎疫情防控工作习近平主持会议［EB/OL］．（2020－02－03）［2022－09－16］．http://www.gov.cn/xinwen/2020－02/03/content_5474309.htm.

李恒．大学生、研究生压力研究综述［J］．科技信息，2010（11）：160－161.

宋振韶，蔡瑶．研究生心理健康教育课程建设初探［J］．北京教育（德育），2010（Z1）：7－8.

胡艳，黄贻苏．疫情爆发下大众常见心理应激反应与对策分析［J］．人文天下，2020（16）：84－86.

新时代研究生理想信念教育与心理健康教育融合路径探析[①]

李晓迎[②]

摘要：当今国际环境错综复杂、竞争激烈，牢筑信仰之基、补足精神之钙，这是新时代掌稳思想之舵、建设文化强国的思想保障，是实现伟大理想的动力源泉。青年兴则国家兴，青年强则国家强。青年有了坚定理想信念，才能走得稳、走得远。高校研究生作为高素质人才的代表，是社会发展的重要人才资源，高校研究生心理健康教育及理想信念教育关涉其自身成长，也事关国家和民族的复兴。用新时代中国特色社会主义思想铸魂育人，增强研究生胸怀两个大局的自觉性、主动性，推动高校研究生理想信念教育与心理健康教育相融合，对研究生心理危机预防产生积极效应，培养具有良好心理素质的高水平人才至关重要。

关键词：心理健康教育；理想信念教育；研究生；融合路径

2017年12月，中共教育部党组关于印发《高校思想政治工作质量提升工程实施纲要》的通知中提出“以理想信念教育为核心”的总目标，将心理育人纳入“十大”育人体系，明确“坚持育心与育德相结合，加强人文关怀和心理疏导，深入构建教育教学、实践活动、咨询服务、预防干预、平台保障‘五位一体’的心理健康教育工作格局，促进师生心理健康素质与思想道德素质、科学文化素质协调发展”。研究生群体的心理素质好坏关涉其自身成长成才，也直接影响了高校能否完成为国家培养高素质人才的任务。重视研究生心理健康教育，用新时代中国特色社会主义思想铸魂育人，增强研究生胸怀两个大局的自觉性、主动性，推动高校研究生理想信念教育与心理健康教育协同发展，对研究生心理危机预防产生积极效应，培养具有良好心理素质的高水平人才意义重大。学界针对理想信念教育和心理健康教育这两大方面的研究已经比较深入，对于理想

---

① 基金项目：四川大学国家社科基金培育项目“新时代高校研究生党员‘不忘初心、牢记使命’教育长效机制建构研究”（项目批准号：sculaw20210218，2021skzx-pt07）。

② 李晓迎，四川大学法学院，讲师，主要研究方向为思想政治与心理健康。

信念教育与心理健康教育两者之间的关系也进行了一些探讨，但是没有如何将新时代研究生理想信念教育融于心理健康教育从而对研究生心理危机预防产生积极效应的研究。本文着重从教育实践的视角探讨新时代研究生理想信念教育与心理健康教育的融合路径。

一、疫情防控常态化时期研究生理想信念教育与心理健康教育协同发展的现实意义

按照唯物史观，社会存在决定社会意识，社会意识反作用于社会存在。全球性的新冠肺炎疫情突然暴发，给世界经济与格局带来了巨大冲击，给“人们的思想观念和行为习惯带来了重要影响”。疫情防控常态化之后，社会生活的方方面面都发生了变化。研究表明“在遭遇重大事件或问题时，个体心理上会出现严重失衡状态，形成心理危机”。新冠疫情的传播给人们的生命健康、精神压力及心理状态都造成了严重创伤，倡导健康生活成为社会新主流。为了防止病毒传播，当面交流的机会变得难能可贵，聚集性活动被禁止、外出旅行被阻挡、上学读书被暂缓。随着网络的快速发展，新媒体得到普及，高校开展“云课堂”，讲座、会议等也可以通过网络进行，交流、购物、运动、娱乐等都可以通过线上平台进行，此背景下的研究生具有明显的时代特征。面对当今世界的困难和挑战、阻力和变数，用新时代中国特色社会主义思想铸魂育人，增强研究生胸怀两个大局的自觉性、主动性，推动高校研究生理想信念教育与心理健康教育协同发展，从而进行心理危机预防，显得尤为紧迫。

二、明确理想信念教育与心理健康教育的关联性，提升心理健康教育效力

中国共产党成立 100 年来，始终高度重视青年理想信念教育，开展了丰富多彩的教育活动，取得了许多重要的成果，积累了宝贵的经验。理想信念教育是世界观、人生观、价值观的“总开关”，必须突出其价值引领的作用。青年学生作为未来社会的栋梁，肩负着实现中华民族伟大复兴的历史重任。心理健康教育是高校人才培养体系的重要组成部分。2018 年 7 月，教育部印发的《高等学校学生心理健康教育指导纲要》中提出，各高校要“深入学习贯彻习近平新时代中国特色社会主义思想”，要“坚持育心与育德相统一，培育学生自尊自信、理性平和、积极向上的健康心态，促进学生心理健康素质与思想道德素质、科学文化素质协调发展”。理想信念教育与政治认同、爱国主义、道德修养、法治意识、传统文化等密切相连，不能将其从整体中抽离出来。“理想信念，是政治内容的心理反映。作为一种心理形式，理想信念是最高层次的、稳定的、持久的心理倾向性”，它“主宰人的心灵世界，是世界观、人生观和价值观的集中体现，对于个体的优秀品德的培育……具有方向引领和动力支撑的重要作用”。心理健康教育是研究生理想信念教育的基础和前提，只有全面地了解研究生心理健康、思维方式等方面的

心理建构方式和发展规律，研究生理想信念教育才能够真正地从研究生的需求出发，推动研究生在知情意行等方面的健康发展，并将内在的精神、情感、思想外化为实践的信念，铸魂育人。

三、新时代研究生理想信念教育与心理健康教育融合路径探析

心理健康不仅受到自身的影响，还受到环境的深刻影响。心理健康问题影响因素包括生理层面、心理层面及思想层面等。生理层面主要有躯体疾病、精神疾病、遗传、精神生物方面代谢紊乱等，心理层面主要在性格特征、情绪特征、行为特征等方面有缺陷，思想层面主要在压力、社会意识、信仰等方面存在问题。心理健康问题是综合性、复杂性的。理想信念教育能够帮助研究生以科学的视角去重新认识社会，引导他们建立正确的世界观、人生观和价值观，进而为研究生的身心健康与人格发展创设良好的环境。

（一）凝聚强大育人合力，调动“全员育人”

心理健康教育是理想信念教育的基础，理想信念教育是最高层次的心理健康教育。为了实现心理健康教育与理想信念教育的有效协同，需要调动“全员育人”方式，而“全员育人”工作的主体是多元的、全面的。对于高校研究生而言，家长、朋辈、专职教师、导师、辅导员、管理人员及心理教师等，都需要参与到育人工作中，发挥其育人专长，实现“全员育人”。研究生家长参与到育人工作是理想信念融于心理健康教育协同育人的基础，家校相互配合、互相支持、协调统筹，一起发力并形成向心力，可以有效促进研究生全面健康发展。但是，家校合作需要注意明确合作界限。一般高校研究生相比本科生，思想认知程度会更深一些，动员研究生身边的朋辈进行育人，可以对高校教师开展理想信念教育与心理健康教育工作进行很好的补充。相比教师，朋辈更加具有感召力及亲和力，可以在不经意间对出现思想及认知偏差的研究生进行及时有效的修正。为了充分发挥朋辈育人的作用，在研究生教育过程中需要加强对学生干部的重点培育。以学生干部为抓手，通过增强学生干部的思想认识、政治觉悟及对危机事件的敏锐度，发挥朋辈育人优势，实现理想信念教育融合于心理健康教育。在朋辈教育中，高校也可以设置专门的思想心理委员，对他们进行专业的思想政治教育及心理健康教育后，再对研究生进行思想政治引领和心理健康教育，进一步发挥朋辈育人作用。目前，研究生对心理健康教育存在一定的误区，对心理健康教育具有抵触心理。通过在研究生中挖掘喜欢并擅长心理学方向的学生，让这部分学生以自身切实感受开展沙龙等活动，对其他学生进行心理健康教育普及，可以一定程度上消除学生的抵触心理，让同学们正确认识心理健康教育，遇到困难可以有克服困难的坚定信心及寻求帮助的主动意识。同时，也要发挥研究生兼职辅导员的感召力及亲和力，对学生进行思想政治引领及心理健康疏导。专职教师要加强研究生胸怀两个大局的教育，担当民族复兴大任重担的责任感教育，使研究生对未来奋斗的目标更加明晰，从而减少迷茫焦虑感。研究生导师是研究生教育中的第一责任人，导师要明确立德树人的责任，在思想政治教育、心理健康教育、

社会责任、人文关怀等方面对研究生进行引导，致力培养具备良好心理素质、乐于积极投身中国特色社会主义现代化建设的伟大事业的高层次、创新性、复合型拔尖人才。学校管理人员将“立德树人”理念融入精细化管理，让研究生明确在校的每个阶段需要做的事情，对自己的学习、生活有明确的规划，充实满足地度过每一天。心理健康教师以专业的角度，将理想信念渗透于心理健康教育，培养具有良好心态的社会主义接班人。

（二）把握成长成才规律，实现“全过程育人”

理想信念融于心理健康教育协同育人，需要把握研究生成长成才的规律，从贯穿于研究生入学至毕业的整个过程布局，实现“全过程育人”。研究生教育跟本科生教育具有明显的区别。研究生思想更加多元化、复杂化，要实现研究生理想信念教育与心理健康教育融合，完成理想信念与心理健康教育协同育人。在研究生入学开始时对学生进行心理健康筛查，摸清研究生既往价值取向及心理健康情况。掌握研究生价值取向及心理健康状况后，以问题为导向对学生进行教育，在教育的过程中对学生进行积极、正向的引导，使学生能够挖掘并发挥自我潜能，完成自我实现。研究生在实现保研或者是考研的目标之后，作为新生入学后会有或长或短的迷茫、焦虑期，这个阶段需要在“全员育人”下，让学生感受到研究生生活的意义和目的，让研究生建立正确的理想信念，并以此为目标实现自我价值。进入研究生二年级，学生容易在专业方面自我怀疑，从而产生焦虑情绪。此时，需要在导师的指导、全员的协助下，敢于面对挑战，使研究生获得满足感、实现自我接纳，为接下来的毕业期做好准备。处于毕业期的学生，心理危机主要出现在五六月份，身边已经完成毕业论文撰写、找到工作的同学越来越多，自己的毕业论文、工作没有着落，处在这一状态下的研究生，容易出现对未来的无力、绝望感。这一时期需要“全员”在导师的主导下参与育人，让研究生目光长远，胸怀两个大局，接受当下面临的挑战，处理好自己面临的学业重任，实现自我突破。

（三）形成协同互补效应，展开“全方位育人”

理想信念教育融于心理健康教育“全方位育人”，强调在育人工作中以全角度多管齐下对研究生展开教育。在全员育人的加持下，在全程育人的整个过程中，以全方位为脉络梳理，融通育人工作。研究生综合素质课等相关的课程，可以充分发挥育人和课堂教学主渠道作用，推动理想信念教育与心理健康教育融合并立足第一课堂联动第二课堂，形成贯穿于研究生教育教学全过程全方位的课程体系，达到课程思政与思政课程同向同行。以研究生综合素质课为平台，以多元化为目的对研究生进行理想信念教育、心理健康教育，在理想信念教育中完成心理健康教育，在心理健康教育中渗透理想信念教育，从而达到理想信念教育与心理健康教育共同育人。要实现理想信念教育融于心理健康教育共同育人，同时也要将育人工作融入专业课程、科研课题、公共课程、教学管理、校园文化和日常生活等方方面面，加强研究生理想信念教育，培育和践行社会主义核心价值观，增强“四个意识”，坚定“四个自信”，做到“两个维护”。实现培养具有良好心理素质、德智体美劳全面发展的社会主义现代化建设者和接班人。

参考文献：

教育部发布《高校思想政治工作质量提升工程实施纲要》[J]. 高等职业教育探索，2017，16（6）：33.

李辽宁，倪圣茗. 后疫情时代思想政治教育的新境遇与新作为 [J]. 学校党建与思想教育，2020，5（15）：4－8.

王梓琪，王可山，刘华. 新冠肺炎疫情对高校研究生心理行为的影响及应对 [J]. 统计与管理，2020，35（12）：18－24.

教育部党组印发《高等学校学生心理健康教育指导纲要》 [J]. 中国德育，2018（16）：5.

冯建军. 理想信念教育常态化制度化的实践内涵、理路与策略 [J]. 思想理论教育，2021（12）：27－33.

吴潜涛. 正确理解理想信念的科学含义 [J]. 教学与研究，2011（4）：5－9.

对高校研究生心理育人工作的探讨

姜丹蓉①

摘要：心理育人是高校思想政治教育“十大育人”体系之一，是高校肩负的使命与责任。将高校研究生心理育人工作融入“三全育人”体系，构建主体协同的全员心理育人、贯穿始终的全程心理育人和多方联动的全方位心理育人格局，切实提升高校研究生心理育人工作的实效性，是党和国家人才培养事业的坚实基础。

关键词：研究生；心理育人；“三全育人”

培养社会主义建设者和接班人，是教育的根本方向，也是高校的根本任务。为此，高校要积极构建并完善“三全育人”体系，强化全员、全程、全方位同向同行、同频共振的育人格局。研究生是党和国家人才战略的重要组成部分，高校研究生心理育人工作的水平直接影响到研究生自身的成长成才和高校为党育人、为国育才使命的完成。将“三全育人”理念与研究生心理育人工作相结合，构建研究生教育的全员心理育人、全程心理育人和全方位心理育人体系，对促进研究生成长为德才兼备、全面发展的中国特色社会主义合格建设者和可靠接班人具有重要的理论价值和现实意义。

一、高校研究生心理育人工作的重要性

心理育人是《高校思想政治工作质量提升工程实施纲要》规划的“十大育人”体系中重要的组成部分。教育部党组印发的《高等学校学生心理健康教育指导纲要》也指出，“心理健康教育是提高大学生心理素质、促进其身心健康和谐发展的教育，是高校人才培养体系的重要组成部分，也是高校思想政治工作的重要内容”。可见，高校心理育人既是青年学生成长为担当民族复兴大任时代新人的现实需要，也是高校为党育人、为国育才根本任务的重要组成部分，更是国家实施新时代人才强国战略的必然选择。

---

① 姜丹蓉，四川大学生命科学学院，副教授，博士，主要研究方向为思想政治教育和就业指导。

研究生是国家高层次知识人才和经济社会建设的重要力量。新时代高校肩负着高层次人才培养和创新创造的重要使命，以培养具有综合素质能力的中国特色社会主义事业的建设者和接班人为目标。“引导学生正确认识义和利、群和己、成和败、得和失，培育学生自尊自信、理性平和、积极向上的健康心态，促进学生心理健康素质与思想道德素质、科学文化素质协调发展”，是培养具备健全人格、高尚品格的国家高层次人才，引导青年学生坚持和发展中国特色社会主义，投身实现中华民族伟大复兴中国梦的前提。

二、“三全育人”视角下高校研究生心理育人工作的困境

调查显示，相较于本科生，研究生更容易产生由生活环境、学习方式和人际关系改变而带来的适应性心理问题，容易遭遇由更高的成就动机和自我期望带来的发展性心理问题，容易陷入由科研、就业、经济、家庭、人际关系等带来的情感冲突。高校研究生群体的各类心理健康问题日渐突出。因此，高校需要更加重视研究生的心理育人工作，不断完善心理育人工作体系，有效推进心理育人工作与时俱进地发展。根据“三全育人”的总体规划，高校研究生心理育人的具体对策与落实情况仍存在一些不足，需要深刻反思与持续探索。

（一）高校心理育人工作缺乏全员育人的协同性

在全员育人的视角下，高校研究生心理育人工作仍存在诸多问题，亟待完善与解决。首先，全员心理育人工作不同步。目前，研究生心理育人工作的主要承担者是导师、辅导员与负责心理健康教育工作的专职教师，而全员育人理念要求高校从管理层到基层教职工，均要共同参与到研究生心理健康教育中去，同步推动研究生心理育人工作。没有全员参与，就无法实现心理育人的前置性工作，无法做到预防与保障相结合。其次，全员心理育人缺少合作。导师作为研究生培养的第一责任人，承担着关注研究生心理健康、建立良好师生互动机制的职责。然而在工作实际中，部分导师更关注学生的学术发展与科研成绩，既缺乏对心理育人的重视，又缺乏心理育人的专业知识和技能。大部分辅导员接受过专业的心理健康教育理论与实践培训，但在工作中常常忙于解决研究生的日常问题、情绪问题及危机事件，心理育人工作的开展难度较大。高校中专职心理健康中心的教师，则因为人员配比不足，同样以解决危机事件为主要工作任务。导师、辅导员与心理健康教育工作的专职教师的育人工作没能很好地协调一致，合作进行。最后，部分领导干部和行政管理人员对研究生进行心理育人工作的理念不强，后勤宿管人员素质参差不齐，有些人缺乏对研究生心理育人工作的认知，这些都使得全员心理育人理念难以落实。

（二）高校心理育人工作缺乏全程育人的系统性

在全程育人的视角下，高校研究生心理育人工作未能形成向前延伸和向后拓展的教学趋势，未能贯穿教育教学全过程以及学生成长成才的全过程。首先，在心理健康教育

教学方面，心理健康教育相关课程多为选修课，多面向本科生开设，较少面向研究生开设。针对研究生心理健康教育的专题课程，缺少顶层设计和系统规划，过于碎片化，导致成效不明显。其次，在公共课程和专业课程教学过程中，通常只注重知识领域的专业性与前沿性，而缺乏积极心理学元素的融入，培养研究生“稳定乐观情绪、愈挫愈奋毅力、理性平衡心态和积极进取个性等心理素质”的教育理念欠缺。最后，在学生成长成才的全过程中，研究生心理育人工作还未达到精细化发展。从研究生入校前心理发展到毕业后个案追踪的关注不够，从研究生积极心理品质建立、心理帮扶到心理危机干预的思考也不足，缺乏系统的育人规划。

（三）高校心理育人工作缺乏全方位育人的联动性

在全方位育人的视角下，高校研究生心理育人工作未能充分利用校内校外多种心理育人资源、课内课外多种心理育人形式和线上线下多种心理育人平台。首先，社会和家庭存在对研究生心理育人工作认知不足的现象。家长认为心理健康育人仅仅是高校的责任，而忽视研究生完成学业承担的心理压力和存在的心理风险，使得研究生心理育人工作缺乏学校、家庭和社会的三方联动。其次，课内课外心理育人形式仍然非常传统和单一。研究生的心理健康教育多以授课、讲座为主，较少引入团体辅导、体验活动、行为训练、素质拓展等丰富多样且科学专业的心理育人实践活动，没有结合学生特点，对学生参与、体验、感悟、心理成长的实践项目进行科学研究和应用实施。最后，线上线下心理育人工作没有有效结合。线下心理育人资源运用相对较多，线上资源运用较少，大数据与网络服务作用未得到充分发挥。大数据筛查功能在研究生心理发展趋势、心理问题识别等方面使用不足，心理网络阵地建设效果不明显。

三、高校研究生“三全”心理育人工作体系的构建

高校如何秉承全员育人、全方位育人、全过程育人的理念，有效部署心理育人策略，发掘、创新心理育人路径，建立科学、合理的心理育人工作体系，是当前高校心理育人工作需要解决的问题。

（一）立足全员，形成研究生心理育人工作的强大合力

全员心理育人，就是要发挥出所有教育力量的优势，形成育人主体间通力配合、共同参与、相互支持的工作格局。第一，坚持党委统一领导，加强顶层设计。学校遵循思想政治教育和研究生心理发展规律，在完善体制机制、配齐工作队伍、强化资源保障等方面进行系统设计，推动上下联动、各司其职、协力合作，从而形成全员心理育人格局。第二，明确导师主体责任，提升心理育人能力。发挥导师在研究生心理育人工作中的主导作用，加强导师深入了解和客观分析研究生心理健康状况的能力，提高导师对研究生心理问题的识别警觉度与判断准确度，建立良性互动的导学，确保研究生心理素质逐步提高。第三，强化辅导员骨干作用，兼顾积极心理品质的培养和心理危机的化解。辅导员是研究生思想政治理论教育最主要、最直接的实施者，在实际工作中应树立全面

培养研究生积极品质的认知，不再只是关注少数存在心理危机的学生，而是注重所有学生的共同发展，充分挖掘学生心理潜能，培养学生的积极心理品质，促进学生心理和谐发展。第四，组建兼职心理健康教师队伍，扩大心理育人队伍力量。要吸引更多有教育学或者心理学专业相关背景、有国家二级或者三级心理咨询师证书的教师进入心理育人工作队伍，对研究生心理育人工作进行理论和实践研究，开展研究生积极心理教育和心理危机干预。第五，发挥专业课教师、管理人员与服务人员的协同育人作用。在课程教学过程中和管理服务过程中，营造轻松愉快的氛围，采用创新先进的方法，构建民主平等的师生关系，将心理育人元素潜移默化地渗透进研究生的日常学习与生活，润物细无声地促进研究生身心健康的全面发展。

（二）贯穿全程，推进研究生心理育人工作的有效衔接

全程心理育人是在研究生培养全过程中，以研究生心理健康水平为关键进行的阶段性、连续性、时间性、发展性的育人工作。第一，根据研究生生涯过程各阶段心理特点和需求开展心理育人工作。入学前，在研究生复试录取阶段做好心理育人工作准备，渲染立德树人工作氛围，让研究生提前感受校园文化、提前熟悉校园环境。入学后，开展理想信念教育、科研规划教育和心理健康教育，进行心理普查，建立心理档案，全面掌握学生的个体生理状况、家庭因素、社会支持力度、性格倾向，准确把握学生心理状况和变化规律，加大对重点关注学生的帮扶。在校期间，抓好心理健康教育课程，开展心理健康教育活动，做到显性教育和隐性教育全程覆盖，并对研究生心理状态进行实时动态监测。毕业前，通过生涯规划与就业指导进行心理育人，缓解就业压力，提高就业能力，引导学生将个人理想与国家需要相结合进行职业选择。第二，将心理育人工作渗透到研究生各门课程之中，在隐性教育中达成心理育人目标。将心理健康教育课程与其他学科的隐性教育紧密结合，在学习内容、学科建设、学业规划等方面设计具有积极心理品质教育元素的活动，在研究生学业过程中使得心理育人与各门课程同向同行、有机整合，形成心理育人共同体。第三，健全心理危机预防与干预体系，提升研究生对心理危机的抵抗能力。有效运用心理危机预防与干预系统，将心理危机遏制在萌芽状态，降低心理危机的发生概率，以及减少心理危机发生的危害，为大学生的健康成长保驾护航。

（三）坚持全方位，实现研究生心理育人工作的多方联动

全方位心理育人，就是要建立校内校外资源共享、课内课外形式多样、线上线下多平台多角度、宽领域的心理育人工作格局。第一，建立研究生心理育人工作的主体联动网络。高校是育人的主阵地，通过课堂育人、实践育人开展心理育人工作；家庭是重要的育人主体，建立良好的家校沟通机制，引导家庭成员树立有效的互动理念，将成为研究生心理育人工作重要的补充和延伸；社会是心理育人的资源宝库，社会以个体发展和公民幸福为价值归宿的发展理念和丰富的心理育人资源，帮助研究生树立自信发展和对未来美好生活充满期待的心态。第二，完善课内课外互为补充的研究生心理育人模式。不断优化创新心理健康课程教学内容和教学方法，发挥育人主渠道作用；丰富校园文化，将形式多样的心理育人活动贯穿研究生的日常生活与学习，营造良好的心理育人氛

围。第三，搭建线上与线下相融合的研究生心理育人平台。针对当代研究生的学习思维习惯，以网络与新媒体技术为基础，依托优质教育资源提高线上教学质量，搭建网络互动平台提高咨询服务能力，最终形成融思想性、知识性、趣味性和服务性为一体的网络心理育人态势。

高校研究生心理育人工作是一个复杂的系统工程，将研究生心理育人工作融入“三全育人”体系，构建和完善全员、全过程和全方位的心理育人机制，实现研究生心理育人从独力育人到合力育人的转变、从阶段育人到全程育人的提升、从片面育人到全面育人的突破，促进研究生健康成长、全面发展，推动研究生教育全面、协调、可持续地高质量发展。

参考文献：

中共教育部党组. 中共教育部党组关于印发《高等学校学生心理健康教育指导纲要》的通知［EB/OL］.（2018－07－13）［2022－09－18］. http://www.moe.gov.cn/srcsite/A12/moe_1407/s3020/201807/t20180713_342992.html.

余圣陶，蔡亚敏，杨倩婧，等. 大学生积极心理学［M］. 南京：南京大学出版社，2011.

黄明芳. 积极心理学视角下的高校心理育人功能提升探索［J］. 大理大学学报，2021（9）：92－97.

陈雨. 新时代高校“三全育人”的实现路径研究［D］. 哈尔滨：黑龙江大学，2020.

王缓缓. 新时代高校提升心理育人质量研究［D］. 杭州：浙江工商大学，2020.

朋辈心理互助在高校心理健康教育中的作用探讨

罗　晓[①]

摘要：大学生心理健康愈来愈成为大家重视的内容，在提升大学生心理健康方面需要多方面的努力，包括社会、学校、家庭等。本文从朋辈心理互助的概论出发，探索朋辈心理互助在高校心理健康教育中的作用及朋辈心理互助体系的构建，以期通过朋辈心理互助更大程度地满足大学生群体的心理需求，促进高校心理健康教育的开展。

关键词：朋辈心理互助；高校；心理健康教育

2016 年，中共中央、国务院印发了《关于加强和改进新形势下高校思想政治工作的意见》，提出了高校思想政治工作中应坚持“全员、全过程、全方位育人”的理念，即“三全育人”。2017 年，教育部党组印发了《高校思想政治工作质量提升工程实施纲要》，提出要充分发挥心理育人功能，切实构建“心理育人质量提升体系”，进而培育师生理性平和、积极向上的健康心态，促进师生心理健康素质与思想道德素质、科学文化素质协调发展。心理育人是高校思想政治教育的重要组成部分，也是高校进行大学生心理健康教育的目标。高校心理健康教育内容丰富、形式多样，其中，朋辈心理互助在高校心理健康教育中发挥着越来越重要的作用，引起了广泛的关注和重视。

一、朋辈心理互助概论

“朋辈”意指朋友或者同辈，一般指同代人或者年龄相当者，以及生活境遇相似的人，这些人大多处在同一社会场景中，具有相同或者相似的价值观、经验和生活方式。朋辈心理互助起源于 20 世纪 60 年代美国学校心理健康的教育实践，是指非专业心理工作者作为帮助者向同龄人提供心理支持与辅导。1969 年，威兰德发表首篇关于朋辈心

① 罗晓，四川大学心理健康教育中心，教师，主要研究方向为大学生心理健康、管理与社会心理学。

理辅导的专业论文。随后，美国、加拿大的诸多学校都相继开始朋辈心理互助的探索与研究。21世纪初，朋辈心理互助开始被引入中国，并逐渐从心理咨询领域扩展到思想政治教育领域。朋辈支持是一种独特但经常被忽视的社会支持形式，被定义为具有相同或相似疾病经历的人之间的“给予和接受”支持。朋辈之间的支持是“建立在相互尊重、共同承担责任和对有益的事情达成一致的关键原则之上的”。调查研究显示，大学生在遇到心理方面的困惑时，首先向知心朋友求助，该比例高达64.35%，大学生最愿意接受来自同龄人的帮助。朋辈心理互助是朋辈教育在心理健康教育工作中的应用，指激发学生自身潜能，充分发挥“助人自助、共同成长”的效应，形成“人人为我，我为人人”的心理育人氛围。朋辈之间因为年龄相当或生活境遇类似，交流起来容易产生共鸣，少有抵触心理，交流过程更加自然，所以朋辈心理互助工作可以成为高校心理健康教育工作的辅助和补充，更大程度地满足大学生群体的心理需求。

二、朋辈心理互助体系的构建

（一）建立基层朋辈心理互助工作网络

建立一个有效而紧密的基层朋辈心理互助工作网络，是开展朋辈心理互助的首要条件。以四川大学为例，该校建立了“学校—学院—班级—寝室”的四级心理互助网络体系，一级是学校的心理健康教育中心，二级是学院的二级心理辅导站，三级是以班级的心理委员为主导的朋辈心理互助社团组织，四级是宿舍的心理联络员。四川大学学生宿舍实行围合制，建立了以围合为单位的学生社区。为了更方便地服务学生，四川大学还建立了一站式社区服务体系，心理服务就是该服务里面的一项重要内容。可以建立以年级长、班级心理委员、寝室心理联络员等为团队的朋辈服务网络，在社区内为同学开展心理服务，学习心理健康的相关知识，了解大学生常见心理问题，开展互助活动。

（二）加强朋辈心理互助员的技能培训

朋辈心理辅导是一项专业性很强的工作，需要经过专业的培训，需要按照一定的程序和标准选拔人员。各学院可以自行选拔一批有爱心、热情、乐于助人、擅于沟通和交流的同学担任心理互助员，深入学生群体中和同学们进行沟通和交流，了解学生目前存在的心理困扰，再把情况汇报给辅导员。辅导员可以向学校的心理咨询中心寻求帮助，针对同学们普遍存在的某类或某几类心理困扰进行团体心理辅导或讲解等。心理互助员要经常参加各种心理活动，了解心理健康的相关知识，还要参加专业性的心理培训，获取相关培训证书。引导心理互助员学习和了解常见的心理问题和精神疾病，并对心理疾病的表现和症状有一定程度的掌握，能够初步识别心理异常的同学，特别是当周围的同学或朋友出现心理问题，处于有心理危机的风险之时，心理互助员可以起到“吹哨人”的作用。高校心理健康教育工作者需要不断提高专业知识水平，定期参加专业培训，不断提高专业技能和素养。

（三）健全朋辈心理教育的制度建设

朋辈心理互助是高校心理健康教育的重要组成部分，要将朋辈心理互助纳入学校心理健康教育体系中，完善相关的制度建设。应该设置一套选拔标准和流程进行朋辈心理互助员的选拔，以正式的选拔公告公布出来，可以通过同学自愿报名，也可以通过各学院辅导员的推荐。经过初试、复试，选拔适合的同学担任各学院的心理互助员，而经过正规系统的相关培训考核合格者方能上岗。可以在学生宿舍的围合内设置专门的朋辈心理互助室，还可以在各学院的二级心理辅导站设置相关的朋辈心理互助室、朋辈交流中心等。朋辈心理互助员的考核管理可以依托心理互助员的工作部门、学院相关的管理人员和学校的心理健康教育机构来进行，制订朋辈心理互助员的绩效考核和管理制度，定期对朋辈心理互助员进行考核，并对工作认真负责、表现优秀的心理互助员给予一定的奖励和表彰，年度发放“优秀朋辈心理互助员”的证书。这些制度的建设让朋辈心理互助员的管理更加规范化、制度化和系统化，更好地为高校心理健康教育工作服务。

三、朋辈心理互助在大学生心理健康教育中的作用

（一）促进心理健康教育的开展

研究表明，朋辈心理互助能够有效地提升大学生的心理健康和社会支持。陈艳玲等抽取安徽中医药大学 6 个班级（298 人）作为实验组，实施朋辈心理互助模式，发现朋辈心理互助能够提升大学生的心理健康和社会支持。基于朋辈互助关系的心理咨询在高职生心理问题现实解决处理中可以发挥较大的积极效用，心理问题学生整体数量有所下降，团队成员表现出积极、健康的心理状态和增强的心理调节能力。大学生日常生活中遇到的学习、人际关系、恋爱、自我成长等方面的问题都可以向朋辈倾诉，毕竟倾诉本来就是缓解不良情绪的一个好办法。在朋辈支持和互助中，需要帮助的同学得到了来自同伴的社会支持，而帮助别人也能获得较大的助人成就感。在高校设立朋辈心理咨询员，是大学生心理健康教育的有益补充。朋辈心理互助员通常是大学生中心态积极乐观、热心助人的同学，他们往往会在大学生群体中发挥潜移默化的心理帮助和带动作用。

（二）充实心理健康教育

高校实施心理健康教育是高校“心理育人”的重要途径。心理健康教育是根据学生身心发展的规律，培养学生良好的心理素质，促进学生积极心理品质的提升和整体素质全面提高的教育，包括学生健康心理的培育、学生不良心理问题的矫正等内容。在高校实施心理健康教育，能够促进学生成长成才，提升学生心理素质，加强学生的心理韧性，让他们学会用更为阳光积极的心态看待人生中遇到的各类困难。高校进行心理健康教育的方式多样，包括在高校学生中开展心理咨询服务、开设心理健康教育课程、开展学生的心理健康知识讲座和团体心理辅导等，各类心理社团举办的心理沙龙活动、心理

健康知识普及等，在高校大学生群体中形成了丰富多彩的心理健康教育模式。其中，朋辈心理互助是一个重要内容，充实了心理健康教育的内容。

（三）推动朋辈互助交流，促进大学生阳光成长

大学生遇到心理困扰时，来自同龄人、同学、同伴的鼓励和支持，能够帮助他们更快地从心理困扰中走出来。朋辈互助中的互换即位式沟通交流是一种非常好的沟通方式，能够实现大学生与朋辈之间互推互动、互帮互学，不仅可以帮助他们实现心理上的交流，也可以帮助他们引起情感上的共鸣。大学生跟同辈之间的交流，由于年龄相近，更容易理解对方的想法，感受到对方的情绪。当心理有困扰的同学跟朋辈倾诉时也更容易感觉到被接纳、被理解、被关心，这对他们不良情绪的宣泄和释放起到很好的作用。因此，推动朋辈之间互助交流，能够丰富大学生互帮互助的途径，促进大学生共同进步、阳光成长。

四、结语

大学生是中华民族实现伟大复兴中国梦的生力军，帮助大学生建立阳光积极的心态，培养他们自尊、自强、努力、进取的精神，是我们教育的目标。在高校开展全方位立体化的心理健康教育工作越来越受到各大高校的重视，朋辈心理互助是高校心理健康教育工作的重要组成部分，在高校开展朋辈心理互助工作，建设好朋辈心理互助体系，是其他心理教育方式的有效补充。朋辈心理互助有利于推动大学生的全面发展，有利于培养大学生的沟通交流能力，帮助大学生养成健康良好的心态。因此，在高校开展心理健康教育工作时，要结合各校的特点，发展好、建设好朋辈心理互助工作体系，促进大学生以更加阳光积极的心态面对成长成才中可能遇到的各类问题，促进大学生的全面发展和阳光成长。

参考文献：

焦芳明. 朋辈支持理论下青少年互助成长探究［J］. 中学政治教学参考，2020（21）：53－54.

孙一方，申圆圆，徐菁. 高校朋辈心理互助体系的构建探析［J］. 西部素质教育，2016，2（2）：136－137.

LAUCKNER，H M，HUTCHINSON S L. Peer support for people with chronic conditions in rural areas：a scoping review［J］. Rural Remote Health，2016，16（1）：3601.

MEAD S，HILTON D，CURTIS L. Peer support：a theoretical perspective［J］. Psychiatric Rehabilitation Journal，2001，25（2）：134－141.

王卉. 高校大学生朋辈心理互助体系与队伍建设初探——以湖北第二师范学院为例

[J]. 中国多媒体与网络教学学报，2022（1）：141－144.
鲁萍，陈建俏. 以朋辈互助促进心理育人［J］. 北京教育（德育），2021（11）：77－80.
陈艳玲，张俊杰，宫黎明. 朋辈心理互助对大学生心理健康及社会支持的影响——以安徽中医药大学为例［J］. 锦州医科大学学报（社会科学版），2017，15（1）：67－69.
徐晓莹. 高职生朋辈心理互助团队的建设及实践研究［J］. 教育教学论坛，2021（20）：185－188.

青少年网络心理服务体系研究

王　悦[①]　许丽萍[②]　格桑泽仁[③]　李咏梅[④]

摘要：构建网络心理服务体系是为贯彻落实党的十九大提出的“加强社会心理服务体系建设，培育自尊自信、理性平和、积极向上的社会心态”的要求。本文通过某网络心理服务平台，探究“互联网+”时代下青少年网络心理服务体系，更好地保障青少年的身心健康发展。

关键词：青少年；网络心理；服务体系

近年来，随着经济的高度发展，人们的物质生活已经越来越富足，随之而来的是精神需求越来越迫切。青少年作为新生代，网络已经是他们生活中密不可分的一部分，甚至网络式教学也开始逐步成熟。面对大数据时代的发展，针对青少年的网络心理，构建健全的青少年网络心理服务体系已经迫在眉睫。

一、青少年网络使用现状

（一）青少年使用网络状况的心理特征

处于互联网时代，青少年对新颖的事物充满好奇心，对未知的领域有探索心，开始逐渐形成成熟的自我意识，社会道德感加强，但自控力不足。青少年会利用网络获取自己想学习和了解的知识，但也会在网络中迷失自己，从而引发一系列心理问题。而当他们意识到自己开始出现心理或行为问题时，第一反应不会是找家长寻求帮助，而是会利用网络搜索引擎寻找解答。因此，青少年网络心理服务体系的建立，既符合青少年的心理特点，又符合青少年使用网络的心理特征。

---

① 王悦，四川大学得觉文化发展研究中心，主要研究方向为得觉心理学。
② 许丽萍，四川大学得觉文化发展研究中心，主要研究方向为得觉心理学。
③ 格桑泽仁，四川大学心理健康教育中心，教授，主要研究方向为得觉心理学。
④ 李咏梅，四川大学得觉文化发展研究中心，主要研究方向为得觉心理学。

（二）青少年使用网络的发展趋势

根据 2019 年中国互联网络信息中心（CNNIC）发布的第 44 次《中国互联网络发展状况统计报告》，截至 2019 年 6 月，我国网民规模达到 8.54 亿，以 10～39 岁群体为主，10～19 岁群体占比为 16.9%。青少年作为我国网民群体的主要组成部分，其心理健康状态备受社会各界关注。因此随着网络时代的发展，传统的心理咨询存在一定缺陷。针对青少年的心理问题，需要建立起可操作、实用性强、健全的青少年网络心理服务体系。

二、建立青少年网络心理服务体系的建议方案

建立青少年网络心理服务体系，是加强学生心理健康教育的一种新模式。青少年网络心理服务体系需要依托专业的平台进行建设，即“青少年网络心理服务平台”。顾名思义，青少年网络心理服务体系既依托网络平台作为服务的载体，又重点针对青少年的网络心理特点。网络技术的引入适应了时代的发展，从师生家长互动、朋辈互助、知识引领三方面内容切入，通过积极整合资源，在平台上呈现多元、互通的立体资源库。同时，还可以对大数据结果进行精准分析，对一些问题苗头进行提前预警和防范。通过研究探索，我们认为青少年网络心理服务平台的工作架构如下（见图 1）：

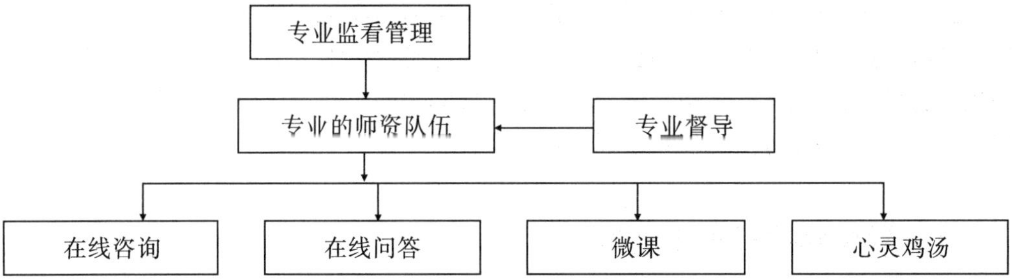

图 1　青少年网络心理服务平台

（一）队伍建设

1. 专业监看管理

网络服务需要网络专业人士设计、管理，因心理服务牵涉到个人隐私权和网络舆情，为确保工作顺利安全进行，还要有专业的网络安全和网络监管团队。

2. 专业的师资队伍

平台需要培训和储备对熟悉青少年心理的专业心理咨询师，得益于网络的方便快捷性，可以从全国教育、法制、医疗等系统的一线的心理工作者中选拔。需要选拔具有职业资格证书的专业咨询师，并定期对其进行集中培训，帮助心理咨询师尽快熟悉并进入工作状态，帮助已经工作过一段时间的心理咨询师进一步提高专业技能和自身心理健康素养。

3. 专业督导

建立线上及线下的督导小组，对心理咨询师进行专业化督导，同时做一些个案分析和研究，对新近出现的青少年心理问题做到实时动态掌握，拟定适合的模式，实施有效的帮扶措施。

（二）服务板块

1. 在线咨询

在线咨询指在线即时咨询，为来访者提供专业化、一对一的线上咨询服务。与在线值班咨询师互动，就其所关心问题进行咨询，具体咨询过程和内容要严格遵守保密原则，以保障来访者权益。适于青少年的咨询问题有家庭沟通、调解压力、厌学、情绪调整、人际沟通等。

2. 在线问答

青少年可通过平台进行匿名或实名提问，对于问题的可见性，可设置为仅咨询师可见。问题类型包括人际、学习、生活、压力、情感等，在平台上提出问题后，将得到在线心理咨询师或者其他社会工作人员回复，也有常见的问答录音，相同或相近的问题，可以点击录音听取相关回答，如对回复内容有疑惑，可继续提问。

3. 微课堂板块

由著名心理专家、心理学教授提供视频或语音授课，微课内容涉及心灵成长、积极心理、解压、沟通、生活趣事等不同主题，贴近青少年生活成长，网络用户可以不受时间、地域限制，随时聆听各位专家教授的专业授课。

4. 心灵鸡汤板块

推送心理健康相关文章，包括生活、人生观、价值观、沟通、家庭、情绪等方面，弘扬正能量、倡导健康生活模式、关爱朋友家人，为爱学习的青少年们提供了丰富的精神食粮。

三、青少年网络心理服务体系的推广策略

为迅速推广青少年网络心理服务平台，帮助青少年和家长了解并选用提供的服务菜单，需要有针对性地进行宣传推广。

（一）网络上增设心理知识科普知识手册

以公众普遍存在的心理问题和社会生活事件为主要内容编写一系列通俗易懂的心理科普网络手册，可以是故事形式的，注重知识性和实用性，语言生动、通俗易懂，贴合生活实际，可以穿插漫画、趣味小游戏等。例如常见的心理问题（抑郁、焦虑、强迫、恐惧、失眠）以及自我调适方法；对人影响比较大的社会生活事件和急性应激生活事件的应对策略，以及身为心理疾病患者家属的应对方法等适合青少年阅读的心理健康知识手册。

（二）平台设置便捷通道

平台进入路径要力求方便快捷，比如在微信平台，设置一些关键词，直接链接服务板块，如搜索“心理咨询”“咨询”皆可链接到“在线预约”，直接点击进入操作。对于初次使用者，可以设置搜索“心理”，收到各服务板块的名称、简介以及链接通道，使得初次使用者能够清晰地了解到该平台的心理模块设施。

（三）线上开展心理活动比赛

线上组织青少年开展心理剧、心理脱口秀等比赛。选出一部分入围作品，让大家来投票选举，增加网络参与和影响力。优秀获奖作品在服务平台微课堂播出。还可以将学校心理活动的一部分内容纳入进来，定期开展网络微课堂、知识竞赛、心理漫画比赛等来丰富服务系统内容，扩大影响力，落地基层服务于最需要的青少年群体。

（四）增设趣味板块

青少年网络心理服务平台可增设趣味心理小游戏或者趣味心理知识竞猜活动，用轻松有趣的方式传播心理健康知识和心理健康的理念。

建立青少年网络心理服务体系是一件很有意义的事，这一体系符合广大青少年使用网络的心理特征，既达到了帮助青少年心理健康成长的目的，又让青少年使用方便，出现心理及行为问题时可第一时间通过正规渠道寻求帮助，解决困惑。青少年网络心理服务体系要不断完善健全，成为社会心理服务体系中的有效力量，更好地服务于当代青年学生。

参考文献：

陈滢．基于青少年的网络偏好开展网络辅助教学［J］．中国教育信息化，2012（12）：18－20.

刘新庚，刘建亚．青少年网络心理健康教育模式探讨［J］．教育研究与实验，2013（2）：82－92.

刘兴来．青少年网络成瘾者心理特征研究［J］．科技创新导报，2010（8）：208－209.

于朝晖．CNNIC 发布第 44 次《中国互联网络发展状况统计报告》［J］．网信军民融合，2019（9）：30－31.

大学生心理成长与危机预防干预的理论与实践

认知的核心动态构成机制及干预认知的核心因素研究

——格桑泽仁得觉咨询核心实践理论介绍

格桑泽仁[①] 王 悦[②]

摘要：本文构建了情绪与感觉的模型，以及感觉、感受、情绪、记忆、概念之间的模型，澄清了情绪是感觉的表现方式，构建了感受、感觉以及概念在记忆功能下的认知的动态形成机制，点明了感觉是干预认知的核心。

关键词：感觉；感受；情绪；认知行为干预；记忆；概念

由于现代心理学是从西方心理学发展而来，有着极强的量化和标准化的特征，这使得临床心理咨询往往会设置一个所谓的“正常值”去让患者达成，这些正常值的出现，让患者的不舒服变为不正常。认知的构成和调节被看作是认知行为疗法的关键，同时也是缓解情绪、改善心理环境的核心。心理工作者依据标准，试图将非标准的行为和想法正确化，却忽视了人类的感受。除此之外，相较于心理不舒服本身，这种心理标准不仅给病人带来了压力，还给社会造成了二次压力甚至焦虑。

认知行为疗法已经被证明是能够改善心理亚健康状态甚至可以一定程度上治疗抑郁症、焦虑症等心理疾病。但是改变认知的过程需要耗费相当漫长的时间，即使目标相对明晰，但是要真正改变来访者的认知，是非常困难的。由于感觉过于个人化，对于改变认知的关键点是模糊的，没有办法用具体的标准和重复性数据来保证，因此绝大部分认知研究都不能很好地归纳出一套能够涵盖相对全面的关于感觉的核心机制和模型。

现有的认知模型是根据属性（Attribute）和属性层级来构成的。概括来讲，就是在寻求正解的过程中，提取该过程中的重要元素，再根据逻辑和层级构建出一套动态模型。其中属性代表着一个人在寻求正解过程中的基本认知加工（Cognitive Processes）或技能（Skill）。值得一提的是，现有的认知模型都以“寻求正解”为前提，抽象性地

---

① 格桑泽仁，四川大学得觉文化发展研究中心，教授，主要研究方向为得觉心理学。

② 王悦，四川大学得觉文化发展研究中心，主要研究方向为得觉心理学。

描述整个认知过程，但是却很少有人从认知内涵入手构建模型。因此本文将从认知的核心机制入手，从感觉、感受、记忆、概念、情绪五个方面来研究认知的运行机制，从而讨论改变认知的关键点。

一、具身认知和认知联结主义

现代心理学研究倾向于将认知看作是一种能够计算的程序，其运行机制则是基于人们先天或后天获得的理性规则，以形式化的方式对大脑接收到的信息进行处理和操作。因此诞生出认知心理学的两个方向：将认知脱离出人体，研究认知本身联结的联结主义和将人类身体本身作为整体，在考虑人体本身机制基础上，探究认知的具身认知。将认知抽象成一种运作程序是开拓式的方向，如果能够找出规律探明机制，则有可能找到改变认知的关键帧。但是人类认知的前提是具备人类的肉体，因此完全架空人类本身的认知机制研究有考虑不周的劣势。而本文旨在提出一种将具身认知论和传统认知主义联系起来的认知机制模型，其重点则是将认知的核心元素——感觉、感受、记忆、概念，进行动态整合。

具身认知对于认知心理学联结主义的核心批判在于否定全然的脱离生理基础、虚空的认知程序。具身认知认为在知觉运动系统的背后存在一个“心智”，这个心智具备各种形式命题和推理规则，指挥着前者的运作。根据这一条件，认知除了拥有联结的功能，还受到心智的影响。因此要探索认知的动态运行和构成机制，则需要从人类本能、感受、记忆及情绪等具身因素入手。

二、感觉、情绪间的运行机制

感觉（Sense/Perception）是人类与生俱来的能力。例如触觉、听觉、味觉、嗅觉等是人类和外界接触的通道，也是人类从自己内部获取信息的手段。人们能够通过感知器官，感觉到冷热，能够看见画面色彩，也能够感觉到身体内部的疼痛、眩晕。本文将人类通过内外部刺激所产生的感觉归纳为三类：好的感觉、不好的感觉、一般的感觉。当内外部刺激带来不好的感觉时，人们会本能地躲避、拒绝。当这种不好的状态持续时，会以负面情绪的方式表现出来。值得一提的是，情绪并不能被孤立地对待，其产生的机制应该和感觉紧密联系。恐惧、欲望，以及任何数量的感情都与感官体验有关，因此负面情绪可以被看作是持续体验不好的感觉的过程，或者说负面情绪是不好的感觉的表现。而当好的感觉被触发时，人们会本能地想要持续、延长这种好的感觉。当好的感觉持续时，会以正面情绪的方式表现出来。当处于一般感觉时，人们不会有情绪表现。因此情绪是感觉的表现，是感觉的直接反应。另外，当本能去延续、追求好的感觉时，则会表现为欲望。根据该原理详细划分，可以将好的感觉所产生的表现叫作正面情绪，因为人们本能地想要去延续这种好的感觉；将不好的感觉所产生的表现叫作负面情绪；将一般的感觉所产生的表现叫作平静（见图 1）。

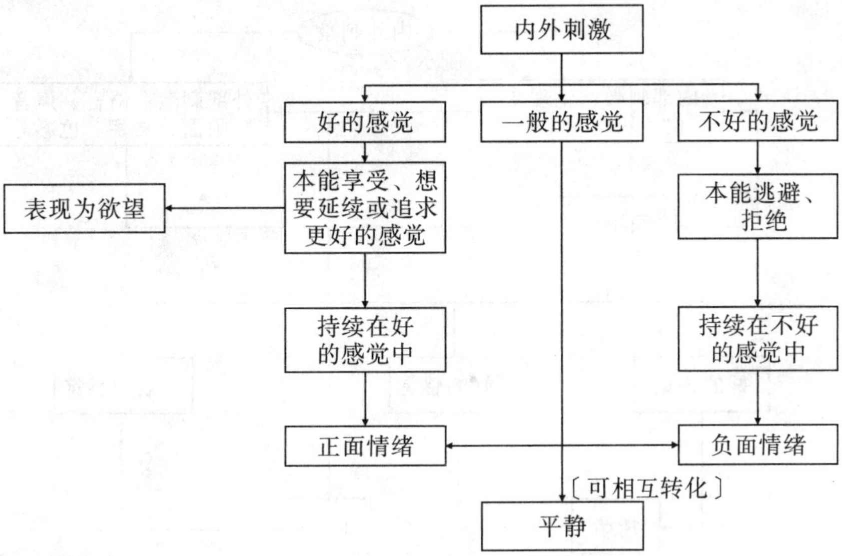

图 1　感觉的运行机制与情绪的关系

三、感觉、情绪、感受、记忆、概念的运行机制

感受的运行机制和感觉的运行机制密切相关。当内外刺激引起感觉时，记忆会将引起这种感觉的原始刺激、原始概念及身体的原始感觉（反映为情绪）储存起来。当再一次遇见类似刺激时，与其相关的原始刺激因素、原始概念、原始感觉会被同时唤醒，这些被同时唤醒的集合叫作感受。当感受被唤醒时，人们也会涌现出原始感觉，通常情况下，被唤醒的记忆感觉程度相较于原始感觉会较弱，因此记忆在这一运行机制中起到了至关重要的储存作用。因此我们能够归纳出一个感觉、情绪、感受、记忆、概念的运行机制模型（见图 2）。

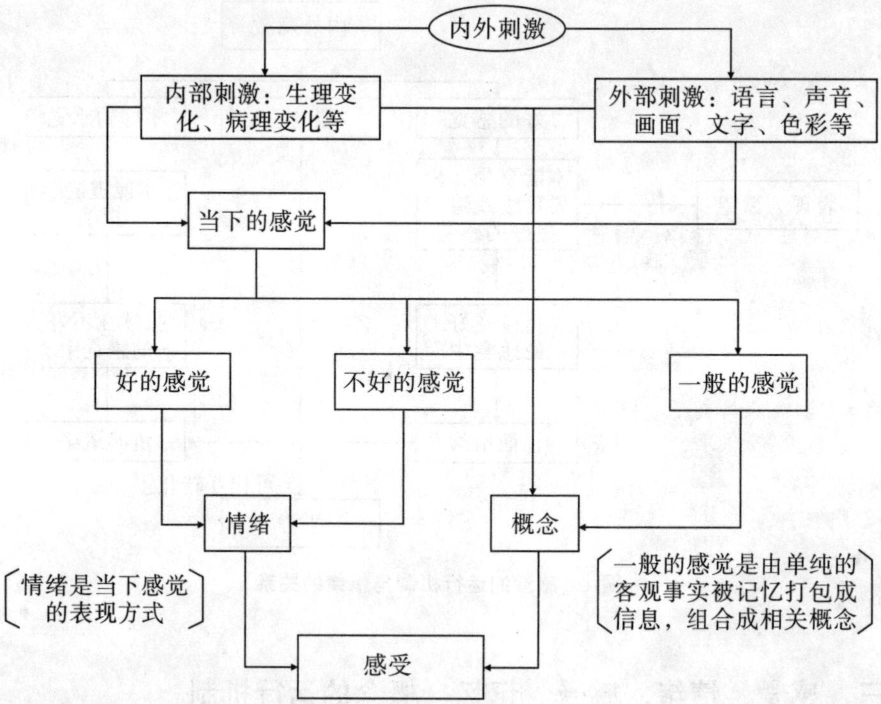

图 2　感觉、情绪、感受、记忆、概念的运行机制模型（认知的动态模型）

由此，当人们被某一事物刺激时其实有两种机制被同时唤醒——当下的感觉和感受，其中感觉是对当下刺激的最原始和最真实的反馈，而感受则是与这一刺激相关的感受，包括概念、情绪、记忆中的感觉。

这里需要说明的是，感受的调动有以下几个特点：

第一，当这样一组感受（原始刺激、原始概念、原始感觉）被记忆打包储存之后，其中的每一个元素，都会变成触发该感受的刺激源。出现其中的任何一个，都能够唤醒该感受组合。

第二，感受组合被唤醒时，其中的内容会一起出现，并且连续唤醒与其相关的其他感受组合。

第三，感受组合会更新，当体验到类似感觉时，类似的感受组合会被强化，并且包含本次新的感觉的一切信息；当下感觉与相似感受有着极大的差别时，会用当下的感觉和感受中的记忆感觉做对比，会用当下的概念和感受中记忆概念及情绪做比较，最后输出最强烈的那一个。

不难看出，其实这就是认知的动态形成和发展过程。所以动态视域下，认知可以被看作是感受和当下感觉的组合，而包含着信息的感受触发和运行机制，就是人类形成认知的过程和给予反馈的过程。

四、讨论

改变认知的关键核心——当下的感觉。

根据感受调动的三大特征，感受组合中的任意元素都能够唤醒这一感受，并且唤醒其他类似感受，而情绪是感觉的表达和反应。当出现内外刺激时，人们存在一个真实的、客观的、当下的感觉，以及被记忆打包的曾经体验过的感受，因此当下的感觉其实受记忆中的感受影响。因此被刺激的主体很难真实体验到当下的最真实的感觉，而是处于一种受到感受的影响下的感觉。并且该感觉是该被刺激者当下真实的生理和心理反应。虽然处理该被刺激者感受组合中的概念能够帮助他一定程度从逻辑上改变这一感受组合，但是最直接的方式就是改变当下的感觉。一旦当下的感觉改变了，其感受组合将被更新。因为已经触发了该感受组合，并且将此时此刻的感觉变成正向感觉，那么该感受组合将加入这一正向感觉，通过多次更新，将有可能将该组合扭转成一般感受或者正向感受。这也正是四川大学心理健康研究中心格桑泽仁教授开发的得觉咨询的核心咨询理论，即处理当下的问题。

参考文献：

丁树良，毛萌萌，汪文义，等. 教育认知诊断测验与认知模型一致性的评估 [M]. 心理学报，2012，44 (11)：1535－1546.

CORBIN，ALAIN. Historien du sensible：entretiens avec gilles heuré [M]. Paris：Découverte，2000.

GODFREY，SIMA，Alain Corbin. making sense of french history [J]. French Historical Studies，2002 (25)：381－98.

研究生的人格特质与其家庭环境的相关性研究[①]

王英梅[②]

摘要：本文研究目的是了解研究生的人格心理特质，探索家庭环境对其人格形成的影响，为开展有效的研究生心理健康教育提供科学依据。方法是采用家庭环境因素问卷和卡特尔十六种人格因素测验（简称“16PF”）量表，对四川某大学新入学研究生进行调查。结果显示独生与非独生的家庭结构在人格形成过程中影响力较低，家庭来源地、家庭收入和家庭氛围对人格塑造产生更重要的影响。家庭氛围在人格的形成过程中，比家庭来源地、家庭结构和家庭收入等因素具有更强烈的影响作用。结论是家庭环境因素对研究生的人格特征具有重要的影响作用，家庭环境因素对研究生的心理健康水平具有预测作用。

关键词：研究生；人格特质；家庭环境

一、前言

随着我国高等教育规模的扩大，研究生的招生人数也急剧上升，2021 年我国在学研究生已达 333.24 万人，比 2020 年增长 6.14 个百分点。与此同时，研究生心理问题逐渐增多，由此引发的社会问题也日益增多，其中不乏典型的人格障碍引发的恶性事件。

研究表明，研究生在学术科研、择业就业、日常生活等方面感受到的压力越来越大。但大多数研究者在探讨研究生心理问题形成原因时，多从社会、学校和个人角度进行探索，较少关注影响个体成长的家庭因素。国内外许多研究都证实，个体发展与家庭

① 项目资助：大学生自杀信号捕获、识别及其干预机制，四川省教育厅心理健康教育研究基地重点项目(2021SXJP003)；新时代背景下高校研究生心理健康教育路径研究，四川大学 2021 年研究生思想政治工作精品项目。

② 王英梅，四川大学心理健康教育中心，副教授，博士，主要研究方向为大学生心理健康教育与心理咨询。

环境中父母的文化、职业、社会经济地位、教养方式、情绪氛围、父母间的关系、家庭结构有关，但研究对象大部分是正在成长中的儿童，对于人格发展已经相对稳定的研究生来说，这方面的研究还很少见。

本文从家庭环境这一个体最早接触，也是影响最深的成长环境视角，对研究生心理健康问题做出初步探索和解释。同时，对研究生这一具有高等教育背景群体的人格特征与家庭生长环境关系的研究，侧面显示了个体成长与早期家庭环境间的关系，为发展心理学研究人格与早期环境的关系提供实际依据，为社会重视家庭教育提供参考，为开展有效的研究生心理健康教育提供科学依据。

为此，我们用卡特尔十六种人格因素测验（简称“16PF”）对四川某大学研究生入学时的心理健康状况进行测试和统计分析，对比不同家庭背景的研究生在十六个维度上的人格差异，不同家庭背景包括独生子女和非独生子女、家庭来源地、家庭结构、家庭氛围、家庭收入的差异，由此分析家庭背景差异与人格特征的相关性。

二、研究方法

（一）测试对象

测试对象为四川某大学各专业一年级硕士新生。参与测试的硕士生有 2574 人，填写完整的问卷有 2513 份。同时具有有效的家庭环境因素量表结果和卡特尔十六种人格因素测验量表结果的问卷有 1693 份。其中，明确填写是否为独生子女的问卷有 1590 份，明确按要求填写家庭来源地的有 1556 份，明确按要求填写家庭收入情况的有 1362 份，明确按要求填写家庭结构的有 1496 份，明确按要求填写家庭氛围的有 1469 份。

（二）测试量表

卡特尔十六种人格因素测验（Catell 16 Personality Factor Test，16PF）是美国伊利诺伊州立大学人格及能力测验研究所的卡特尔教授经过几十年的系统观察和科学实验，以及用因素分析统计法慎重确定、编制而成的一种精确测验，这一测验能用四五十分钟的时间测量出十六种主要人格特征，凡具有初三以上文化程度的人都可以使用。本测验在国际上颇有影响，具有较高的效度和信度，广泛应用于人格测试、人才选拔、心理咨询和职业咨询等工作领域。十六种人格因素是各自独立的，相互之间的相关度极小，每一种因素的测量都能使测试者对被试者某一方面的人格特征有清晰而独特的认识，测试者更能对被试者人格的十六种不同因素的组合做出综合的了解，从而全面评价整个人格。

家庭环境因素问卷。目前家庭环境因素问卷在我国普遍应用的是费立鹏等翻译并修订的版本，有较好的信度、效度。本研究用的家庭环境因素问卷是在此基础上修改而来的家庭基本情况问卷，问卷内容包括家庭来源地、家庭结构、家庭氛围、家庭收入和是否为独生子女。

（三）统计学处理

测试数据采用上海惠诚公司心理测验与统计软件以及 SPSS13.0 统计和 SAS 分析。统计方法包括：频数分析、方差分析、t－检验、相关性检验分析等，以 $\alpha=0.05$ 或 $\alpha=0.01$ 为显著性水平，双侧检验。

以家庭环境因素各因子为自变量，以 16PF 各因子总均分为因变量，进行多元线性回归分析。

三、测试结果

（一）独生子女硕士生和非独生子女硕士生 16PF 的测试结果对比（见表 1）

表 1　独生子女硕士生和非独生子女硕士生 16PF 差异显著性检验

因子名称	独生 $N=655$		非独生 $N=935$		t 值	P 值
	均值	标准差	均值	标准差		
乐群性	5	2.36	5	2.27	0	$P>0.05$
聪慧性	6	1.60	6	1.46	0	$P>0.05$
稳定性	6	2.03	5	2.26	9.05	$P<0.01$
恃强性	6	2.24	6	2.11	0	$P>0.05$
兴奋性	7	2.26	7	2.15	0	$P>0.05$
有恒性	4	1.97	4	1.99	0	$P>0.05$
敢为性	6	2.42	6	2.34	0	$P>0.05$
敏感性	5	2.23	4	2.33	8.57	$P<0.01$
怀疑性	3	2.14	3	2.05	0	$P>0.05$
幻想性	5	2.01	5	1.84	0	$P>0.05$
世故性	5	1.92	5	1.88	0	$P>0.05$
忧虑性	3	2.04	4	2.14	−9.34	$P<0.01$
实验性	5	1.73	5	1.68	0	$P>0.05$
独立性	4	2.12	4	1.97	0	$P>0.05$
自律性	5	1.75	5	1.76	0	$P>0.05$
紧张性	5	2.11	5	2.06	0	$P>0.05$

测试表明，独生子女硕士生和非独生子女硕士生只在稳定性、敏感性和忧虑性三个维度上差异性显著，在其余十三个维度上无显著差异。在稳定性和敏感性上，独生子女

硕士生得分明显比非独生子女硕士生高，而在忧虑性上独生子女硕士生得分明显比非独生子女硕士生低。

（二）家庭来源地对硕士生个性特征的影响分析（见表2～表11）

表2　来自大城市的硕士生和来自中等城市的硕士生16PF差异显著性检验

因子名称	大城市 $N=168$		中等城市 $N=367$		t 值	P 值
	均值	标准差	均值	标准差		
乐群性	5	2.38	6	2.13	−4.85	$P<0.01$
聪慧性	6	1.70	6	1.53	0	$P>0.05$
稳定性	6	2.01	5	2.33	4.80	$P<0.01$
恃强性	7	1.95	7	1.96	0	$P>0.05$
兴奋性	7	2.26	8	1.92	−5.27	$P<0.01$
有恒性	4	1.83	4	1.93	0	$P>0.05$
敢为性	7	2.18	7	2.20	0	$P>0.05$
敏感性	5	2.23	5	2.19	0	$P>0.05$
怀疑性	3	2.24	3	2.30	0	$P>0.05$
幻想性	5	1.98	5	2.04	0	$P>0.05$
世故性	5	1.87	5	1.92	0	$P>0.05$
忧虑性	3	1.96	3	2.23	0	$P>0.05$
实验性	5	1.65	5	1.73	0	$P>0.05$
独立性	4	2.04	4	2.11	0	$P>0.05$
自律性	5	1.75	5	1.76	0	$P>0.05$
紧张性	5	1.97	5	2.16	0	$P>0.05$

表3　来自大城市的硕士生和来自小城镇的硕士生16PF差异显著性检验

因子名称	大城市 $N=168$		小城镇 $N=372$		t 值	P 值
	均值	标准差	均值	标准差		
乐群性	5	2.38	6	2.11	−4.89	$P<0.01$
聪慧性	6	1.70	6	1.44	0	$P>0.05$
稳定性	6	2.01	5	2.23	4.96	$P<0.01$
恃强性	7	1.95	6	2.18	5.09	$P<0.01$
兴奋性	7	2.26	7	2.17	0	$P>0.05$
有恒性	4	1.83	4	1.94	0	$P>0.05$
敢为性	7	2.18	6	2.29	4.76	$P<0.01$

续表3

因子名称	大城市 $N=168$		小城镇 $N=372$		t 值	P 值
	均值	标准差	均值	标准差		
敏感性	5	2.23	5	2.16	0	$P>0.05$
怀疑性	3	2.24	3	2.01	0	$P>0.05$
幻想性	5	1.98	5	1.94	0	$P>0.05$
世故性	5	1.87	5	1.86	0	$P>0.05$
忧虑性	3	1.96	4	2.00	−5.4	$P<0.01$
实验性	5	1.65	5	1.74	0	$P>0.05$
独立性	4	2.04	4	2.08	0	$P>0.05$
自律性	5	1.75	5	1.76	0	$P>0.05$
紧张性	5	1.97	5	1.96	0	$P>0.05$

表4　来自大城市的硕士生和来自农村的硕士生16PF差异显著性检验

因子名称	大城市 $N=168$		农村 $N=608$		t 值	P 值
	均值	标准差	均值	标准差		
乐群性	5	2.38	5	2.20	0	$P>0.05$
聪慧性	6	1.70	6	1.48	0	$P>0.05$
稳定性	6	2.01	5	2.32	5.08	$P<0.01$
恃强性	7	1.95	6	2.11	5.52	$P<0.01$
兴奋性	7	2.26	7	2.16	0	$P>0.05$
有恒性	4	1.83	4	2.08	0	$P>0.05$
敢为性	7	2.18	6	2.34	4.97	$P<0.01$
敏感性	5	2.23	4	2.33	4.96	$P<0.01$
怀疑性	3	2.24	3	1.97	0	$P>0.05$
幻想性	5	1.98	5	1.77	0	$P>0.05$
世故性	5	1.87	5	1.92	0	$P>0.05$
忧虑性	3	1.96	4	2.11	−5.51	$P<0.01$
实验性	5	1.65	5	1.70	0	$P>0.05$
独立性	4	2.04	4	1.93	0	$P>0.05$
自律性	5	1.75	5	1.77	0	$P>0.05$
紧张性	5	1.97	5	2.11	0	$P>0.05$

表 5　来自大城市的硕士生和来自边远农村的硕士生 16PF 差异显著性检验

因子名称	大城市 $N=168$		边远农村 $N=44$		t 值	P 值
	均值	标准差	均值	标准差		
乐群性	5	2.38	5	1.93	0	$P>0.05$
聪慧性	6	1.70	5	1.58	3.51	$P<0.01$
稳定性	6	2.01	6	1.97	0	$P>0.05$
恃强性	7	1.95	7	2.14	0	$P>0.05$
兴奋性	7	2.26	7	2.41	0	$P>0.05$
有恒性	4	1.83	4	1.82	0	$P>0.05$
敢为性	7	2.18	6	2.44	2.63	$P<0.01$
敏感性	5	2.23	4	1.97	2.70	$P<0.01$
怀疑性	3	2.24	3	2.11	0	$P>0.05$
幻想性	5	1.98	4	1.77	2.99	$P<0.01$
世故性	5	1.87	5	2.00	0	$P>0.05$
忧虑性	3	1.96	4	1.95	−3.00	$P<0.01$
实验性	5	1.65	5	1.66	0	$P>0.05$
独立性	4	2.04	4	2.14	0	$P>0.05$
自律性	5	1.75	5	1.72	0	$P>0.05$
紧张性	5	1.97	5	2.19	0	$P>0.05$

表 6　来自中等城市的硕士生和来自小城镇的硕士生 16PF 差异显著性检验

因子名称	中等城市 $N=367$		小城镇 $N=372$		t 值	P 值
	均值	标准差	均值	标准差		
乐群性	6	2.13	6	2.11	0	$P>0.05$
聪慧性	6	1.53	6	1.44	0	$P>0.05$
稳定性	5	2.33	5	2.23	0	$P>0.05$
恃强性	7	1.96	6	2.18	6.55	$P<0.01$
兴奋性	8	1.92	7	2.17	6.62	$P<0.01$
有恒性	4	1.93	4	1.94	0	$P>0.05$
敢为性	7	2.20	6	2.29	6.04	$P<0.01$
敏感性	5	2.19	5	2.16	0	$P>0.05$
怀疑性	3	2.30	3	2.01	0	$P>0.05$
幻想性	5	2.04	5	1.94	0	$P>0.05$
世故性	5	1.92	5	1.86	0	$P>0.05$

续表6

因子名称	中等城市 $N=367$		小城镇 $N=372$		t 值	P 值
	均值	标准差	均值	标准差		
忧虑性	3	2.23	4	2.00	−6.41	$P<0.01$
实验性	5	1.73	5	1.74	0	$P>0.05$
独立性	4	2.11	4	2.08	0	$P>0.05$
自律性	5	1.76	5	1.76	0	$P>0.05$
紧张性	5	2.16	5	1.96	0	$P>0.05$

表7　来自中等城市的硕士生和来自农村的硕士生16PF差异显著性检验

因子名称	中等城市 $N=367$		农村 $N=608$		t 值	P 值
	均值	标准差	均值	标准差		
乐群性	6	2.13	5	2.20	6.95	$P<0.01$
聪慧性	6	1.53	6	1.48	0	$P>0.05$
稳定性	5	2.33	5	2.32	0	$P>0.05$
恃强性	7	1.96	6	2.11	7.35	$P<0.01$
兴奋性	8	1.92	7	2.16	7.29	$P<0.01$
有恒性	4	1.93	4	2.08	0	$P>0.05$
敢为性	7	2.20	6	2.34	6.60	$P<0.01$
敏感性	5	2.19	4	2.33	6.63	$P<0.01$
怀疑性	3	2.30	3	1.97	0	$P>0.05$
幻想性	5	2.04	5	1.77	0	$P>0.05$
世故性	5	1.92	5	1.92	0	$P>0.05$
忧虑性	3	2.23	4	2.11	−7.01	$P<0.01$
实验性	5	1.73	5	1.70	0	$P>0.05$
独立性	4	2.11	4	1.93	0	$P>0.05$
自律性	5	1.76	5	1.77	0	$P>0.05$
紧张性	5	2.16	5	2.11	0	$P>0.05$

表8　来自中等城市的硕士生和来自边远农村的硕士生16PF差异显著性检验

因子名称	中等城市 $N=367$		边远农村 $N=44$		t 值	P 值
	均值	标准差	均值	标准差		
乐群性	6	2.13	5	1.93	2.96	$P<0.01$
聪慧性	6	1.53	5	1.58	4.07	$P<0.01$
稳定性	5	2.33	6	1.97	−2.73	$P<0.01$

续表8

因子名称	中等城市 $N=367$		边远农村 $N=44$		t 值	P 值
	均值	标准差	均值	标准差		
恃强性	7	1.96	7	2.14	0	$P>0.05$
兴奋性	8	1.92	7	2.41	3.16	$P<0.01$
有恒性	4	1.93	4	1.82	0	$P>0.05$
敢为性	7	2.20	6	2.44	2.81	$P<0.01$
敏感性	5	2.19	4	1.97	2.88	$P<0.01$
怀疑性	3	2.30	3	2.11	0	$P>0.05$
幻想性	5	2.04	4	1.77	3.08	$P<0.01$
世故性	5	1.92	5	2.00	0	$P>0.05$
忧虑性	3	2.23	4	1.95	−2.84	$P<0.01$
实验性	5	1.73	5	1.66	0	$P>0.05$
独立性	4	2.11	4	2.14	0	$P>0.05$
自律性	5	1.76	5	1.72	0	$P>0.05$
紧张性	5	2.16	5	2.19	0	$P>0.05$

表 9　来自小城镇的硕士生和来自农村的硕士生 16PF 差异显著性检验

因子名称	小城镇 $N=372$		农村 $N=608$		t 值	P 值
	均值	标准差	均值	标准差		
乐群性	6	2.11	5	2.20	7.01	$P<0.01$
聪慧性	6	1.44	6	1.48	0	$P>0.05$
稳定性	5	2.23	5	2.32	0	$P>0.05$
恃强性	6	2.18	6	2.11	0	$P>0.05$
兴奋性	7	2.17	7	2.16	0	$P>0.05$
有恒性	4	1.94	4	2.08	0	$P>0.05$
敢为性	6	2.29	6	2.34	0	$P>0.05$
敏感性	5	2.16	4	2.33	6.69	$P<0.01$
怀疑性	3	2.01	3	1.97	0	$P>0.05$
幻想性	5	1.94	5	1.77	0	$P>0.05$
世故性	5	1.86	5	1.92	0	$P>0.05$
忧虑性	4	2.00	4	2.11	0	$P>0.05$
实验性	5	1.74	5	1.70	0	$P>0.05$
独立性	4	2.08	4	1.93	0	$P>0.05$

续表9

因子名称	小城镇 $N=372$		农村 $N=608$		t 值	P 值
	均值	标准差	均值	标准差		
自律性	5	1.76	5	1.77	0	$P>0.05$
紧张性	5	1.96	5	2.11	0	$P>0.05$

表 10　来自小城镇的硕士生和来自边远农村的硕士生 16PF 差异显著性检验

因子名称	小城镇 $N=372$		边远农村 $N=44$		t 值	P 值
	均值	标准差	均值	标准差		
乐群性	6	2.11	5	1.93	2.99	$P<0.01$
聪慧性	6	1.44	5	1.58	4.30	$P<0.01$
稳定性	5	2.23	6	1.97	−2.84	$P<0.01$
恃强性	6	2.18	7	2.14	−2.88	$P<0.01$
兴奋性	7	2.17	7	2.41	0	$P>0.05$
有恒性	4	1.94	4	1.82	0	$P>0.05$
敢为性	6	2.29	6	2.44	0	$P>0.05$
敏感性	5	2.16	4	1.97	2.92	$P<0.01$
怀疑性	3	2.01	3	2.11	0	$P>0.05$
幻想性	5	1.94	4	1.77	3.23	$P<0.01$
世故性	5	1.86	5	2.00	0	$P>0.05$
忧虑性	4	2.00	4	1.95	0	$P>0.05$
实验性	5	1.74	5	1.66	0	$P>0.05$
独立性	4	2.08	4	2.14	0	$P>0.05$
自律性	5	1.76	5	1.72	0	$P>0.05$
紧张性	5	1.96	5	2.19	0	$P>0.05$

表 11　来自农村的硕士生和来自边远农村的硕士生 16PF 差异显著性检验

因子名称	农村 $N=608$		边远农村 $N=44$		t 值	P 值
	均值	标准差	均值	标准差		
乐群性	5	2.20	5	1.93	0	$P>0.05$
聪慧性	6	1.48	5	1.58	4.30	$P<0.01$
稳定性	5	2.32	6	1.97	−2.78	$P<0.01$
恃强性	6	2.11	7	2.14	−3.03	$P<0.01$
兴奋性	7	2.16	7	2.41	0	$P>0.05$
有恒性	4	2.08	4	1.82	0	$P>0.05$

续表11

因子名称	农村 N=608		边远农村 N=44		t 值	P 值
	均值	标准差	均值	标准差		
敢为性	6	2.34	6	2.44	0	P>0.05
敏感性	4	2.33	4	1.97	0	P>0.05
怀疑性	3	1.97	3	2.11	0	P>0.05
幻想性	5	1.77	4	1.77	3.59	P<0.01
世故性	5	1.92	5	2.00	0	P>0.05
忧虑性	4	2.11	4	1.95	0	P>0.05
实验性	5	1.70	5	1.66	0	P>0.05
独立性	4	1.93	4	2.14	0	P>0.05
自律性	5	1.77	5	1.72	0	P>0.05
紧张性	5	2.11	5	2.19	0	P>0.05

从家庭来源地差异性分析来看，来自中等城市的硕士生具有最高的兴奋性；来自大城市和中等城市的硕士生具有最高的敢为性和最低的忧虑性，说明他们的安全感最高；来自中等城市和小城镇的硕士生具有最高的乐群性，他们最容易与人相处；来自大城市和边远农村的硕士生具有最高的稳定性；来自农村和小城镇的硕士生具有最低的恃强性；来自农村和边远农村的硕士生具有最低的敏感性；来自边远农村的硕士生具有最低的聪慧性和幻想性。

（三）家庭结构对硕士生个性特征的影响分析（见表12～表14）

表12　来自普通家庭结构的硕士生和来自多代家庭结构的硕士生16PF差异显著性检验

因子名称	普通 N=1069		多代 N=340		t 值	P 值
	均值	标准差	均值	标准差		
乐群性	5	2.29	5	2.31	0	P>0.05
聪慧性	6	1.50	6	1.46	0	P>0.05
稳定性	5	2.24	6	2.18	−7.21	P<0.01
恃强性	6	2.16	6	2.17	0	P>0.05
兴奋性	7	2.17	7	2.30	0	P>0.05
有恒性	4	1.99	4	1.95	0	P>0.05
敢为性	6	2.35	6	2.46	0	P>0.05
敏感性	5	2.17	4	2.48	7.14	P<0.01
怀疑性	3	2.12	3	1.99	0	P>0.05
幻想性	5	1.90	5	1.92	0	P>0.05

续表12

因子名称	普通 N=1069		多代 N=340		t 值	P 值
	均值	标准差	均值	标准差		
世故性	5	1.85	5	1.99	0	$P>0.05$
忧虑性	4	2.06	3	2.19	7.67	$P<0.01$
实验性	5	1.72	5	1.68	0	$P>0.05$
独立性	4	1.99	4	2.18	0	$P>0.05$
自律性	5	1.75	5	1.81	0	$P>0.05$
紧张性	5	2.08	5	2.09	0	$P>0.05$

表 13　来自普通家庭结构的硕士生和来自离异家庭结构的硕士生 16PF 差异显著性检验

因子名称	普通 N=1069		离异 N=31		t 值	P 值
	均值	标准差	均值	标准差		
乐群性	5	2.29	6	1.94	−2.40	$P<0.01$
聪慧性	6	1.50	6	1.78	0	$P>0.05$
稳定性	5	2.24	6	2.15	0	$P>0.05$
恃强性	6	2.16	7	1.73	−2.55	$0.01<P\leqslant0.05$
兴奋性	7	2.17	8	1.88	−2.54	$0.01<P\leqslant0.05$
有恒性	4	1.99	4	2.04	0	$P>0.05$
敢为性	6	2.35	7	2.09	−2.34	$0.01<P\leqslant0.05$
敏感性	5	2.17	5	1.98	0	$P>0.05$
怀疑性	3	2.12	3	2.16	0	$P>0.05$
幻想性	5	1.90	5	1.73	0	$P>0.05$
世故性	5	1.85	5	2.37	0	$P>0.05$
忧虑性	4	2.06	4	1.91	0	$P>0.05$
实验性	5	1.72	5	1.77	0	$P>0.05$
独立性	4	1.99	4	1.68	0	$P>0.05$
自律性	5	1.75	4	1.53	3.14	$P<0.01$
紧张性	5	2.08	5	1.91	0	$P>0.05$

表 14　来自普通家庭结构的硕士生和来自单亲亡故家庭结构的硕士生 16PF 差异显著性检验

因子名称	普通 N=1069		单亡 N=48		t 值	P 值
	均值	标准差	均值	标准差		
乐群性	5	2.29	6	2.03	−2.97	$P<0.01$
聪慧性	6	1.50	6	1.52	0	$P>0.05$

续表14

因子名称	普通 $N=1069$		单亡 $N=48$		t 值	P 值
	均值	标准差	均值	标准差		
稳定性	5	2.24	5	2.33	0	$P>0.05$
恃强性	6	2.16	6	2.25	0	$P>0.05$
兴奋性	7	2.17	7	2.27	0	$P>0.05$
有恒性	4	1.99	4	1.96	0	$P>0.05$
敢为性	6	2.35	7	2.41	0	$P>0.05$
敏感性	5	2.17	5	2.25	0	$P>0.05$
怀疑性	3	2.12	3	2.10	0	$P>0.05$
幻想性	5	1.90	5	1.52	0	$P>0.05$
世故性	5	1.85	5	1.84	0	$P>0.05$
忧虑性	4	2.06	4	2.14	0	$P>0.05$
实验性	5	1.72	5	1.53	0	$P>0.05$
独立性	4	1.99	4	1.76	0	$P>0.05$
自律性	5	1.75	5	1.97	0	$P>0.05$
紧张性	5	2.08	5	1.88	0	$P>0.05$

从家庭结构差异性分析来看，来自多代家庭的硕士生比普通家庭的硕士生忧虑性和敏感性低，稳定性高；来自离异家庭的硕士生比普通家庭乐群性、恃强性、兴奋性、敢为性都高，自律性低；来自父母有亡故家庭的硕士生只比普通家庭的硕士生乐群性高。

（四）家庭氛围对硕士生个性特征的影响分析（见表15～表18）

表15　来自和谐家庭的硕士生和来自冷淡家庭的硕士生16PF差异显著性检验

因子名称	和谐 $N=1341$		冷淡 $N=20$		t 值	P 值
	均值	标准差	均值	标准差		
乐群性	5	2.32	4	1.66	1.92	$0.01<P\leq 0.05$
聪慧性	6	1.49	5	1.86	2.96	$P<0.01$
稳定性	6	2.06	4	1.47	4.32	$P<0.01$
恃强性	6	2.16	6	2.77	0	$P>0.05$
兴奋性	7	2.19	6	2.51	2.02	$0.01<P\leq 0.05$
有恒性	4	2.02	3	2.33	2.22	$0.01<P\leq 0.05$
敢为性	6	2.39	5	2.28	1.86	$0.01<P\leq 0.05$
敏感性	4	2.39	5	2.56	−1.85	$0.01<P\leq 0.05$

续表15

因子名称	和谐 $N=1341$		冷淡 $N=20$		t 值	P 值
	均值	标准差	均值	标准差		
怀疑性	3	2.05	4	2.46	−2.16	$0.01<P\leq0.05$
幻想性	5	1.88	6	1.57	−2.36	$0.01<P\leq0.05$
世故性	5	1.91	5	1.88	0	$P>0.05$
忧虑性	3	2.25	5	1.22	−3.96	$P<0.01$
实验性	5	1.72	5	1.55	0	$P>0.05$
独立性	4	2.02	5	2.04	−2.20	$0.01<P\leq0.05$
自律性	5	1.78	5	1.47	0	$P>0.05$
紧张性	5	2.05	6	1.53	−2.17	$0.01<P\leq0.05$

表16　来自和谐家庭的硕士生和来自争吵家庭的硕士生16PF差异显著性检验

因子名称	和谐 $N=1341$		争吵 $N=41$		t 值	P 值
	均值	标准差	均值	标准差		
乐群性	5	2.32	6	2.14	−2.72	$P<0.01$
聪慧性	6	1.49	6	1.43	0	$P>0.05$
稳定性	6	2.06	5	1.98	3.06	$P<0.01$
恃强性	6	2.16	7	1.87	−2.93	$P<0.01$
兴奋性	7	2.19	7	2.27	0	$P>0.05$
有恒性	4	2.02	4	2.02	0	$P>0.05$
敢为性	6	2.39	7	2.07	−2.65	$P<0.01$
敏感性	4	2.39	5	2.39	−2.64	$P<0.01$
怀疑性	3	2.05	4	2.10	−3.07	$P<0.01$
幻想性	5	1.88	5	2.21	0	$P>0.05$
世故性	5	1.91	5	1.67	0	$P>0.05$
忧虑性	3	2.25	4	2.17	−2.80	$P<0.01$
实验性	5	1.72	5	1.55	0	$P>0.05$
独立性	4	2.02	5	1.58	−3.14	$P<0.01$
自律性	5	1.78	4	1.96	3.53	$P<0.01$
紧张性	5	2.05	6	1.90	0	$P>0.05$

表 17　来自家庭和谐的硕士生和来自家庭溺爱的硕士生 16PF 差异显著性检验

因子名称	和谐 $N=1341$		溺爱 $N=11$		t 值	P 值
	均值	标准差	均值	标准差		
乐群性	5	2.32	6	2.02	0	$P>0.05$
聪慧性	6	1.49	6	1.83	0	$P>0.05$
稳定性	6	2.06	4	1.62	3.21	$P<0.01$
恃强性	6	2.16	6	2.34	0	$P>0.05$
兴奋性	7	2.19	5	2.37	3.01	$P<0.01$
有恒性	4	2.02	3	1.35	1.66	$0.01<P\leqslant 0.05$
敢为性	6	2.39	5	2.17	1.38	$0.01<P\leqslant 0.05$
敏感性	4	2.39	5	2.50	−1.38	$0.01<P\leqslant 0.05$
怀疑性	3	2.05	4	1.13	−1.61	$0.01<P\leqslant 0.05$
幻想性	5	1.88	5	1.88	0	$P>0.05$
世故性	5	1.91	4	1.41	1.73	$0.01<P\leqslant 0.05$
忧虑性	3	2.25	4	1.95	−1.47	$0.01<P\leqslant 0.05$
实验性	5	1.72	5	1.54	0	$P>0.05$
独立性	4	2.02	4	2.76	0	$P>0.05$
自律性	5	1.78	4	2.07	1.85	$0.01<P\leqslant 0.05$
紧张性	5	2.05	6	1.73	−1.61	$0.01<P\leqslant 0.05$

表 18　来自和谐家庭的硕士生和来自暴力家庭的硕士生 16PF 差异显著性检验

因子名称	和谐 $N=1341$		暴力 $N=4$		t 值	P 值
	均值	标准差	均值	标准差		
乐群性	5	2.32	6	1.58	−0.86	$0.01<P\leqslant 0.05$
聪慧性	6	1.49	6	0.50	0	$P>0.05$
稳定性	6	2.06	5	2.74	0.97	$0.01<P\leqslant 0.05$
恃强性	6	2.16	7	2.60	−0.92	$0.01<P\leqslant 0.05$
兴奋性	7	2.19	8	1.73	−0.91	$0.01<P\leqslant 0.05$
有恒性	4	2.02	4	3.08	0	$P>0.05$
敢为性	6	2.39	7	2.24	−0.84	$0.01<P\leqslant 0.05$
敏感性	4	2.39	4	2.12	0	$P>0.05$
怀疑性	3	2.05	2	1.94	0.97	$0.01<P\leqslant 0.05$
幻想性	5	1.88	6	2.40	−1.06	$0.01<P\leqslant 0.05$
世故性	5	1.91	6	2.69	−1.04	$0.01<P\leqslant 0.05$

续表18

因子名称	和谐 $N=1341$		暴力 $N=4$		t 值	P 值
	均值	标准差	均值	标准差		
忧虑性	3	2.25	4	2.40	−0.89	$0.01<P\leq 0.05$
实验性	5	1.72	5	1.66	0	$P>0.05$
独立性	4	2.02	4	1.41	0	$P>0.05$
自律性	5	1.78	4	1.32	1.12	$0.01<P\leq 0.05$
紧张性	5	2.05	5	3.35	0	$P>0.05$

从家庭氛围差异性分析来看，冷淡、争吵、溺爱、暴力都对研究生的个性产生明显的影响。来自冷淡家庭的硕士生比普通家庭的硕士生乐群性、聪慧性、稳定性、敢为性、兴奋性、有恒性都低，而敏感性、怀疑性、忧虑性、幻想性、自律性和紧张性都高；来自争吵家庭的硕士生比普通家庭的硕士生稳定性和自律性都低，而乐群性、恃强性、敢为性、怀疑性、忧虑性、独立性高；来自溺爱家庭的硕士生比普通家庭硕士生稳定性、兴奋性、有恒性、敢为性、世故性和自律性低，而敏感性、怀疑性、忧虑性和紧张性高；来自暴力家庭的硕士生比普通家庭硕士生乐群性、恃强性、兴奋性、敢为性、幻想性、世故性、忧虑性高，而稳定性、怀疑性和自律性低。

由此看出，家庭氛围在人格的形成过程中，无论是在深度还是广度上，都比家庭来源地、家庭结构和家庭收入等因素具有更强烈的影响。而家庭氛围又恰恰是家庭隐私且容易被忽略，这必须引起强烈的重视。

（五）家庭收入对硕士生个性特征的影响分析（见表19～表21）

表19　来自贫困家庭的硕士生和来自中等收入家庭的硕士生16PF差异显著性检验

因子名称	贫困家庭　$N=153$		中等收入家庭　$N=368$		t 值	P 值
	均值	标准差	均值	标准差		
乐群性	6	2.08	6	2.14	0	$P>0.05$
聪慧性	6	1.40	6	1.52	0	$P>0.05$
稳定性	6	2.11	6	2.06	0	$P>0.05$
恃强性	6	2.06	6	2.22	0	$P>0.05$
兴奋性	7	2.16	7	2.23	0	$P>0.05$
有恒性	4	2.24	4	1.94	0	$P>0.05$
敢为性	6	2.42	7	2.14	−4.66	$P<0.01$
敏感性	4	2.35	5	2.19	−4.64	$P<0.01$
怀疑性	3	2.09	3	2.28	0	$P>0.05$
幻想性	5	1.80	5	1.96	0	$P>0.05$

续表19

因子名称	贫困家庭 $N=153$		中等收入家庭 $N=368$		t 值	P 值
	均值	标准差	均值	标准差		
世故性	5	1.95	5	1.85	0	$P>0.05$
忧虑性	4	2.11	3	2.25	4.70	$P<0.01$
实验性	5	1.74	5	1.71	0	$P>0.05$
独立性	4	1.91	4	2.05	0	$P>0.05$
自律性	5	1.70	5	1.78	0	$P>0.05$
紧张性	5	2.09	5	2.05	0	$P>0.05$

表 20　来自贫困家庭的硕士生和来自富裕家庭的硕士生 16PF 差异显著性检验

因子名称	贫困家庭 $N=153$		富裕家庭 $N=70$		t 值	P 值
	均值	标准差	均值	标准差		
乐群性	6	2.08	6	2.13	0	$P>0.05$
聪慧性	6	1.40	6	1.45	0	$P>0.05$
稳定性	6	2.11	6	1.69	0	$P>0.05$
恃强性	6	2.06	7	1.86	−3.45	$P<0.01$
兴奋性	7	2.16	8	1.88	−3.32	$P<0.01$
有恒性	4	2.24	4	1.89	0	$P>0.05$
敢为性	6	2.42	7	2.18	−2.94	$P<0.01$
敏感性	4	2.35	5	2.21	−2.99	$P<0.01$
怀疑性	3	2.09	3	1.84	0	$P>0.05$
幻想性	5	1.80	6	1.67	−3.92	$P<0.01$
世故性	5	1.95	5	1.80	0	$P>0.05$
忧虑性	4	2.11	3	2.00	3.32	$P<0.01$
实验性	5	1.74	5	1.71	0	$P>0.05$
独立性	4	1.91	4	2.08	0	$P>0.05$
自律性	5	1.70	5	1.46	0	$P>0.05$
紧张性	5	2.09	4	1.86	3.41	$P<0.01$

表 21　来自中等收入家庭的硕士生和来自富裕家庭的硕士生 16PF 差异显著性检验

因子名称	中等收入家庭 $N=368$		富裕家庭 $N=70$		t 值	P 值
	均值	标准差	均值	标准差		
乐群性	6	2.14	6	2.13	0	$P>0.05$
聪慧性	6	1.52	6	1.45	0	$P>0.05$

续表21

因子名称	中等收入家庭　$N=368$		富裕家庭　$N=70$		t 值	P 值
	均值	标准差	均值	标准差		
稳定性	6	2.06	6	1.69	0	$P>0.05$
恃强性	6	2.22	7	1.86	−3.53	$P<0.01$
兴奋性	7	2.23	8	1.88	−3.51	$P<0.01$
有恒性	4	1.94	4	1.89	0	$P>0.05$
敢为性	7	2.14	7	2.18	0	$P>0.05$
敏感性	5	2.19	5	2.21	0	$P>0.05$
怀疑性	3	2.28	3	1.84	0	$P>0.05$
幻想性	5	1.96	6	1.67	−3.99	$P<0.01$
世故性	5	1.85	5	1.80	0	$P>0.05$
忧虑性	3	2.25	3	2.00	0	$P>0.05$
实验性	5	1.71	5	1.71	0	$P>0.05$
独立性	4	2.05	4	2.08	0	$P>0.05$
自律性	5	1.78	5	1.46	0	$P>0.05$
紧张性	5	2.05	4	1.86	3.79	$P<0.01$

从家庭收入差异性分析来看，家庭经济状况会在敢为性、敏感性、幻想性、忧虑性、恃强性、兴奋性、紧张性几个方面影响人的个性。来自富裕家庭的硕士生具有最高的恃强性、兴奋性和幻想性以及最低的紧张性；而来自贫困家庭的硕士生具有最低的敢为性、敏感性以及最高的忧虑性。

四、分析及结论

独生子女硕士生和非独生子女硕士生只在稳定性、敏感性和忧虑性三个维度上差异性显著。这说明独生子女与非独生子女之间并不存在显著的个性差异，消极看法主要源于不适应社会变化的传统偏见。

从家庭来源地差异性分析来看，大城市的硕士生具有最低的忧虑性，来自中等城市的硕士生具有最高的兴奋性，来自小城镇的硕士生具有最高的乐群性，来自农村的硕士生具有最低的恃强性和敏感性，来自边远农村的硕士生具有最低的聪慧性和幻想性。

从家庭结构差异性分析来看，家庭结构对人格特征的影响较小。来自多代家庭的硕士生忧虑性和敏感性低，稳定性高；来自离异家庭的硕士生乐群性、恃强性、兴奋性、敢为性都高，自律性低；来自父母有亡故的家庭硕士生只有乐群性高。

从家庭收入差异性分析来看，来自富裕家庭的硕士生具有最高的恃强性、兴奋性和幻想性以及最低的紧张性；而来自贫困家庭的硕士生具有最低的敢为性、敏感性以及最高的忧虑性。

从家庭氛围差异性分析来看，家庭氛围在人格的形成过程中，无论是在深度还是广度上，都比家庭来源地、家庭结构和家庭收入等因素具有更强烈的影响。冷淡、争吵、溺爱、暴力都对研究生的个性产生明显的影响，必须引起重视。

综上，独生与非独生和家庭结构在人格形成过程中的影响力较低，反而是家庭来源地、家庭收入和家庭氛围对人格塑造产生了重要的影响。这有待于今后在人格心理学领域做更加深入的研究。

硕士研究生是国家培养的高级人才，随着对硕士研究生教育质量的广泛关注，硕士研究生的心理健康问题也日益彰显其重要性。自我认知是一个人成熟的标志，我国对于家庭环境因素对研究生个性特征和自我认知的相关性研究非常缺乏，本文探讨了不同的家庭环境因素如何对硕士研究生的个性特征产生的影响。从家庭教养方式角度，结合社会学习理论，对研究生培养和教育给出了具有借鉴价值的研究结果。

参考文献：

教育部. 2021 年全国教育事业发展统计公报 [EB/OL]. (2022－09－14) [2022－09－18]. http://www.moe.gov.cn/jyb_sjzl/sjzl_fztjgb/202209/t20220914_660850.html.

吴钰. 硕士研究生新生心理健康状况调查 [J]. 中国健康心理学杂志，2012，20 (1)：131－133.

徐敏，张扬. 中国近 20 年研究生心理健康研究述评 [J]. 吉林省教育学院学报，2012，28 (11)：16－18.

沈家宏，宋红梅，李保务，等. 研究生人格因素与心理健康水平的相关研究 [J]. 中国民康医学杂志，2004，16 (9)：536－538.

邢晓辉，凌朝辉，常军武. 医学研究生心理健康的现状及教育对策 [J]. 中山大学学报论丛，2006，26 (10)：86－90.

钟惊雷. 研究生心理健康状况调查 [J]. 闽江学院学报，2007，28 (2)：117－121.

文书锋，俞国良. 研究生心理健康教育：现状、问题与对策 [J]. 思想教育研究，2008，155 (5)：61－63.

赵林. 家庭环境因素对大学新生心理健康的影响 [J]. 中国校医，2012，26 (10)：724－726.

宋建. 某高校医学硕士研究生心理压力应对方式研究 [J]. 中国学校卫生，2012，33 (10)：1240－1241.

马喜亭，李卫华. 研究生心理健康状况与生活压力调查研究 [J]. 中国特殊教育，2011，130 (4)：91－96.

HYUN JK，QUINN BC，TEMINA M，et al. Graduate student mentalhealth：needs assessment and utilization of counseling services [J]. J Coll Stud Dev，2006，47 (3)：247－266.

李旭珊，朱琳．家庭环境对研究生心理健康的影响［J］．中国学校卫生，2013，34（9）：1059－1061，1065．

刘金花，严凤霞，杜公卓，等．城市独生子女大学生人格特征与家庭环境关系的研究［J］．宁波大学学报（教育科学版），2000，22（4）：5－9．

盖笑松，赵晓杰，张向葵．父母离异对子心理发展的影响：计票式文献分析途径的研究［J］．心理科学，2007，30（6）：1392－1396．

李慧民，许波．家庭因素对大学生心理健康及人格的影响［J］．中国临床康复，2005，9（4）：82－83，86．

张田利，王一名．关于家庭教养方式与研究生自我效能感相关研究［J］．社会心理科学，2012，27（12）：63－65．

付海荣，陈学彬，秦晓民，等．家庭环境对医学生心理健康、人格、应对方式的影响［J］．中国特殊教育，2006，76（10）：84－88．

祝蓓里，戴忠恒．修订卡氏十六种人格因素量表题册［M］．上海：华东师范大学出版社，1998．

唐其红，姚海波，吴伟，等．医学生心理安全感及其与家庭功能间关系研究［J］．中国卫生统计，2013，30（3）：362－364．

DEMO D H，ACOCK A C. The impact of divorce on children［J］. Journal of Marriage and the Family，1988，50（3）：619－648．

AMATO P R，KEITH B. Parental divorce and the well－being of children：a meta－analysis. Psychological Bulletin，1991，110（1）：26－46．

ZILL N，MORRISON D R，COIRO M J. Long－term effects of parental divorce on parent－child relationships，adjustment，and achievement in young adulthood［J］. Journal of Family Psychology，1993，7（1）：91－103．

李鹤，高蕾，王晓英．高职生心理健康与家庭环境及人格特质的相关性调查研究［J］．职业技术教育，2012，33（29）：85－87．

王凤，邓冰，朱焱，等．医科大学生心理健康状况及其相关因素分析［J］．中国临床康复，2003，7（27）：3756．

潘莉萍．高校特困新生人格特征及心理健康状况调查［J］．健康心理学杂志，2001，9（3）：167－169．

李海星．大学贫困生心理健康状况的调查分析［J］．健康心理学杂志，2001，9（6）：424－425．

王秋英．家庭养育方式与中学生心理健康水平的相关研究［J］．中国心理卫生杂志，1998，12（5）：276－277．

刘金同，张敬悬，翟静，等．父母养育方式对个性的影响［J］．中国临床心理学杂志，1995，3（2）：96－97，100．

性别和专业差异与硕士研究生人格特征的关系研究[①]

——以 16PF 量表测量的结果与分析

王英梅[②]

摘要：了解硕士研究生中性别和专业的差异是否带来学生人格特点的差异，以便为个性化的培养方法提供参考。本文用卡特尔十六种人格因素测验（简称“16PF”）量表对四川某大学硕士研究生进行测查，结果显示，男性硕士研究生与女性硕士研究生十六个维度的个性特征中，有十二个维度都不存在显著差异，在乐群性和敏感性上男生得分明显比女生低，而在聪慧性和稳定性上女生得分明显比男生低。文科硕士研究生相比工科、理科和医科硕士研究生具有更加典型的个性特征，与其他三个学科相比差异性更加明显。工科硕士研究生和医科硕士研究生具有更加趋同的个性特征。

关键词：16PF；硕士研究生；性别差异；专业差异；人格特征

一、前言

研究生教育是我国学校教育的最高层次。我国从 20 世纪 90 年代开始实行研究生教育的发展，但相对于规模的不断扩大，研究生的心理问题却没有受到足够的重视。国内的研究生培养目标中没有像本科生那样提出心理健康状况的标准，针对研究生心理健康的研究成果也大大少于针对本科生的，研究表明多数学校对研究生心理健康状况缺少基本掌握和理解，研究生心理健康教育严重滞后于本科生心理健康教育。

---

① 项目资助：大学生自杀信号捕获、识别及其干预机制，四川省教育厅心理健康教育研究基地重点项目（2021SXJP003）；新时代背景下高校研究生心理健康教育路径研究，四川大学 2021 年研究生思想政治工作精品项目。

② 王英梅，四川大学心理健康教育中心，副教授，博士，主要研究方向为大学生心理健康教育与心理咨询。

随着研究生教育规模不断扩大，研究生面对学业、生活、择业等方面的社会压力越来越大，研究生的心理健康问题日益严重和突出，直接影响了他们的成长和发展。因此，对研究生心理健康状况进行实证研究，及时了解研究生的心理健康状况和个性特征，是科学有效地开展有针对性的研究生心理健康教育工作以及做好个性化引导教育的基础。

在已有的研究文献中，有研究者对不同性别研究生进行了比较研究，认为女性研究生心理健康程度高于男性研究生。刑晓辉、凌朝辉、常军武等采用 SCL－90，研究表明女性 SCL－90 均分高于男性，女性在躯体化、人际关系敏感、抑郁、焦虑、恐怖等因子得分明显高于男性，得分有显著性差异。但也有研究者表明男性研究生的心理健康程度低于女性研究生。钟惊雷采用 SCL－90，研究表明男性在各因子得分均要高于女性，且在敌意和偏执两项上，两者的得分有显著差异。

也有研究显示，不同专业的硕士研究生心理健康状况有差异。史清敏、王增起、王永丽等采用 SCL－90，研究表明文科研究生的心理健康状况差于理科研究生。文科研究生在“人际关系”“精神病性”“强迫”“抑郁”“焦虑”“恐怖”“偏执”等因子上的得分显著高于理科研究生。钟惊雷采用 SCL－90 研究表明人文学科的研究生心理健康状况不如理工科和社科研究生。魏俊民、蔡睿等采用 SCL－90 对体育、理科、文科和工科四类专业进行比较，研究表明心理健康程度由高到低依次为体育类、理科类、文科类、工科类研究生。毛富强、李振涛、王建华等采用 SCL－90 对某医科大学研究生心理状况的调查显示，医科专业研究生与本科生的总均分及多数因子并无显著性差异，只有个别因子存在差异。

目前对研究生的心理状况调研使用最多的是 SCL－90 问卷，这个问卷适合用于测查某些人群中心理或精神障碍可能存在的比例及其程度，且其测试的有效期仅为 1 周时间，因此 SCL－90 所调查的结果对于研究生心理状况基础层面的显示度还有待商榷。另外，已有的研究结果在研究样本代表性和反映研究生个性特征，尤其是在给予针对不同专业研究生的教育和引导的参考建议、在研究如何解决心理冲突等方面还存在一定的不足。

为此，我们用卡特尔十六种人格因素测验（简称“16PF”）量表对四川某大学研究生入学时的心理健康状况进行测试和统计分析，对比了男女硕士研究生在 16 个维度上的人格差异，以及文、理、工、医不同专业研究生的人格特征，以便为研究生的过程教育和分类指导提供可靠的参考依据。

二、研究方法

（一）测试对象

测试对象为四川某大学各专业一年级硕士新生。参与测试的硕士研究生有 2574 人，有效卷 2489 份。其中男生 1185 人，占 47.6%，女生 1304 人，占 52.4%；在文科专业中随机选取 183 个样本，在理科专业中随机选取 136 个样本，在工科专业中随机选取 112 个样本，在医科专业中随机选取 134 个样本，然后进行正交设计与比对。

（二）测试量表

卡特尔十六种人格因素测验（Catell 16 Personality Factor Test，16PF）是美国伊利诺伊州立大学人格及能力测验研究所的卡特尔教授经过几十年的系统观察和科学实验，以及用因素分析统计法慎重确定的编制而成的一种精确的测验，这一测验能用约四五十分钟的时间测量出十六种主要人格特征，凡具有初三以上文化程度的人都可以使用。本测验在国际上颇有影响，具有较高的效度和信度，广泛应用于人格测试、人才选拔、心理咨询和职业咨询等工作领域。十六种人格因素是各自独立的，相互之间的相关度极小，每一种因素的测量都能使测试者对被试者某一方面的人格特征有清晰而独特的认识，测试者更能对被试者人格的十六种不同因素的组合做出综合的了解，从而全面评价其整个人格。

（三）统计学处理

测试数据采用上海惠诚公司心理测验与统计软件以及 SPSS 13.0 统计和 SAS 分析。统计方法包括：频数分析、方差分析、t－检验、相关性检验分析等，以 $\alpha=0.05$ 或 $\alpha=0.01$ 为显著性水平，双侧检验。

三、测试结果

（一）男硕士研究生和女硕士研究生 16PF 的测试结果对比（见表 1）

表 1　男硕士研究生和女硕士研究生 16PF 差异显著性检验

因子名称	男生 $N=1185$		女生 $N=1304$		t 值	P 值
	均值	标准差	均值	标准差		
乐群性	5	2.18	6	1.97	−12.02	$P<0.01$
聪慧性	6	1.44	5	1.83	15.04	$P<0.01$
稳定性	6	2.06	5	2.16	11.79	$P<0.01$
恃强性	6	2.08	6	2.20	0	$P>0.05$
兴奋性	7	2.22	7	2.14	0	$P>0.05$
有恒性	4	2.13	4	1.89	0	$P>0.05$
敢为性	6	2.34	6	2.40	0	$P>0.05$
敏感性	4	2.33	5	2.14	−11.16	$P<0.01$
怀疑性	3	2.13	3	2.02	0	$P>0.05$
幻想性	5	1.97	5	1.85	0	$P>0.05$
世故性	5	1.87	5	1.94	0	$P>0.05$

续表1

因子名称	男生 $N=1185$		女生 $N=1304$		t 值	P 值
	均值	标准差	均值	标准差		
忧虑性	4	2.03	4	2.15	0	$P>0.05$
实验性	5	1.76	5	1.65	0	$P>0.05$
独立性	4	2.03	4	2.01	0	$P>0.05$
自律性	5	1.86	5	1.71	0	$P>0.05$
紧张性	5	2.17	5	1.99	0	$P>0.05$

16PF 测验表明，男硕士研究生和女硕士研究生只在乐群性、聪慧性、稳定性和敏感性四个维度上的差异性显著，在其余十二个维度上无显著差异。在乐群性和敏感性上男生得分明显比女生偏低，而在聪慧性和稳定性上女生得分明显比男生偏低。

这个结果否定了在学术研究方面女生不如男生的偏见，因为在大部分个性维度上男女并无明显差异，尤其是女生在有恒性、敢为性、幻想性、实验性、自律性、独立性等相关维度上与男生没有差异。

在乐群性和敏感性上女生得分明显比男生偏高。在聪慧性和稳定性两个维度上男生得分明显比女生偏高。

综上，结果表明女生在抽象思维和情绪控制方面要弱于男生，而男生在情绪体察和人际沟通方面要弱于女生。因此，男女生组成相互协作的科学研究团队，才能更好地发挥男女学生各自的优势，并适度弥补不足。

（二）不同学科硕士研究生 16PF 的测试结果对比（见表 2～表 7）

1. 工科硕士研究生和文科硕士研究生 16PF 的测试结果对比

表 2　工科硕士研究生和文科硕士研究生 16PF 差异显著性检验

因子名称	工科 $N=112$		文科 $N=183$		t 值	P 值
	均值	标准差	均值	标准差		
乐群性	5	2.14	6	2.12	−3.90	$P<0.01$
聪慧性	6	1.49	5	1.96	4.63	$P<0.01$
稳定性	6	2.03	5	2.03	4.09	$P<0.01$
恃强性	6	2.05	6	2.18	0	$P>0.05$
兴奋性	6	2.37	7	2.23	−3.64	$P<0.01$
有恒性	4	1.99	4	1.87	0	$P>0.05$
敢为性	6	2.12	6	2.37	0	$P>0.05$
敏感性	4	1.97	6	2.05	−8.22	$P<0.01$
怀疑性	3	2.11	3	2.12	0	$P>0.05$

续表2

因子名称	工科 $N=112$		文科 $N=183$		t 值	P 值
	均值	标准差	均值	标准差		
幻想性	5	1.96	6	1.59	−4.77	$P<0.01$
世故性	5	1.84	5	1.95	0	$P>0.05$
忧虑性	4	2.08	4	2.24	0	$P>0.05$
实验性	5	1.76	5	1.61	0	$P>0.05$
独立性	4	2.06	5	1.84	−4.31	$P<0.01$
自律性	5	1.77	5	1.75	0	$P>0.05$
紧张性	5	2.14	5	2.00	0	$P>0.05$

16PF 表明，工科硕士研究生和文科硕士研究生在乐群性、聪慧性、兴奋性、稳定性、敏感性、幻想性、独立性七个维度上差异性显著，在其余九个维度上无显著差异。在乐群性、兴奋性、敏感性、幻想性和独立性五个维度工科硕士研究生的得分明显比文科硕士研究生偏低，而在聪慧性和稳定性两个维度上工科硕士研究生得分明显比文科硕士研究生偏高。

文科硕士研究生在乐群性、兴奋性、敏感性、幻想性和独立性上得分比工科硕士研究生高，这个结果表明了文科硕士研究生和工科硕士研究生明显的性格差异。

在聪慧性和稳定性两个维度上工科硕士研究生得分明显比文科硕士研究生偏高，这也体现了工科思维训练对学生个性的影响。

2. 工科硕士研究生和医科硕士研究生 16PF 的测试结果对比

表 3　工科硕士研究生和医科硕士研究生 16PF 差异显著性检验

因子名称	工科 $N=112$		医科 $N=134$		t 值	P 值
	均值	标准差	均值	标准差		
乐群性	5	2.14	5	2.03	0	$P>0.05$
聪慧性	6	1.49	6	1.48	0	$P>0.05$
稳定性	6	2.03	6	2.13	0	$P>0.05$
恃强性	6	2.05	6	2.17	0	$P>0.05$
兴奋性	6	2.37	7	2.21	−3.14	$P<0.01$
有恒性	4	1.99	4	2.07	0	$P>0.05$
敢为性	6	2.12	6	2.37	0	$P>0.05$
敏感性	4	1.97	4	1.86	0	$P>0.05$
怀疑性	3	2.11	3	2.01	0	$P>0.05$
幻想性	5	1.96	5	1.75	0	$P>0.05$
世故性	5	1.84	5	2.01	0	$P>0.05$

续表3

因子名称	工科 $N=112$		医科 $N=134$		t 值	P 值
	均值	标准差	均值	标准差		
忧虑性	4	2.08	4	2.08	0	$P>0.05$
实验性	5	1.76	5	1.64	0	$P>0.05$
独立性	4	2.06	4	1.94	0	$P>0.05$
自律性	5	1.77	5	1.75	0	$P>0.05$
紧张性	5	2.14	5	1.81	0	$P>0.05$

16PF 表明，工科硕士研究生和医科硕士研究生只在兴奋性一个维度上的差异性显著，在其余十五个维度上无显著差异。在兴奋性上工科硕士研究生得分明显比医科硕士研究生偏低。

这个结果说明工科硕士研究生和医科硕士研究生在个性特征上具有明显的趋同性，这可能源于长期的学科背景和思维训练。在兴奋性上医科硕士研究生得分明显比工科硕士研究生高。

3. 工科硕士研究生和理科硕士研究生 16PF 的测试结果对比

表 4　工科硕士研究生和理科硕士研究生 16PF 差异显著性检验

因子名称	工科 $N=112$		理科 $N=136$		t 值	P 值
	均值	标准差	均值	标准差		
乐群性	5	2.14	5	2.19	0	$P>0.05$
聪慧性	6	1.49	6	1.76	0	$P>0.05$
稳定性	6	2.03	5	2.05	3.82	$P\leqslant0.01$
恃强性	6	2.05	6	2.18	0	$P>0.05$
兴奋性	6	2.37	7	2.03	−3.56	$P\leqslant0.01$
有恒性	4	1.99	4	2.29	0	$P>0.05$
敢为性	6	2.12	6	2.23	0	$P>0.05$
敏感性	4	1.97	4	2.20	0	$P>0.05$
怀疑性	3	2.11	3	2.17	0	$P>0.05$
幻想性	5	1.96	5	1.79	0	$P>0.05$
世故性	5	1.84	5	2.05	0	$P>0.05$
忧虑性	4	2.08	2	2.20	3.64	$P\leqslant0.01$
实验性	5	1.76	5	1.75	0	$P>0.05$
独立性	4	2.06	4	1.86	0	$P>0.05$
自律性	5	1.77	5	1.87	0	$P>0.05$
紧张性	5	2.14	4	2.10	3.68	$P\leqslant0.01$

16PF 表明，工科硕士研究生和理科硕士研究生在稳定性、兴奋性、忧虑性、紧张性四个维度上的差异性显著，在其余十二个维度上无显著差异。在兴奋性维度上工科硕士研究生得分明显比理科硕士研究生偏低，而在稳定性、忧虑性和紧张性三个维度上工科硕士研究生得分明显比理科硕士研究生偏高。

在兴奋性维度上理科硕士研究生得分明显比工科硕士研究生偏高，在稳定性、忧虑性和紧张性三个维度上工科硕士研究生得分明显比理科硕士研究生偏高。

4. 理科硕士研究生和医科硕士研究生 16PF 的测试结果对比

表 5 理科硕士研究生和医科硕士研究生 16PF 差异显著性检验

因子名称	理科 $N=136$		医科 $N=134$		t 值	P 值
	均值	标准差	均值	标准差		
乐群性	5	2.19	5	2.03	0	$P>0.05$
聪慧性	6	1.76	6	1.48	0	$P>0.05$
稳定性	5	2.05	6	2.13	−3.92	$P\leqslant 0.01$
恃强性	6	2.18	6	2.17	0	$P>0.05$
兴奋性	7	2.03	7	2.21	0	$P>0.05$
有恒性	4	2.29	4	2.07	0	$P>0.05$
敢为性	6	2.23	6	2.37	0	$P>0.05$
敏感性	4	2.20	4	1.86	0	$P>0.05$
怀疑性	3	2.17	3	2.01	0	$P>0.05$
幻想性	5	1.79	5	1.75	0	$P>0.05$
世故性	5	2.05	5	2.01	0	$P>0.05$
忧虑性	2	2.20	4	2.08	−3.82	$P\leqslant 0.01$
实验性	5	1.75	5	1.64	0	$P>0.05$
独立性	4	1.86	4	1.94	0	$P>0.05$
自律性	5	1.87	5	1.75	0	$P>0.05$
紧张性	4	2.10	5	1.81	−4.17	$P\leqslant 0.01$

16PF 表明，理科硕士研究生和医科硕士研究生在稳定性、忧虑性和紧张性三个维度上差异性显著，在其余十三个维度上无显著差异。在稳定性、忧虑性和紧张性维度上，理科硕士研究生得分明显比医科硕士研究生偏低。

在稳定性、忧虑性和紧张性三个维度上医科硕士研究生得分明显比理科硕士研究生偏高。

5. 理科硕士研究生和文科硕士研究生 16PF 的测试结果对比

表6 理科硕士研究生和文科硕士研究生16PF差异显著性检验

因子名称	理科 $N=136$		文科 $N=183$		t 值	P 值
	均值	标准差	均值	标准差		
乐群性	5	2.19	6	2.12	−4.10	$P<0.01$
聪慧性	6	1.76	5	1.96	4.69	$P<0.01$
稳定性	5	2.05	5	2.03	0	$P>0.05$
恃强性	6	2.18	6	2.18	0	$P>0.05$
兴奋性	7	2.03	7	2.23	0	$P>0.05$
有恒性	4	2.29	4	1.87	0	$P>0.05$
敢为性	6	2.23	6	2.37	0	$P>0.05$
敏感性	4	2.20	6	2.05	−8.33	$P<0.01$
怀疑性	3	2.17	3	2.12	0	$P>0.05$
幻想性	5	1.79	6	1.59	−5.25	$P<0.01$
世故性	5	2.05	5	1.95	0	$P>0.05$
忧虑性	2	2.20	4	2.24	−3.96	$P<0.01$
实验性	5	1.75	5	1.61	0	$P>0.05$
独立性	4	1.86	5	1.84	−4.76	$P<0.01$
自律性	5	1.87	5	1.75	0	$P>0.05$
紧张性	4	2.10	5	2.00	−4.31	$P<0.01$

16PF表明，理科硕士研究生和文科硕士研究生在乐群性、聪慧性、敏感性、幻想性、忧虑性、独立性和紧张性七个维度上的差异性显著，在其余九个维度上无显著差异。在乐群性、敏感性、幻想性、忧虑性、独立性和紧张性六个维度上理科硕士研究生的得分明显比文科硕士研究生偏低，而在聪慧性维度上理科硕士研究生得分明显比文科研究生偏高。

文科硕士研究生在乐群性、敏感性、幻想性、忧虑性、独立性和紧张性六个维度上得分比理科硕士研究生高，这个结果表明了文科硕士研究生和理科硕士研究生明显的性格差异。在聪慧性维度上理科硕士研究生得分明显比文科硕士研究生高。

6. 医科硕士研究生和文科硕士研究生16PF的测试结果对比

表7 医科硕士研究生和文科硕士研究生16PF差异显著性检验

因子名称	医科 $N=134$		文科 $N=183$		t 值	P 值
	均值	标准差	均值	标准差		
乐群性	5	2.03	6	2.12	−4.21	$P<0.01$
聪慧性	6	1.48	5	1.96	4.94	$P<0.01$
稳定性	6	2.13	5	2.03	4.23	$P<0.01$

续表7

因子名称	医科 N=134		文科 N=183		t 值	P 值
	均值	标准差	均值	标准差		
恃强性	6	2.17	6	2.18	0	$P>0.05$
兴奋性	7	2.21	7	2.23	0	$P>0.05$
有恒性	4	2.07	4	1.87	0	$P>0.05$
敢为性	6	2.37	6	2.37	0	$P>0.05$
敏感性	4	1.86	6	2.05	−8.89	$P<0.01$
怀疑性	3	2.01	3	2.12	0	$P>0.05$
幻想性	5	1.75	6	1.59	−5.28	$P<0.01$
世故性	5	2.01	5	1.95	0	$P>0.05$
忧虑性	4	2.08	4	2.24	−0	$P>0.05$
实验性	5	1.64	5	1.61	0	$P>0.05$
独立性	4	1.94	5	1.84	−4.66	$P<0.01$
自律性	5	1.75	5	1.75	0	$P>0.05$
紧张性	5	1.81	5	2.00	0	$P>0.05$

16PF表明，医科硕士研究生和文科硕士研究生在乐群性、聪慧性、稳定性、敏感性、幻想性、独立性六个维度上的差异性显著，在其余十个维度上无显著差异。在乐群性、敏感性、幻想性和独立性维度上医科硕士研究生得分明显比文科硕士研究生偏低，而在聪慧性和稳定性上医科硕士研究生得分明显比文科硕士研究生偏高。

文科硕士研究生在乐群性、敏感性、幻想性、独立性四个维度上得分比医科硕士研究生高，这个结果表明了文科硕士研究生和医科硕士研究生具有明显的性格差异。

在聪慧性和稳定性两个维度上医科硕士研究生得分明显比文科硕士研究生偏高，这也体现了医科专业的思维训练对学生个性的影响。

（三）以上几个16PF相关维度的简要阐述

高乐群性的人表现为外向、热情、乐群、和蔼可亲，善于与人打交道和处理人际关系，与人相处、合作的能力强。

高敏感性的人主要表现为对周围事物敏感，容易感情用事，易受周围的人和事感动，这类性格的人通常有一定的艺术天赋，喜欢幻想，有时想法甚至不切合实际。

高幻想性的人表现为喜欢幻想，思维具有跳跃性，他们常常忽视生活的细节，做事更多的是以当时的兴趣、冲动等主观因素为出发点，因此表现出一定的创造力，具有丰富的想象力，但有时过分不切实际，近乎冲动。

高独立性的特点是自立自强，当机立断，具有高独立性特点的人通常能够自己做主，独自完成自己的工作计划，不依赖别人，也不受社会舆论的约束。

高聪慧性的人的特点是聪明，富有才能，善于抽象思维，这类人通常学习能力强，思维敏捷、正确。

高稳定性的人表现为心理稳定，具有较好的心理素质，能很好地面对现实，并处理遇到的问题。高稳定性的人通常能够以沉着、冷静的态度应付各种挫折与困境，行动坚决果断。

高忧虑性的人表现为缺乏自信心，容易动摇，缺乏安全感和自如应付问题的能力。

高兴奋性的人主要表现为轻松兴奋、随遇而安、活泼愉快、健谈、善于与人交往，对人对事热心、富有感情，容易接近，但是高兴奋性的人有时也可能容易激动或冲动。

高紧张性的人遇事容易紧张、兴奋、激动，缺乏耐心，并因此经常导致身心疲惫，缺少安全感，心理素质也因此受到影响。

四、分析及结论

在性别差异上。本研究结果显示，男硕士研究生与女硕士研究生十六个维度的个性特征中，有十二个维度都不存在显著差异，说明男女硕士研究生在个性方面绝大部分是相同的，具有同龄人和相同教育背景下的典型特征，他们都坦诚直率、聪明独立、蓬勃向上。但同时在四个维度上也存在着明显差异，即在乐群性和敏感性上男硕士研究生得分明显比女硕士研究生低，而在聪慧性和稳定性上女硕士研究生得分明显比男硕士研究生低。表明女硕士研究生在抽象思维和情绪管理方面要弱于男硕士研究生，而男硕士研究生在情绪体察和人际沟通方面弱于女硕士研究生。因此，男女硕士研究生组成相互协作的科学研究团队，才能更好地发挥男女学生各自的优势，并适度弥补不足。这个研究结果也否定了在科研领域女生能力不如男生的偏见。

在专业差异上。文科硕士研究生相比工科、理科和医科硕士研究生则具有更加典型的个性特征，与其他三个学科相比差异性更加明显；而工科硕士研究生和医科硕士研究生则具有更加趋同的个性特征。

在具体个性特征上，文科硕士研究生的乐群性、敏感性、幻想性和独立性更加突出，而在稳定性和聪慧性上得分最低；工科硕士研究生的稳定性最强，兴奋性最低；理科硕士研究生在稳定性、忧虑性和紧张性上比医科和工科硕士研究生更低；工科硕士研究生和医科硕士研究生只在兴奋性上有差异。

测验结果显示了在硕士研究生群体中，不同专业背景的人格特定具有典型性。最突出的是文科硕士研究生与其他学科硕士研究生具有最大的差异性，其中与工科硕士研究生的差异性最突出；而工科硕士研究生与医科硕士研究生具有最大的趋同性，却与理科硕士研究生的差异更明显些，这部分改变了原来人们习惯称“理工”科的偏差。简略概况，则是文科硕士研究生更敏感，工科硕士研究生更沉稳，理科硕士研究生更平和，医科硕士研究生更进取。当然是由于个性特征而选择不同的专业，还是不同的专业教育塑造和影响的不同的个性特征，有待在未来的研究中进一步探讨。

当前的高等教育，尤其是研究生教育面临着改革和创新的双重任务，高校与研究生的关系不再是纯粹的教育与被教育、管理与被管理的关系，更多体现在服务与引导的能力和水平上。作为高校教育管理服务部门的工作者，在教育教学实践中，要突出研究生个体与社会发展的和谐统一，要对研究生身心发展、个性化需求高度关注，要更好地体现人文理念和专业引导，要更好地调动研究生的积极性和主动性，都必须以研究生主体的特点和需求作为出发点和立足点，对此本研究无疑提供了有力的数据参考和科学依据。

参考文献：

沈家宏，宋红梅，李保务，等. 研究生人格因素与心理健康水平的相关研究 [J]. 中国民康医学杂志，2004，16 (9)：536－538.

邢晓辉，凌朝辉，常军武. 医学研究生心理健康的现状及教育对策 [J]. 中山大学学报论丛，2006，26 (10)：86－90.

钟惊雷. 研究生心理健康状况调查 [J]. 闽江学院学报，2007，28 (2)：117－121.

史清敏，王增起，王永丽. 研究生心理健康状况调查与分析 [J]. 现代教育科学，2002 (3)：27－29.

魏俊民，蔡睿. 高校硕士研究生的心理健康调查与分析 [J]. 吉林体育学院学报，2005，21 (3)：69－70.

毛富强，李振涛，王建华. 研究生心理健康状况与个性特征及生活事件分析 [J]. 中国心理卫生杂志，2003，17 (10)：663－665.

耿俊茂，张瑞. 高校研究生思想教育中人文关怀和心理疏导机制建构探析 [J]. 思想政治教育研究，2013，29 (1)：138－140.

张莉，芮媛媛，许静，等. 我国研究生心理健康的研究现状概述 [J]. 南京医科大学学报（社会科学版），2013，13 (3)：242－245.

徐敏，张杨. 中国近 20 年研究生心理健康研究述评 [J]. 吉林省教育学院学报，2012，28 (11)：16－18.

许敏，韩柏，唐荣华，等. 山西省硕士新生心理健康状况与个性特征相关性分析 [J]. 山西医科大学学报，2009，40 (2)：132－134.

禹玉兰，郑希付. 扩招时期研究生心理压力现状及其相关影响因素 [J]. 心理发展与教育，2005 (3)：99－103.

张春梅，刘华山，郭立峰. 我国研究生心理健康研究述评 [J]. 医学教育探索，2006 (4)：381－382，385.

赵翠云. 研究生心理健康教育体系建设初探 [J]. 才智，2012 (7)：291.

高莉莉，王翠兰. 当代研究生心理健康问题成因与对策研究 [J]. 内蒙古农业大学学报（社会科学版），2008 (2)：245－247.

王利群，赵晓杰. 关于女性研究生心理健康问题的思考 [J]. 东北师大学报（哲学社会科学版），2012 (1)：197－200.

马喜亭，李卫华. 研究生心理健康状况与生活压力调查研究 [J]. 中国特殊教育，2011，130 (4)：91－96.

姜松梅. 理工科研究生心理健康状况调查 [J]. 河北广播电视大学学报，2011，16

（3）：98—100.

吴明隆. SPSS统计应用实务［M］. 北京：中国铁道出版社，2000.

郭志刚. 社会统计分析方法—SPSS 软件应用［M］. 北京：中国人民大学出版社，1999.

HYUN JK，QUINN BC，TEMINA M，et al. Graduate student mentalhealth：needs assessment and utilization of counseling services［J］. J Coll Stud Dev，2006，47（3）：247—266.

DEMO D H，ACOCK A C. The impact of divorce on children［J］. Journal of Marriage and the Family，1988，50（3）：619—648.

AMATO P R，KEITH B. Parental divorce and the well—being of children：a meta—analysis［J］. Psychological Bulletin，1991，110（1）：26—46.

ZILL N，MORRISON D R，COIRO M J. Long—term effects of parental divorce on parent — child relationships，adjustment，and achievement in young adulthood［J］. journal of family psychology，1993，7（1）：91—103.

研究生压力应对方式现状及其对心理健康教育的启示

冯　佳①

摘要：本文综合叙述了应对方式的概念、分类及其影响因素，通过对我国研究生应对方式特点的描述，分析其对学校心理健康教育的启示，并提出了应对方式训练的具体方法。

关键词：研究生；应对方式

在日益激烈的社会竞争中，研究生面临着一系列新的机遇和挑战，他们在学习、择业、人际交往等方面所承受的压力也越来越大，这些压力使研究生容易感到困惑、迷茫，进而形成不同程度的心理冲突，甚至导致各种心理问题。

无论是在生理还是在心理方面，研究生都与本科生有很大的区别。尤其是随着研究生教育规模的不断扩大，研究生群体的特点日益凸显。研究生在思想上更为成熟，对问题有自己的想法并且更愿意坚持自己的观点。研究生既要完成科研要求，又要顾及未来职业发展，在学业上承担着更大的压力，他们在科研和学业上投入的时间越多，对未来的期望就越高，但是，在社会对某些文科专业人才需求不增反减的情况下，研究生毕业人数逐年增加，供求关系的不平衡让他们与自己的未来规划之间的距离不断拉大。导师制的研究生培养模式在学生与导师之间建立了紧密的关系纽带，但也让学生与导师之外的接触范围大大缩小，一旦研究生与导师之间的关系出现冲突，会在很大程度上影响到其心理健康。同时，由于学业压力，研究生也不愿意把过多的时间投入集体活动，社交生活较为单一。尽管他们经常参加学科竞赛、学术论坛等活动，但这些活动多以专业能力提升为导向，几乎没有对研究生心理状态方面的关注。

研究生心理健康教育作为研究生教育的重要组成部分，对于培养身心健康和人格健全的高素质人才，具有举足轻重的作用，也是不容忽视的环节。如何提高研究生应对挫折、承受压力的能力，塑造良好的心理素质，获得身心的健康成长，是学校心理健康教

---

①　冯佳，四川大学心理健康教育中心，主要研究方向为发展心理学、教育心理学。

育工作者面临的重要任务。

应对方式是个体为了对付内外部环境要求及其有关的情绪困扰而采用的方法、手段或策略。在实际生活中，每个人都会遇到来自外界环境或个体内部的多种干扰和阻碍，由此导致的挫折、压力在所难免。在面对同样让人感到困惑或紧张的问题时，为什么有的人能应付自如，而有的人则会产生各种情绪障碍，甚至心理疾患。虽然好的或不好的情境事件会导致人们心情的波动，但适应过程的存在使得每个人的主观幸福感都维持在一个相对稳定的水平。在应激不可避免的情况下，人们所采用的应对方式，决定了适应过程的结果是积极的还是消极的，适当的应对方式能够缓解和调节压力事件对个体的影响，对维护个体的身心健康起着不可忽视的作用。

一、应对方式的概念及其分类

应对方式可以被简单理解为人们为对付内外环境要求及其有关的情绪困扰而采用的方法、手段或策略，有时又可被称作应对策略，是构成一个人在特定应激情境的应对类型和带有个人特点的、可能具有某些跨情境一致性的应对风格的基本成分。

随着应对方式研究的深化，目前基本公认的三个应对维度为：①改变问题本身的应对，这里包括指向环境的应对（比如通常所说的问题解决）和指向个体自身的应对（比如学习新行为、新技术）。②改变个体对问题认知方式的应对，这里也可以分为两个方面：一方面是改变情境对个体的意义而客观上的情境并未改变，这可以称为认知再评价，这种评价可以是防御性质的，例如否认、愿望性思考，也可以是基于现实的解释，比如正向比较；另一方面是分配个体的注意力，例如选择性注意和回避。③改变由问题引起的情绪危机的应对，例如寻求支持、吸烟、饮酒、使用药物、运动和其他活动。

二、应对方式的影响因素

Folkman 和 Lazarus 认为在应对的过程中，个体将依赖于自身的应对资源（Coping Resources）采取相应的应对方式。个体的应对资源包括生理资源、心理资源和社会资源。

生理资源主要包括身体健康、年龄、性别等因素。身体健康和精力是几乎所有应对情境相关的资源。年龄因素是与应对方式的稳定性和可变性密切相关的一个因素。我国学者肖计划、向孟泽、朱昌明的研究指出，在青少年阶段，随着年龄的增长，人的应对行为不断发生变化，成熟的应对方式如“解决问题”等的使用频率在增多，不成熟的应对方式如“退避”“幻想”等的使用频率在减少。韦有华、汤盛钦的研究结果发现，大学生的应对活动具有明显的年级差异。这些研究结果是一致的，它们表明随着年龄的增长，人的应对方式更多地指向内部。目前研究者达成一致的共识是：随着年龄的增长，个体解决问题的方法趋于成熟。应对方式也存在性别差异，国外的研究表明，在面对应激环境时，女性较男性更倾向使用回避等消极、被动的应对方式。我国研究者肖计划、向孟泽、朱昌明对587名青少年的研究也得出类似的结果，并认为可能是由于性别角色社会化以及传统文化和传统观念的原因，才导致女性在进入青春期后，应对方式或行为倾向于消极被动。

心理资源指作为应激屏障的人格特征和心理因素。研究表明，人格特质、归因风格、心理控制点、情绪、一般自我效能感等因素都会对应对方式产生影响，其中，人格特质是研究的焦点。不同个性的人在面对应激时会表现出不同的应对方式。很多关于内外控的研究都认为，内控个体倾向于问题指向应对，外控个体倾向于情绪指向应对。当一个情境被评估为低可控或不可控时，人们倾向于情绪型应对；当一个情境被评估为具有高可控性时，人们倾向于问题型应对。乐观者喜欢采用直指问题解决的积极的应对方式，而悲观者则更容易采用否认、回避等消极应对策略。Jerusalem 和 Schwarzer 的一项研究发现，一般自我效能感与问题定向应对方式呈显著正相关，与情绪定向应对方式呈显著负相关。我国学者陈恩辉的回顾性研究认为：心理应激与人格特征有密切联系，高神经质（情绪不稳定者）与高内倾性（条件反射易建立者）结合者，在应激状态时，更可能出现消极应对方式，而具有控制和挑战性人格特质的人，则一般会表现出积极的应对方式。关于应对方式的跨情境一致性的研究也支持了人格特质的重要性。这些研究指出，虽然应对方式会因应激情境的变动而有所不同，但个体通常会表现出对某些应对方式的一贯倾向性。研究者还认为，人格因素对不同的应对方式的影响程度不同。

社会资源主要包括经济地位和社会支持。社会文化也是一个重要但常被忽略的因素，不同文化下的行为规范、习俗和价值观等与应对方式有密切关系，因为它们会影响到不同人群对应激源的知觉和解释。

三、研究生应对方式现状

使用由肖计划等人参考国外已有理论及量表并结合我国的实际情况修订而成的应对方式量表对484名研究生进行测量，其中，男生236人，女生248人（见表1）。

应对方式的均值由高到低依次排列为：解决问题、求助、退避、幻想、合理化、自责。也就是说，硕士研究生在面对压力情境或困难挫折时最常采用的应对方式是问题解决，其次是求助，再其次是退避、幻想、合理化，最少采用的是自责。

这说明，从整体上看，硕士研究生的应对方式是积极、成熟的，他们在面对挫折与压力时，一般都能面对现实，理智地进行分析，并适当调整自己的心理状态，采取行动积极应对困境。

值得注意的是，退避的应对方式排在了第三位，是仅次于解决问题和求助的常用应对方式。这可能和中国传统文化中“中庸”“内敛”的为人处事之道相关。不过就退避而言，无论是面对压力时的忍耐行为，还是在困境中顺其自然的心态，都是与外界妥协的一种态度，从某种程度上说，这对于个体维持自身的心理和谐和平衡起着一定的积极作用。因此，从这个角度讲，退避并不完全是一种消极的应对方式，关键在于个体是否在适当的时间、适当的情境下采用了适当的应对方式。

表 1　研究生应对方式现状

因素	均值	标准差
解决问题	0.77	0.186
自责	0.34	0.201
求助	0.60	0.225
幻想	0.45	0.207
退避	0.47	0.180
合理化	0.43	0.166

四、对学校心理健康教育的启示

面对困难或压力情境的个体，为了避免或减轻情绪困扰，保持内心平衡，往往会下意识地采取自己较能接受的方式来解释和处理所遭遇的挫折，以减轻内心的不安，缓解精神紧张，保持心情安宁。但每一个人所熟悉并能熟练掌握的应对方式仅有几种，而且，即使是个体经常使用的应对方式也并非都是积极的。因此，在学校心理健康教育和咨询实践中，应该注意应对方式的训练，让学生学会利用条件分析自己常用的应对方式的优缺点，改进不成熟的应对方式和策略，提高应对的有效性。

强有力的社会支持系统是重要的应对资源和良好的缓冲系统，在需要的时候寻求和利用社会支持系统的帮助，对于减轻应激反应、克服不良应激反应有着积极的意义。

在学校心理健康教育和咨询实践中，让学生了解到以下几点有助于他们形成良好的社会支持系统：

第一，培养和提高社会交往能力。让他们学会正确使用各种社会交往工具，特别是语言符号系统和非语言符号系统。

第二，适当地提供社会支持和接受社会支持，即交往双方得到和付出处于平衡时，才会体验到更高的主观幸福感水平。在为他人提供社会支持或接受他人的社会支持时，需要考虑社会支持系统的规模、密度，社会支持力量的强弱，以及双方的个性特点。

第三，关注师生关系，通过团体辅导、讲座、网络新媒体等方式，增进研究生与导师之间的理解，促进研究生与导师之间的良好沟通。

第四，认识到社会支持中的性别差异。女性更容易得到指向情感的社会支持，而男性更容易得到指向问题解决的社会支持。

参考文献：

LAZARUS，FOLKMAN. Stress，appraisal，and coping [M]. New York：Springer，1984.
肖计划，向孟泽，朱昌明. 587 名青少年学生应付行为研究——年龄、性别与应付方式 [J]. 中国心理卫生杂志，1995，9 (3)：100－102.

韦有华，汤盛钦. COPE量表的初步修订［J］. 心理学报，1996，28（4）：380－387.
CARVER，SCHEIER. Assessing coping strategies：a theoretically based approach［J］. Journal of Personality and Social Psychology，1989（56）：267－283.
SCHEIER，CARVER. Optimism，coping，and health：assessment and implications of generalized outcome expectancies［J］. Health Pychology，1985（4）：219－247.
JERUSALEM，SCHWARZER. Anxiety and self－concept as antecedents of stress and coping：a longitudinal study with German and Turkish adolescents［J］. Personality and Individual Differences，1989（10）：785－792.
陈恩辉. 心理应激反应与人格特质［J］. 湘潭师范学院学报（社会科学版），1994，69（4）：69－71，19.

硕士研究生心理危机的形成逻辑与协同预防思路

——基于“三圈”视阈

林　晨①

摘要：近年来硕士研究生群体的心理问题凸显，如何预防这一群体的心理危机成为社会关注的焦点。本文尝试着眼于硕士研究生的日常活动区，基于此讨论硕士研究生心理危机的形成逻辑、预防工作的挑战和活动区主体协同预防的思路。本文提出，校园圈是硕士研究生的重点活跃区，家庭圈是次活跃区，社会圈是泛活跃区，这“三圈”均会产生引致学生心理危机的“诱因”。硕士研究生正处于从校园圈过渡到社会圈的阶段，要预防心理危机，应协同“三圈”共谋布局，当某一活动圈中出现“诱因”时，另外两个活动圈应发挥替代作用，通过给予经济支持、增强情感联结、协调沟通等来帮助硕士研究生较快恢复内心稳态，遏止焦虑和恐惧情绪持续积累。最后，本文提出“三圈”协同预防应从预防信息协同、预防能力协同、预防行动协同三方面来实施。

关键词：硕士研究生；“三圈”；心理危机；协同预防

一、引言

近年来，中国高校毕业生就业形势较为严峻，拥有学士学历的本科毕业生越来越多地选择继续攻读硕士学位，试图通过“学历跃升”来增强择业竞争力。从 2017 年至 2022 年的短短 5 年内，全国硕士研究生的报考人数增长了 256 万，2022 年全国硕士研究生报考人数更是创下 457 万的历史新高，相比报考人数，硕士研究生的招生规模涨幅较小，但在 2022 年也达到了 110 万人。在考研逐渐激烈的同时，在读硕士研究生群体

① 林晨，四川大学公共管理学院，专职辅导员，主要研究方向为大学生心理危机的理论与实践。

所承受的压力也变得更大，相关心理危机事件不断出现，因此，如何预防硕士研究生的心理危机成为社会关注的焦点。

心理危机指当个体无法应对应激事件而出现的一种高度不平衡状态。心理危机具有隐蔽性、长期性、多因性的特征，表现为强迫、焦虑和抑郁等症状，并伴随破坏性的行为。和本科生不同，硕士研究生学历层次高，心智更成熟，多抱有明确的就业导向。现有研究表明，诱发硕士研究生出现心理危机的主要因素有就业压力、学业压力和婚恋压力，通过缓解学生就业压力、鼓励导师参与预防、引导学生更多更主动地利用社会支持等是应对硕士研究生心理危机的主要建议。本文基于硕士研究生的日常活动区，通过分析活动圈的特点及活动圈可能产生的心理危机“诱因”，阐述硕士研究生心理危机的形成逻辑，进而理解高校应对硕士研究生心理危机所面临的挑战，最终提出协同预防硕士研究生心理危机的思路。

二、“三圈”视阈下硕士研究生心理危机形成逻辑

（一）硕士研究生的日常活动区可分成“三圈”

根据活动区的构成主体及主体间的关系，可以将硕士研究生的日常活动区大致划分为三类：家庭圈、校园圈和社会圈，简称为“三圈”。

家庭圈又称亲缘圈，是硕士研究生的次活跃区，圈内成员以亲缘为纽带，规模小且稳定，成员间存在长期的、强烈的亲密联系，流动性和可替代性极低，圈内关系接近“固态”，圈内信息具有高度的封闭性和私密性，从圈外收集圈内信息的成本很高。

校园圈又称学缘圈，是硕士研究生的重点活跃区，圈内成员以学缘为纽带，规模较大，硕士研究生与圈内成员之间是短期的、阶段性的社会关联，具有一定的可替代性，圈内关系介于“固态”与“流态”之间，呈“黏态”。

社会圈是硕士研究生的泛活跃区，也是硕士研究生未来的重点活跃区，硕士研究生在社会圈中的活动轨迹以发散、无规律为特征，社会圈的构成主体高度复杂，主体规模接近无限，具有一定的不稳定性和高度的可替代性，圈内关系呈“流态”。

（二）硕士研究生正处于由校园圈向社会圈过渡的阶段

美国心理学家卡普兰认为，每个人应该在不断努力保持一种内心的稳定状态，使自己能够适应环境，能够被环境中的人肯定、接受和尊重。当一个人遭受冲击或压力时，内心会暂时性地偏离稳态，但暂时性地偏离不一定会导致心理危机，因为每个人都拥有不同程度的内在修复能力，通过自我调适逐渐恢复到稳态，表现为一种韧性。只有当一个人遭受重大冲击，或压力事件不断积累以至突破个体修复能力的极限时，个体已无法靠自身消化紧张情绪和恐惧情绪，内心无所适从，思维紊乱进而导致行为紊乱，最终爆发心理危机。

绝大多数硕士研究生以就业为导向，正处在从校园圈向社会圈的过渡阶段，其重点活动区正在由校园圈转变为社会圈。校园圈和社会圈的构成主体及主体间关系有很大区

别，这种可预期的变化给学生带来心理压力。另外，其他“诱因”也可能打破硕士研究生内心的稳态，例如师生关系破裂、学业压力、情感挫折、经济压力、家庭矛盾、身心疾病等，这些“诱因”的共性是提高了硕士研究生从校园圈过渡到社会圈的成本。

（三）“三圈”视阈下硕士研究生的心理危机具有两个特点

第一，硕士研究生的心理问题往往根植于进入校园圈前。表面上，硕士研究生心理危机的“诱因”集中在人际、学业、环境和身心等方面，但深层原因在于硕士研究生在客观环境与个人性格、本身状况和期望发生冲突时无法快速调节矛盾。硕士研究生进入校园圈时年龄一般为21～25岁，已经历过完整的本科教育，无论在生理上还是心理上都基本成型，因此，这种应对冲突时的“能力失调”实际在硕士研究生进入校园圈前就已成型。在一些案例中，甚至可以从硕士研究生的家庭圈中窥见其心理问题的成因。“能力失调”的硕士研究生在进入校园圈后，一旦遭遇突破其心理韧性的“诱因”，就会出现心理危机。

第二，“三圈”均有诱发硕士研究生出现心理危机的因素。心理危机需要有诱发因素，客观的“诱因”在个体主观的思维加工下，形成心理危机。对硕士研究生而言，家庭圈、校园圈和社会圈均有“诱因”。校园圈是硕士研究生日常的重点活跃区，校园圈中的“诱因”包括师生矛盾、学业压力、人际关系焦虑等。家庭圈是硕士研究生的次活跃区和强纽带区，家庭圈中的变化会对硕士研究生产生直接的强烈的影响，家庭圈中的“诱因”包括家庭矛盾、家庭成员变化、经济压力等。社会圈是硕士研究生目前的泛活动区和未来的重点活动区，社会圈中的变化也可能对学生产生影响，社会圈中的“诱因”包括就业压力、情感矛盾、民事或刑事纠纷等。

三、“三圈”视阈下硕士研究生心理危机预防面临的挑战

尽管“三圈”均有诱发硕士研究生出现心理危机的因素，但预防主体在校园圈，与硕士研究生存在强纽带的家庭圈往往因缺乏心理健康相关知识且不具备教育硬件设施，在研究生心理危机预防中或自动或被动地处于“缺位”状态。由校园圈主导的硕士研究生心理危机预防机制正面临挑战。

第一，校园圈以学缘为纽带，成员关系是阶段性的，可替代性强，圈内信息的封闭性弱，因而硕士研究生对校园圈的信任有限。在新生心理测评时，一些确诊抑郁症的硕士研究生出于种种原因，故意隐瞒真实想法，导致校园圈筛查的难度较大，预防效果不理想。

第二，硕士研究生心理危机的“诱因”可能来自家庭圈和社会圈，但校园圈获取这两圈中硕士研究生相关信息的成本很高，长期存在信息差，因此校园圈在硕士研究生心理危机事件中往往表现出滞后性，疲于被动应对学生的各种突发状况。

第三，目前校园圈中硕士研究生心理危机的一线预防主体是辅导员，但相比辅导员，硕士研究生与校园圈中导师的关系更紧密，导师能在硕士研究生心理危机预防中发挥重要作用。一方面，硕士研究生的导师有更多时间与学生相处，更容易发现学生的心

态波动和异常举止，也更容易让学生敞开心扉地与其交流遇到的困难与压力；另一方面，师生关系破裂、科研压力、经济压力等是重要的心理危机“诱因”，如果导师能有意识地维护和谐的师生关系，能创造条件缓解学生的科研压力、经济压力甚至婚恋压力，那么硕士研究生的心理危机预防工作将更有成效。

四、“三圈”视阈下硕士研究生心理危机的协同预防思路

（一）硕士研究生心理危机预防工作应遵循替代性原则

卡普兰认为个人危机的发生取决于个体是否拥有足够的必需品，包括物质层面、心理层面、文化层面。当这些必需品数量发生异常变化时，会使个体陷入紧张、恐惧的情绪，进而导致心理危机。基于卡普兰的理论，一个人在一个相对稳定的阶段下所需要的外界支持是稳定的，当某一方面的支持降低时，如果能从其他方面得到补偿，就能维持内心平衡。

遵循这一思路，针对硕士研究生的心理危机预防工作应当遵循替代性原则，即当“三圈”中一个或两个圈出现“诱因”导致硕士研究生的必需品数量变化时，剩下的活动圈应尽可能干预或提供足够的必需品补充，包括提供经济支持、增强情感联结等，以维持个体内心需求的平衡。

如果危机的直接“诱因”来自校园圈，那么校园圈应积极寻求妥善的解决内部矛盾的办法。举例来说，当硕士研究生面临师生关系压力时，辅导员、学工部副书记等可以进行合理的干预，通过促进双边沟通来协调双方的需求，以妥善解决矛盾。如果危机的直接“诱因”来自家庭圈或社会圈，那么校园圈应努力在家庭圈、社会圈与学生之间建立缓冲地带，尽量降低、延缓负面冲击对学生造成的伤害。例如当学生遭遇家庭矛盾或情感问题时，辅导员、导师、学工部副书记等要主动及时地关心关爱学生，通过增强学生与校园圈的情感联结来帮助学生尽快恢复平稳。除此之外，校园圈还应积极发挥学生群体间“朋辈互助、全员帮助”机制的正面功能，通过支持同辈间敞开心扉的交流、分享，来减轻学生内心的焦虑和恐慌情绪。

（二）“三圈”协同预防硕士研究生心理危机的思路

硕士研究生日常活动区由“三圈”构成，“三圈”均能产生心理危机的“诱因”，因此有效的心理危机预防要求“三圈”里的主体、信息和资源高度协同。由于社会圈的主体相对较模糊且学校需要时间发掘学生社会圈中的主体，因此“三圈”协同预防的主体是校园圈和家庭圈，社会圈属于次主体，应具体情况具体分析。

第一，要求“三圈”预防信息协同。从硕士研究生入学开始，家庭圈、校园圈、社会圈应在学生信息分享上保持同步，定期交流、更新学生近况，家庭圈、社会圈应主动告知校园圈有关学生心理健康的信息，降低校园圈的筛查难度。

第二，要求“三圈”预防能力协同。“三圈”预防能力的协同，能有效降低校园圈对学生的筛查难度，例如校园圈与社会圈中专业机构展开合作，利用电子宣传册、微电

影等传播形式，提升家庭圈和社会圈对有心理问题的个体的识别能力，还可利用系列专题讲座，对硕士研究生授课教师进行培训，提高授课教师对学生心理问题表现的熟悉程度，提升高校心理危机预防“抓手”的敏锐度。

第三，要求“三圈”预防行动协同。当筛查出有潜在心理危机的硕士研究生时，“三圈”应协同对学生进行教育帮扶。如围绕学生的主观意识，通过系列教育课程提高学生的心理韧性，增强学生消化负面冲击的能力，增强抗打击能力。再如通过“辅导员—导师”的双核心机制及朋辈互助机制等，围绕学生所处的客观环境，共同破解、消除、阻隔或延缓“诱因”，增强社会支持力度，为学生建立心理危机的缓冲带。

五、结论

在硕士研究生规模不断扩大而心理危机屡发的现实背景下，本文尝试提出硕士研究生日常活动区包含家庭圈、校园圈和社会圈共“三圈”，以此认识硕士研究生心理危机的形成逻辑及预防工作面临的挑战，基于此提出“三圈”协同预防思路。个体的心理问题有其深层次的复杂原因，硕士研究生正处于从校园圈过渡到社会圈的阶段，当来自“三圈”的“诱因”将其内心的稳态打破，容易引发心理危机事件，因此应协同“三圈”中的主体共同预防硕士研究生的心理危机，助力研究生安全、稳定、健康地成长发展。

参考文献：

李晨兰．就业压力下硕士生心理危机成因及其对策研究［J］．广西大学学报（哲学社会科学版），2009，31（S1）：107－108.

刘培军，何朝敏．硕士研究生学业压力的构成及其化解策略［J］．盐城师范学院学报（人文社会科学版），2020，40（4）：96－103.

王尧骏．论导师在研究生心理危机干预中的责任与作用［J］．思想教育研究，2012（4）：80－83.

李莹．双因素理论视角下导师参与研究生心理危机干预的影响因素分析［J］．黑龙江高教研究，2021，39（9）：98－104.

赵丽琴，阮鹏．研究生心理危机预防体系为何失效？——基于对研究生心理危机个案的分析［J］．学位与研究生教育，2020（4）：45－51.

郭彤．大学生心理危机干预体系研究［D］．锦州：渤海大学，2021.

康琪琪，刘裕，余秀兰．研究生心理危机从产生到化解的历程研究——基于有真实经历研究生的访谈［J］．研究生教育研究，2022（1）：38－45.

浅谈大学生自杀者个性特征

刘昌波①

摘要：本文先从大学生自杀者个性特征的含义出发，具体分析了具有哪些个性特征的大学生更容易出现自杀的念头、想法或自杀行为，最后重点讨论了针对大学生自杀者个性特征提出的有效方案与措施。

关键词：大学生；自杀者；个性特征

一、大学生自杀者个性特征的含义

自杀指主体蓄意或自愿采取各种手段结束自己生命的行为。自杀除了与社会文化、精神压力、身体疾病、家族遗传史、媒体宣传、父母自杀意念及家庭暴力等有很大关系之外，大学生自杀最重要的相关因素是其个性特征。

个性指一个人的总的精神面貌，它是通过个人的生活道路而形成的，反映了人与人之间稳定的差异特征。个性实际上是人精神内涵的核心与中轴线。正是人的个性倾向性中所包含的需要、动机和理想、信念、世界观，指引着人生的方向、人生的目标和人生的道路；正是人的个性特征中所包含的气质、性格、兴趣和能力，影响和决定着人生的风貌、人生的事业和人生的命运；正是人的自我意识中包含的认识、情感与意志，协调和控制着人的诸种心理成分成为一个有组织的、稳定的整体。

一般而言，性格内向、孤僻、虚荣心强、敏感多疑而又认真、固执、责任感强、没爱好的人，更易出现焦虑感、绝望感，更易诱发自杀意念。外向性格的人如果同时伴有以自我为中心、情感变化大、易冲动、易激怒等情况时，也可能出现自杀行为。大学生自杀者的个性具有倾向自我性、情感复杂性、情绪消极性、意识模糊性等特征。社会心理学也认为，无论是从个体生存和发展的意义上说，还是从人类社会整体生存和发展的意义上说，人类的社会化都是必要的。个人通过社会化而得以适应社会，获得发展的基

---

① 刘昌波，四川大学心理健康教育中心，主要研究方向为大学生心理健康、教育心理学。

点。社会则通过社会化培养它的继承者，使得人类文化可以延续并在此基础上发展。可见个体在成长与发展过程中必然与社会中的他人产生关系，所以从自杀者的性格特征看，过于内向、孤独，更容易陷入焦虑与绝望感中，从而引发自杀意念。

抑郁症是导致大学生自杀最重要的精神障碍。其主要表现为：情绪低落，工作学习效率低，认为自己无能、无助、无望、无价值，时常流露出轻生念头等。引起自杀的诱因是多种多样的，但是诱因总是要通过内因才能发挥作用。所以心理因素特别是个性心理特征对于是否会产生自杀行为来说是至关重要的，抑郁症是导致大学生自杀的首要和重要原因。而在各种个性特征中，抑郁、悲观、刻板、自卑、厌学、偏执、抗逆力低、行为习惯差、缺乏兴趣爱好、情绪不稳定、心情多变是最容易引起自杀行为的高危因素和诱发因素，而这些个性特征常常与原生家庭中父母不良教养态度、复杂家庭关系等紧密相关。

二、大学生自杀者个性特征

根据对自杀未遂者和有自杀意念者的相关研究发现，自杀者在认知功能、情感、人际关系和应激等多方面存在一些共同的个性特征。具体来讲，自杀者的个性特征常常表现出以下几点：认知偏差、消极情绪、关系失调、敏感度高、生命意识淡薄、人格缺陷等。

（一）在认知功能方面存在认知偏差

企图自杀者的知觉常因情绪影响而变得扭曲，表现为“绝对化”或“概括化”，或是两者交替出现。绝对化指对任何事物怀有认为其必定如此的信念。比如“我做任何事都注定失败”“周围的人肯定不喜欢我”。“概括化”指以偏概全的不合理思维方式，常常使人过分关注某项困难而忽略了除自杀之外的其他解决方法。比如“我考试作弊，我对不起家人，他们永远不再爱我”“我有缺陷，别人都瞧不起我”，从而自暴自弃，自责自怨，自伤自毁，但这很可能是“不识庐山真面目，只缘身在此山中”。

（二）在情绪方面感觉到比较消极

大学生自杀者的情绪绝不是积极的、愉快的，相反，大学生自杀者具有严重的消极情绪，如极度的失望、孤独、焦虑和痛苦等。这和平常所说的过几天或一段时间后就会消失的消极情绪不同，而是已经达到无法摆脱的地步，这是一个极其危险的信号。根据我们对自杀个案的分析得知，容易引发自杀行为的情绪主要表现为：其一，自杀者通常有许多慢性的痛苦，焦虑、抑郁、悲观、自卑、愤怒、厌倦和内疚成为其情感的主要特征；其二，他们对自己的这些负面情绪感到厌恶，难以接受但又深陷其中；其三，自杀者通常情绪不稳定、不成熟，有时会表现出神经质倾向。

（三）人际关系基本失调

自杀者大多性格孤僻内向、以自我为中心，难以与他人建立正常的人际关系。当缺乏家庭、邻里的温暖和爱护，缺乏朋友和老师的支持与鼓励时，他们常有很强的无助感，最后变得越来越孤僻，进入自我封闭的小圈子，丧失自我价值感。自杀者大多社会交往有限，常与周围直接的人际关系发生冲突，疏远或丧失已经建立的人际关系，同时害怕被人拒绝。但是自杀者并不缺乏那种没有意义和没有价值的“社会支持”，比如“你应该如何去做”之类的简单说教。自杀者难以建立新的人际关系，新的社会环境使他们感到不安，导致他们产生社交焦虑、社交退缩甚至社交恐惧的行为。

（四）对负性应激事件的敏感度较高

对于许多自杀者来说，除了躯体疾病、经济困难等长期性问题外，日常生活中的许多小困扰都会让他们患得患失。也就是说，他们对负性应激事件的敏感度较高。在自杀事件发生前，小应激事件都会给自杀者带来的困扰。自杀者的这种困扰和情绪具有传染性。

（五）意志和动机斗争的矛盾心态导致生命意识淡薄

企图自杀的大学生对死亡的概念比较模糊，生命意识淡薄，部分甚至认为死是可逆的、暂时的，因此对自杀的后果没有充分估计。死亡对自杀者来说是既可怕又“美妙”，他们认为现实生活中的许多困难都可以在死亡的幻想中得以解决。自杀者一方面想解脱，一方面又惧怕并有求生的本能，且向他人求助了。大学生自杀行为的发生，表明他们失去了生存的意志，已经没有勇气和力量来战胜压力和痛苦了。同时，采取走向死亡的决定是一种意志行为，他们立下了自杀的决心，并且开始执行。在失去生的意志、形成死的意志的过程中，他们的内心极其痛苦，进行了非常剧烈的动机斗争。但这种痛苦的强烈程度往往超过了他们求生的欲望。在生死欲望的斗争过程中，可能是死的欲望战胜了生的欲望，只有在这时他们才真正形成了自杀的动机并开始执行。

（六）人格方面存在缺陷

情绪失调和人格障碍两者是相互作用的，情绪失调往往会导致人格障碍，而人格障碍又体现出情绪失调。情绪失调引发的人格障碍有多种多样的表现，如自卑、抑郁、孤僻、悲观、鲁莽、急躁、多疑、狭隘、焦虑等，但并非每一种人格缺陷都易于诱发自杀行为。与一般个体相比，大学生的自我意识非常强烈，富有理想和抱负，憧憬未来。他们心理上的需求也相对较多，包括实现自身价值、受人尊重、拥有美好的爱情和良好的审美等。除生理上的发育成熟与文化知识技能的提高以外，大学生在发展过程中，需要完成的是个体角色的定位以及独立性的形成。他们关心的是如何把自己目前的状况与将来的角色协调起来。大学生心理不成熟，使得他们的心理适应能力面临巨大的挑战。

三、针对大学生自杀者个性特征进行的自杀干预

当然，自杀率的高低和诸多因素有关，而不是某一种因子单向作用的结果，本文仅针对大学生自杀者的个性特征，从社会、学校、家庭、人际关系、认知和情感、个性完善、兴趣爱好等方面进行较为深入的阐述。

（一）从社会层面讲，需要社会各界注意保护大学生成长的环境

科学认识大学生自杀的心理特征，遏制和减少不利于大学生身心发展的消极因素，促使传媒内容健康、积极向上、安全诚信。如普及自杀预防知识，广泛开展心理健康教育和心理咨询；设立自杀预防热线。需要明确的是干预大学生自杀问题是一个长时间综合性过程，需要全民参与，争取让所有大学生都能走上正确、积极、健康的发展道路，让每一个大学生都能拥有一颗阳光的心灵。

（二）从学校层面讲，需要科学开展“生命教育”

学校要对学生科学开展“生命教育”。人类存在的本能就是求生避死，要加强对大学生的理解，要注意教育方法，应采取深入细致的方法，防止大学生因心灵受到严重的挫折而发生意外。从小学开始将心理健康教育尤其是生命教育引入课堂，并根据学生不同阶段的实际情况，帮助他们重新认识生命的宝贵，引导学生热爱生命，选择学生容易理解的事实和经验，指导他们深入具体地进行思考。生命教育的前提就是教育大学生珍惜生命，提升生命的质量，燃起生命的斗志。

（三）从家庭层面讲，需要积极转变父母的观念

转变父母的观念指引导父母以平等和互动的方式，采用循循善诱的方法，站在为子女考虑的立场上做事，做到事半功倍。转变父母的观念要求政府、社会媒体、大众团体等加强宣传和教育，引导家长学习新的教育理念，改变以往惯性的教育模式，加强关于大学生心理方面知识的学习。如今的大学生要求别人尊重自己，并希望对自己的命运有主宰权，这是一件好事，它有利于大学生应对未来信息社会激烈竞争的挑战。现代社会不能按照传统的家长制和命令式作风去教育孩子，应充分理解孩子，设身处地站在大学生的角度去思考。此外需要培养孩子具备接受生活挫折的耐受力，当发现子女心情抑郁、心事重重时，父母要高度警惕，及时与学校联系，共同找出缘由，帮助子女解除障碍，减少危险因素。

（四）从人际关系层面讲，需要培养合作意识

当代大学生虽拥有独立处事的能力，但也更容易出现好逸恶劳、高傲自大、骄横任性、孤僻不合群、自私霸道、意志薄弱、缺乏爱心等令人担忧的不良个性。当前，我们需要帮助大学生脱离孤独的生活，要鼓励孩子到群体中去，进而培养他们团结合作、友爱宽容、与人沟通的能力。坚持贯彻朋辈互教、热爱与严格相结合的原则让大学生学会关心他人、拥有独立能力、学会好好生活。

（五）从认知和情感过程来讲，需要全过程密切关注与跟踪

准确认识自杀者的心理特征是我们干预自杀的前提。自杀不仅是一种行为，更是一种心理状态和过程，自杀的压力普遍来自不能满足的心理需要，自杀者的情绪状态通常是无望、无助的，而且自杀者的个人认知状态通常是充满冲突和矛盾的，他们的理解力

或领悟力通常较为狭隘。自杀是有征兆的，如与好友道别、将事情安排妥当、流露自杀意图或表现出痛苦和犹豫等。对于家庭关系良好的人来说，自杀意念可能只是一闪而过，很少发展为真正的自杀行为；而对于家庭关系破裂的人来说，在缺乏社会支持时，自杀念头有可能转变为自杀行为。从干预自杀者意识、情绪、记忆、思维、意志等方面入手，采取灵活多样而富有启发性的手段对大学生进行自杀干涉。

（六）从完善个性化心理素质角度来防治自杀

个性化心理素质教育是心理素质教育新的发展方向，在当代学校教育中占有至关重要的位置，发挥着积极而有效的作用。应该在综合治理的意义上，维护大学生的心理健康，完善并提升大学生的个性心理素质，这样才能更有效、更积极地干预大学生心理危机。对已经发现有自杀倾向的大学生，学校应迅速与家长联系并进行个别指导。应由与大学生关系最密切的监护人反复对大学生进行教育谈话，细心劝说，开导并设法解决具体问题，以切断大学生的自杀念头。对自杀未遂的学生，首要的问题是学校和家庭要一起协力恢复学生的身心健康。最重要的是要弄清楚学生自杀的原因和动机，学校与家人共同商量定出妥善的处置方案。

（七）从兴趣爱好的角度来谈预防大学生自杀

研究发现，大学生自杀者往往没有太多爱好和兴趣，生活也特别平淡，需要社会、学校和家庭对其兴趣爱好进行引导，而这对防治大学生自杀具有重要的积极作用。从小实行积极的兴趣爱好引导在防治大学生自杀方面起着非常重要的作用。兴趣爱好可以更好地帮助大学生接纳自己，适应变化，防止不良情绪的发生。

参考文献：

黄希庭，郑涌. 心理学导论［M］. 3版. 北京：人民教育出版社，2015.
章志光. 社会心理学［M］. 3版. 北京：人民教育出版社，2015.

在“大学生心理健康”课落实“课程思政”实践研究[①]

何　惠[②]

摘要：“大学生心理健康”课是集知识传授、心理体验与行为训练于一体的通识课，旨在提高全体大学生的心理素质，培养大学生积极的心理品质，促进大学生心理素质、思想道德素质、科学文化素质、专业能力素质和身体素质的协调和可持续发展。本研究结合学校实际情况，通过探讨在“大学生心理健康”课的八个专题中植入“课程思政”元素的实践研究，引导大学生升华自我人格特质，理解自己和他人的学习倾向，学会管理情绪和有效沟通，正确处理大学时期的冲突，关爱生命，过有意义的人生。本研究认为，通过思政案例植入的实践探索，构建课程思政案例库，提升大学生对中华传统文化的热爱，增强其文化自信，引导大学生树立正确的价值观，把个人理想和中华民族伟大复兴的中国梦结合起来。思政案例植入与课程内容完美结合，可以成为“大学生心理健康”课堂中一种有效的教学设计。

关键词：“大学生心理健康”；“课程思政”；思政案例库

一、在“大学生心理健康”课程中落实“课程思政”的理论依据和政策导向

2016 年 12 月，习近平总书记在全国高校思想政治工作会议上强调：“要用好课堂教学这个主渠道……其他各门课都要守好一段渠、种好责任田，使各类课程与思想政治理论课同向同行，形成协同效应。”2018 年 7 月，教育部党组印发《高等学校学生心理

① 基金项目：四川大学新世纪高等教育教学改革工程（第九期）研究项目（SCU9145）阶段成果；基金项目：四川省教育厅 2021—2023 年高等教育人才培养质量和教学改革项目（JG2021－69）阶段成果。

② 何惠，四川大学电子信息学院，讲师，主要研究方向为思想政治教育。

健康教育指导纲要》文件指出："心理健康教育是高校人才培养体系的重要组成部分，也是高校思想政治工作的重要内容。"2019 年 9 月，《教育部关于深化本科教育教学改革　全面提高人才培养质量的意见》中明确提出"把课程思政建设作为落实立德树人根本任务的关键环节，坚持知识传授与价值引领相统一、显性教育与隐性教育相统一，充分发掘各类课程和教学方式中蕴含的思想政治教育资源"。2020 年 4 月，教育部等八部门《关于加快构建高校思想政治工作体系的意见》明确要求"促进心理健康"，把心理健康教育课程纳入整体教学计划。2020 年 5 月，教育部出台《高等学校课程思政建设指导纲要》，其中指出课程思政建设内容要紧紧围绕坚定学生理想信念，以爱党、爱国、爱社会主义、爱人民、爱集体为主线，系统进行中国特色社会主义心理健康教育。2018 年 7 月，教育部党组印发的《高等学校学生心理健康教育指导纲要》文件指出，心理健康教育指导思想是"引导学生正确认识义和利、群和己、成和败、得和失，培育学生自尊自信、理性平和、积极向上的健康心态，促进学生心理健康素质与思想道德素质、科学文化素质协调发展"。

思想政治教育的本质是引导人们形成正确的思想和行为，心理健康教育则是促进人的生理、心理完善。把思想政治道德内化为个人品质是个人心理逻辑的运行过程，促使人们采取某种行动是由思维决定的，也就是由心理活动决定的。基于此，"在完成学生向社会人转变的重要时期，对学生的心理、思想、行为进行规范与指导是促进学生建立正确的世界观、人生观、价值观以及道德观，提升心理调适能力的重要途径，以心理学为道德教育的理论基础是高校实现心理和谐发展、道德素养综合发展的必经之路"。大学生心理健康课包含自我成长、理想、意志、道德、生涯规划等内容，与马克思实现人自由而全面的发展是一致的。大学生心理健康课和思想政治教育都是以立德树人为教育目标，目前学界所称的现代思想政治教育已将心理健康教育作为继思想教育、政治教育、道德教育之后的第四个子系统。

高等学校作为为国家和社会培养人才的重要场所，必须紧紧围绕"培养什么样的人，怎样培养人，为谁培养人"这个教育主题，通过价值引领、知识传授和能力培养，通过专业课、思想政治课、公共通识课同向同行，将思政元素充分融入课堂教学各个环节，实现课程思政功能最大化，培养德智体美劳全面发展的社会主义建设者和接班人。

二、在"大学生心理健康"课程中落实"课程思政"的学术研究

近年来，我国各大高校积极贯彻课程思政理念，在各类专业课程如英语、数学、土木工程、财务管理、医学教育等课程中开展"课程思政"实践和研究。在历史上，心理学脱胎于哲学，涉及内容与思想政治教育有千丝万缕的联系，心理健康教育与思想政治教育在育人过程中相辅相成。因此，在讲授"大学生心理健康"课时要将思政元素融入其中，即学生在接收心理健康教育的同时，获得思政教育的积极影响是切实可行的。因此，在如何推进思政元素与心理健康教育融合上，众学者应纷纷探索，发现新的科学研究增长点。

叶海、姜珊等就"大学生心理健康"课与"课程思政"结合的可行性及现状做出研

判；李勇等对二者结合的实效性做出研究；周付安、李千蔚、郭翠翠、张秀琴、代俭英等从思政教育的某一角度探索二者的结合；唐梦瑶、田甜、苗祥波等从“大学生心理健康”课中开展“课程思政”的路径视角探究，如何把“大学生心理健康”课与“课程思政”相结合，探索课程中的思政映射点。

这些学者从不同视角研究了“大学生心理健康”课与思政元素的结合，具有很强的借鉴意义。笔者从“课程思政”在“大学生心理健康”课程中落实的实践视角，探索思政元素案例的植入，并对教学做出具体设计，促进心理健康教育与思政课的有效结合，为课程思政教学提供借鉴。

三、在“大学生心理健康”课程中落实“课程思政”的实践探索

高校学生心理健康教育课程是集知识传授、心理体验与行为训练为一体的公共课程，是大学课程体系的重要组成部分，是进行思想政治教育的主阵地。

结合我校学生的实际情况，大学生心理健康课分 8 个专题共 16 个学时，分别是自我成长、学习心理、恋爱心理、人际沟通心理、情绪管理、常见心理疾病与危机干预、急救知识、生命教育。课程组根据教学内容，充分挖掘思政元素，用每一个专题的不同知识点构建思政元素案例，使教学内容与思政元素融合，从而构建大学生心理健康课程思政案例库，供课程教学选择使用。将课程内容和思政元素紧密结合，构建出既确保学生获得心理健康知识，又保证有正确的价值观引领的协同教学模式，真正达到“立德树人”的目标。

（一）“自我成长”模块

“自我成长”这一模块，教学目的是教会学生识别心理上的自我、现实的自我和生理上的自我，把生活中与“我”相关的概念、观念厘清弄懂不再迷糊，增加学生对“自我”的认识，对比其他同学不同“自我”特征，认识到正是这么多不同的人构成了班级、学校、社会，构成了大千世界。教会学生接纳真实的“自我”，理解不同的人有不同的“自我”，从而促进自我成长。“课程思政”植入点在于教会学生把“自我”融入集体中、融入社会中，通过成语故事“皮之不存，毛将焉附”赏析，引导学生理解个体之所以百花齐放、多姿多彩，正是因为有集体、社会的包容和接纳，我们在保有个性放飞自我的同时，有义务顾全集体及社会的利益。

（二）“学习心理”模块

“学习心理”模块，教学目的在于教会新入学的大学生了解大学生活到底是什么样的，在大学里要学习什么以及如何度过才是有意义的大学生生活。笔者通过邀请学生用脑力激荡的方式，罗列出大学里要做的事情，然后汇总归纳成一朵花的形状，将各种要做的要学的东西填进花瓣并涂上自己喜欢的颜色，就构成多彩的“花样年华”（见图1）。

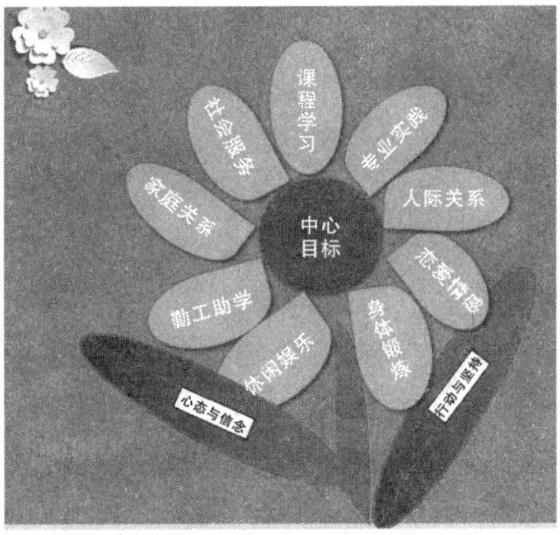

图 1　“花样年华”

大学生在这里把大多数精力投放在大学里具体要学要做的事情上，相互之间的交流更能激发思想的火花，拓宽自己的视野，每个人都要完成五颜六色的花瓣上的目标。当花瓣上的目标完成，笔者并不急于总结，而是让学生看看花瓣是否成为一朵完整的花，学生很容易发现还差叶片。笔者引导学生把“学习的心态和信念，以及在遇到困难时持之以恒的坚持”这两点作为花的叶片，从而丰满了花朵，构成了一朵完整的生命之花。学生展开热烈的讨论，“为何而学、在遇到困难时如何坚持”是学生讨论的重点，这里无需老师赘述，学生自己就会在彼此的思维碰撞中树立高尚的学习目标和增强持之以恒克服困难的动力，思政教育如盐入水润物无声，在不言之处达到教育的目的。

（三）“恋爱心理”模块

“恋爱心理”模块目的在于教会大学生在生命的发展阶段正确对待人生使命。大学，不仅仅是学书本知识，从心理发展阶段任务来看，这个年龄段还有一个重要使命是学会建立和维系亲密关系，为今后步入家庭生活打下心理基础。如何表达爱、如何建立爱的能力、如何处理恋爱中的冲突、如何对待分手，这些命题是大学时期需要去面对和解决的。学生在讨论中很容易把感情破裂归罪于一方，认为 TA 是“渣男”“渣女”。如何引导年轻的大学生正确看待和处理恋爱关系中的矛盾冲突，笔者在传统文化中找寻案例，历史名人卓文君与司马相如的爱情故事很好地诠释了如何维系感情和处理冲突，学生们赏析后纷纷觉得自己才疏学浅，表示要多读经典，提升人文素养，这达到了思政教育的目的。

（四）“人际沟通心理”模块

“人际沟通心理”模块目的在于教会学生理解沟通的要素和学会应用这些要素，从而增强人际沟通的效率。在人际沟通中，语言的效果仅占 7%的比例，语音语调占 38%，而肢体语言占到 55%。教师通过“撕纸游戏”“做改变运算规则的算术题”“让学生跟着老师的口令和示范做相应动作”等课堂活动，通过语音语速和肢体动作引导学生发现，沟通的效果取决于对方，为效果而说不是为了想说而说，要理解一个人，要从多方面入手，不仅仅听他在说什么，更要关注他表达的文字背后的情绪情感和期待。

人是社群动物，有效沟通需要做到以下几点：沟通是为了增加而不是减少对方行动的力量；沟通的前提是和谐的气氛，同时给予对方选择的权利。

本模块的思政元素的前提是沟通双方关系平等。引导学生正确理解大学生的身份不同于中小学生，室友之间、同学之间、师生之间的沟通基于平等的关系，要想达到理想的沟通效果，摆正自己的身份角色是首要要素，应是双方对一件事情展开的讨论交流从而达成合作意向，而不是单方面给对方发通知，引导学生学会以成人的方式与人打交道，减少生活中的不愉快事件发生。

（五）“情绪管理”模块

“情绪管理”模块的目的在于教会学生正确地认识情绪、理解情绪、管理情绪。学生要明白情绪不是由外界的人、事、物决定，而是由本人的信念系统决定的，所以，人是情绪的主人。图 2 展示了情绪产生的路径。

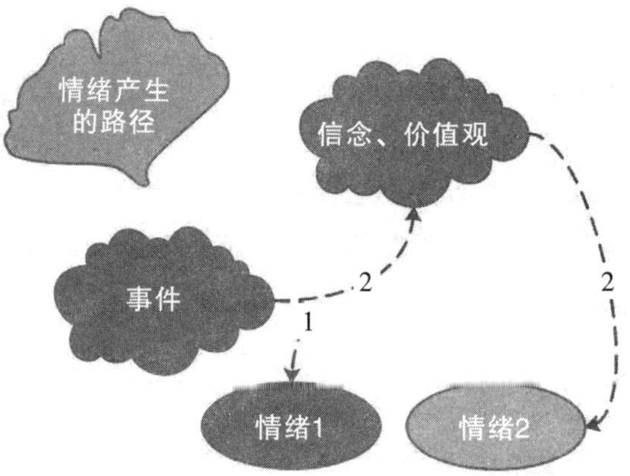

图 2　情绪产生的路径

人们通常以为是某件事让自己难受、愤怒、悲伤等，事实上，情绪来源于人们内在的信念价值观，这个信念价值观表现于外就是人们的态度，也就是说是人们的态度决定对某件事情的情绪反应。笔者用“颜回偷食”的故事引导学生理解情绪的真正来源，得出“事实不等于真相”的结论。此处植入思政元素，教师向学生展示两组图片，组织学生讨论“眼见是否一定为实”？人们往往相信自己所见即事实（见图 3），而真相未必如你所见（见图 4）。引导学生正确对待网络信息，关心国家大事是青年人的责任，我们有义务关注真实的消息，不要被别有用心的人利用，要用正确的价值观自觉抵制网络谣言，做“清朗网民”。

图 3 “事实”非事实

图 4 “事实”和真相

（六）“常见心理疾病与危机干预”模块

“常见心理疾病与危机干预”模块意在让学生识别大学生中常见的心理疾病以及这些疾病的症状特征，学会自查，了解在遇到这样的情形时学会求助以及了解求助的渠道。本模块的思政植入点是在中西方文化对比中增强文化自信。通过举例，部分抑郁症患者失眠症状，以及我国 2000 多年前传统中医经典《黄帝内经》十二经络图解与十二时辰对应的“子午流注”图表，详细解释睡眠与身心健康之间的关系。西方心理学专家在 2019 年的脑知识研究结论显示“人在深睡眠状态下大脑会被脑脊液清洗”，（见图 5）“人们在晚上 10 点至 11 点入睡能降低心脏病风险”。这些所谓前沿的研究结论，其实我国古老的《黄帝内经》里早就提出来了。这样的探讨让学生在文化的对比中了解中华优秀传统文化的博大精深，增强文化自信。

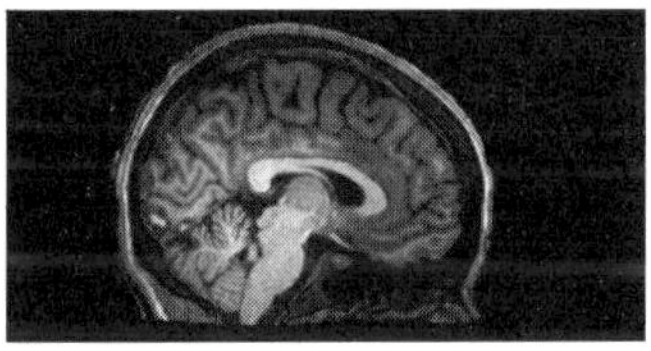

图 5 大脑的清洗模式

（七）“急救知识”模块

“急救知识”模块意在利用学校的医学资源优势，帮助学生了解常见的急救知识以及紧急情况下寻找校园就近的 AED（自动体外心脏除颤器）并学会使用。本模块的思政元素是，掌握一技之长，关键时刻能救人一命。通过播放媒体报道的普通人在身边人遇到紧急情况时如何应对的视频教学案例，如有人用“海姆利希急救法”挽救身边的人于危机之中，有人用人工呼吸手压法挽救溺水者，一幕幕高光时刻让同学们心潮起伏，他们学习急救知识的热情更高。引导学生关心社会、关心他人，“友善”的核心价值观潜移默化地植入学生心中。

（八）“生命教育”模块

“生命教育”模块，意在让学生通过学习了解生命的八个阶段，了解每个阶段都有它的人生使命，上一个阶段为下一个阶段做准备，理解今天的大学生活是为未来的人生做准备。本模块意在教育学生珍惜生命、珍惜时间、努力学习，过有意义、有价值的人生。本模块的思政元素是通过举例说明人生价值的大小取决于服务系统的大小。习近平总书记倡导“人类命运共同体”，用“我将无我，不负人民”作为自己的人生使命，这样的人生是有价值、有意义的。引导学生讨论，作为当代的大学生，自己的人生使命是什么，自己今后将在哪个系统去实现自己的人生价值；最终落实到学校的人才培养目标，升华学生的人生使命，把大学生培养成“具有深厚人文底蕴、扎实专业基础、宽广国际视野、强烈创新意识的国家栋梁”。

（九）第二课堂延伸拓展

“大学生心理健康”课教学效果还应延伸到心理剧、案例分析、征文比赛等课外活动。思政案例库中就有过作业，完善关于“恋爱”的心理剧表演，教师给学生一个脚本，让学生自己组队，并于限时10分钟内演绎不同的结局。学生在准备过程中就是一次心灵和人格的成长，他们会遇到如何组队，如何分配工作，如何协调时间，如何化解矛盾冲突，如何平衡自己和他人的需求，如何分配权利等问题，在相互磨合中，认清自我，学会沟通，理解他人，体谅他人，合理妥协，关心他人，关心集体，共同进步，直接提升“敬业、诚信、友善”的核心价值观，正确认识和处理大学时期的恋爱问题。学生在课后心得反馈中表示，通过对课程内容的反思，利于正确认识“抑郁”“焦虑”等情绪，从容应对生活中的压力事件。鼓励学生从追求“小我”境界的“幸福感”，向追求“大我”境界的“意义感”跨越，在自我实现的道路上，为社会做出更大的贡献。

四、结语

“大学生心理健康”课程中蕴含着大量的思政元素。“大学生心理健康”课程在落实“课程思政”的实践时需要严谨的思政案例教学设计，“课程思政”并不是简单地向学生展现榜样人物、历史成就、热点事件，不是刻板地向学生宣扬价值观，而是需要系统地从认知、情感和行为等视角进行案例的精心设计，“课程思政”元素不能像概念或技能传播那样，通过一次性的讲解完成，而是需要考虑其渐进性和反复性。让学生积极参与第一课堂和第二课堂情景化的表演、讨论、写作，通过对课堂知识和“课程思政”元素的再认知过程，整合认知、情感和行为等要素，达到润物无声的效果，这样的价值观植入才是持久而根深蒂固的，才能成为学生完整个体的一部分，真正达到二者完美结合的教育目的，真正达到“立德树人”的目标。

参考文献：

张烁．习近平在全国高校思想政治工作会议上强调：把思想政治工作贯穿教育教学全过程　开创我国高等教育事业发展新局面［N］．人民日报，2016－12－9（1）．

中共教育部党组．高等学校学生心理健康教育指导纲要［EB/OL］．（2018－07－13）［2022－09－15］．http://www.moe.gov.cn/srcsite/A12/moe_1407/s3020/201807/t20180713_342992.html．

中共教育部党组．教育部关于深化本科教育教学改革　全面提高人才培养质量的意见［EB/OL］．（2019－10－11）［2022－09－15］．http：//www.moe.gov.cn/srcsite/A08/s7056/201910/t20191011_402759.html.

苗祥波．融入思政课程的大学生心理健康教育路径分析［J］．继续教育研究，2021（10）：87－89.

姜姗．大学生心理健康教育与思想政治教育契合可行性研究［D］．锦州：辽宁工业大学，2019.

叶海，张惠，李琛．课程思政框架下的《大学生心理健康》课程设计——基于宜春学院的现状调查与分析［J］．教育现代化，2019，6（87）：288－289，318.

周付安，唐佳．课程思政的教学设计策略：复杂性、渐进性、情景性和社会性［J］．北京教育（高教），2022（1）：61－64.

李千蔚，利振华，刘庆奇，等．课程思政与大学生心理健康：文化自信的中介作用［C］//第二十三届全国心理学学术会议摘要集（下）．［出版者不详］，2021：209－210.

郭翠翠，王双丽．社会主义核心价值观在"课程思政"改革中的价值引领及融入路径——以"大学生心理健康教育课"为例［J］．湖北经济学院学报（人文社会科学版），2020，17（12）：138－141.

张秀琴，张小聪，王冬燕．医学院校"大学生心理健康教育"课程思政的探索与实践［J］．教育教学论坛，2020（49）：74－75.

代俭英．应用型本科院校大学生心理健康教育课实施课程思政的探索与实践［J］．湖北开放职业学院学报，2019，32（22）：103－104.

唐梦瑶．大学生心理健康教育开展课程思政的路径探究［J］．湖北开放职业学院学报，2021，34（6）：90－91.

田甜，冯巧兰，原广华．大学生心理健康课程思政建设路径探究［J］．教育观察，2020，9（37）：19－22.

核心素养培育目标下高校大学生线上心理健康教学研究

——以大学生心理健康教育课程为例

唐加玥[①]

摘要：新型冠状病毒肺炎疫情反复之下，各高校纷纷拓展课程线上教学模式，在做到疫情精准防控的同时不影响课程进度。大学生心理健康教育作为新时代大学教育基础课程，对大学生心理健康起到关键的引导作用。而线上心理健康课程与线下教育形式、技术以及教师角色上都有较大差异。本文以大学生核心素养培育为背景，阐述了线上开展大学生心理健康教育课程与线下开展课程的区别，并分析了线上心理健康教育课程中存在的学生自主性不足、教师信息技术应用能力不足、教学方式转换不适应的困境，并对如何解决这些问题提出了建议，从而为线上心理健康教学提供一定的参考。

关键词：核心素养培育；大学生心理健康；线上教学

一、引言

学生发展核心素养主要指学生应具备的、能适应终身发展和社会发展需要的必备品格和关键能力。2005 年，经济合作与发展组织（OECD）提出核心素养框架，此后欧盟、美国等地区和国家纷纷提出自己的核心素养研究成果，并以此为基础促进课程和教学改革。2016 年，北京师范大学林崇德等组成的课题组正式发布了《中国学生发展核心素养》总体框架，其中包含文化基础、自主发展、社会参与三个方面。而核心素养当中的自主发展和社会参与这两个方面，能够与大学生心理健康教育当中的大学生幸福、情商、智慧人生、心理学智慧等内容在课程体系上有机结合。因此，大学生心理健康教

① 唐加玥，四川大学心理健康教育中心，助理研究员，硕士，主要研究方向为大学生心理健康教育。

育对于培养大学生核心素养具有重要的积极作用，大学生核心素养培育这一目标同时激励着大学生心理健康教育的发展。

面临新冠肺炎疫情，为保障高校大学生生命健康安全，最大程度降低在校学生聚集空间内感染风险，并同时保证教学质量和教学进度，教育部提出“积极开展线上授课和线上学习等在线教学活动，保证疫情防控期教学进度和教学质量”的相关要求。作为大学教育的必修课，大学生心理健康教育课程是公共基础课程体系中不可或缺的重要部分。同时，大学生心理健康教育课程也是培养大学生基本心理健康素养和大学生核心素养的重要阵地。由于其涉及学生范围广且针对性强，在疫情防控期间开展好线上大学生心理健康教育课程成为重中之重，也面临新的挑战。

二、线上心理健康教育教学面临新挑战

与线下心理健康教育教学不同，线上心理健康教育教学面临教学场景的转换，传统的面对面授课转换为以屏幕为中介的“面—屏幕—面”授课。在这种情况下，线上心理健康教育教学在形式、技术和教师角色方面都与线下心理健康教育教学存在较大的差别。

首先，在形式方面，由于采用视频或语音教学的直播形式，学生能够通过留言板、弹幕等方式直接参与互动，发表自身的意见和想法，提升了学生参与课堂互动和反馈的渠道。其次，在技术方面，由于使用线上教学平台和线上教学模式（语音、视频），线上心理健康教育教学很难像线下教学一样直接观察到每一位同学的即时专注程度，出现了一些集中度不足的问题。最后，在线上教学教师角色方面，由于线上教学很难通过测验和即时课堂反馈来体现出教学效果，所以就需要教师更多地将角色向着提供材料、引导、学习协助、兴趣激发的方向转变。

而这样的教学方式所发生的诸多变化，对于大学生心理健康教育这一具体课程而言，则引发了新的问题。大学生心理健康教育这门课程致力于为大学生提供心理危机干预以及日常生活的心理支持，并普及心理健康知识，培育心理健康核心素养。心理健康素养相较于大学专业知识而言，具备一定的抽象性，不稳定且难测量，同时也很难通过课后测验、课前预习等传统方式来提升课堂教学质量和效果。这就要求线上心理健康教育课程教师通过访谈、心理健康问卷等手段对大学生在疫情防控期间的应激状态、焦虑程度、内向需求等心理健康指标进行把握和考量，针对性地调整授课内容和授课方式。

三、线上心理健康教育教学现状及问题

由于前文所述线上线下心理健康教育课程的教学差异，要求线上心理健康教育课程创建更契合于线上模式的心理健康教育教学框架和体系。以笔者所在的学校为例，目前线上大学生心理健康教育教学实行慕课课程、课堂直播、微信公众号第二课堂的多种方式并举。

大学生心理健康教育慕课课程将课程提前录制好后，根据课程内容和逻辑将其划分为不同的小节并配以章节作业和期末测试，还添加了学生自评和互评环节。大学生心理健康教育慕课课程的优点是最大限度地保留了心理健康知识体系，对心理健康理论内容学习大有裨益。同时，学生能够自主决定学习开始和结束的时间，将心理健康线上课程学习时间在日常生活当中灵活安排。然而，线上录播课程存在固有弊端，在大学生心理健康教育慕课课程中，心理健康教师向学生单向输入课程知识，存在师生互动度不足、无法掌握课堂动态等问题，对学生自主学习能力要求较高。

心理健康教育课堂直播是线上教学当中最为常用的方式，课堂直播可以提前设计好小组合作的高阶学习活动来利用课堂即时开展。这一方式能够弥补慕课课程互动不足的问题，优点在于通过语音、视频、留言、弹幕等方式最大限度地还原甚至放大师生互动，能够开展互助学习、角色扮演等体验式心理教学活动，有效承接了大部分线下教学的学习体验。但是，心理健康教育课堂直播教学效果受到教师课堂控制能力、表达能力以及信息技术设备等外部因素影响较大。线上课堂直播时常出现设备问题如杂音、信号不好，导致课堂中断、无法连接等诸多因素都会影响课堂教学效果。

微信公众号第二课堂通过公众号发布心理测试、心理学知识图文、活动宣传等内容。作为一种第二课堂形式，微信公众号第二课堂通过富有吸引力的活动形式，提升学生对于线上心理学课程的理解和参与度。相较于传统的第二课堂，线上第二课堂中各种评比活动参与简便、时间灵活化且传播范围较广，更加符合信息时代学生对于第二课堂的期望。但微信公众号第二课堂存在的问题是内容碎片化且对活动和测试内容设计等要求较高。

四、线上心理健康教育教学效果提升策略思考

线上心理健康教育教学三种方式各有优缺点且能够互为补充。因此，大学生心理健康教育课程的线上教学可以通过“慕课网页、慕课 App”＋“腾讯课堂、腾讯会议”＋“微信公众号”的综合方式进行，发挥不同线上心理健康教育课程教学形式的融合效应：第一，建立慕课网页、慕课 App，进行线上课程资源建设、开展线上教学评价、打造线上线下融合式教学；第二，利用“腾讯课堂”“腾讯会议”等进行线上直播、打卡、分享；第三，通过“微信公众号”进行资源共享、图文推送、心理测试发布。此外，线上心理健康教育教学需结合现实背景和课程特点，从课程内容、课程互动方式、课程考核三方面进行改进，从而实现教学效果的提升。

在课程内容方面，应当调查新冠肺炎疫情防控期间学生心理健康的真实状况和他们的应激情况，并了解学生对线上心理健康教育课程的需求和意见。可以采用心理健康热线、心理健康问卷、心理健康访谈等方式来获取所需数据，从而对学生心理健康整体状况有一个较为清晰的把握，在此基础之上针对性地对课程内容进行改良和创新。通过课程内容实时回应学生心理健康的困惑与需求，因为不同年级、不同阶段大学生所面临的课程、就业和生活压力情况并不相同，所以也应当设置多元化的、差异化的课程内容，以尽量满足不同情况下学生的心理健康需求。

在课程互动方式方面，应当充分利用线上心理健康教学平台——慕课、线上课堂和心理健康微信公众号，及时采集和解答学生心理健康困惑、发现心理健康危机并进行介入干预。在慕课平台应当实时查看留言并积极回复，加强与学生的平台互动；在线上课堂应当成立学习小组微信群，鼓励学生之间进行讨论和互动，运用心理健康知识推动“助人互助、共同成长”心理健康目标的实现；而在心理健康微信公众号上则可以发布相关信息、推文，提供趣味及专业心理测试来提升学生的公众号活跃度和参与水平。

在课程考核方面，线上心理健康教育的课程考核方式也应当摒弃传统课程考核方式，将多种参与线上心理健康教育课程和第二课堂的内容活跃度都计入课程分数计算当中。将心理健康知识放到在线平台考核，注重过程性评价，以小组为单位合作完成心理情景剧剧本续写和展演，以“活题”考核学生心理调适及解决实际问题的能力，让学生忙起来，提升课程学习的深度，引导学生自我成长。这种创新考核方式，避免了枯燥的灌输式教育，让学生在快乐活动中学，情感体验强烈，是学生喜闻乐见的心理教育活动，有利于帮助学生实现心理自助和朋辈互助，也进一步强化了课程教育效果。

参考文献：

核心素养研究课题组. 中国学生发展核心素养［J］. 中国教育学刊，2016（10）：1－3.

教育部. 关于在疫情防控期间做好普通高等学校在线教学组织与管理工作的指导意见［EB/OL］.（2020－02－05）［2022－09－15］. http://www.moe.gov.cn/srcsite/A08/s7056/202002/t20200205_418138.html.

王彬，李伟威. 线上线下混合式教学的高职生心理健康课程设计［J］. 牡丹江教育学院学报，2020（12）：100－101.

龚素瓅，张祖品，岑俊静，等. 线上线下有机结合的“大学生心理健康教育”课程教学改革［J］. 浙江理工大学学报（社会科学版），2019，42（4）：430－435.

陆建兰. 微课程视阈下大学生心理健康教育课程改革探析［J］. 广西社会科学，2017（12）：207－209.

现象与反思：大学生“空心病”的心理归因及应对

李 慧[①]

内容摘要：近年来，我国大学生群体中的“空心病”现象呈上升态势，笔者在多年的大学生心理健康教学及咨询的实践中，对日渐增多的“空心病”现象也颇有感触。本文侧重从“空心病”产生的心理因素入手，探讨社会环境、家庭教育、需求动机、情绪情感、自我认同等内外部因素，进而提出有针对性的应对策略，以期对大学生中潜在的、已经发生的“空心病”现象的预防和干预起到一定的指导作用。

关键词：大学生；“空心病”；成因分析；应对策略

一、大学生“空心病”的提出及表征

（一）概念的提出

“空心病”，又称价值观缺陷所致心理障碍[②]，是近年来我国高校部分大学生正在遭遇的一种因理想信念、价值取向的偏差或缺失而导致的心理健康问题。

北京大学心理健康教育与咨询中心副主任、总督导徐凯文在题为《时代空心病与焦虑经济学》的主题演讲中指出：北京某大学四成新生认为活着没有意义。他做了一项关于该校学生的调查，结果显示：北京某大学一年级的新生中，有30.4%的学生厌恶学

① 李慧，四川大学轻工科学与工程学院，讲师，主要研究方向为大学生心理健康、思想政治教育、党务行政管理等。

② 徐凯文提出“空心病”一词，在心理学影响较大。笔者认为“空心病”的核心问题是否为“价值观的缺失”，还有待商榷。“空心病”的个体往往表现为对之前的价值观的“反叛”，还未找到一种新的价值取向。也有学者提出“空心”并非一种病症，而是一种状态。此概念的提出基于实践经验，尚处探索阶段，目前还很难下精准的定义。

习，或者认为学习没有意义；有 40.4%的学生认为活着没有意义，有更加极端的学生选择了自杀。据此，徐凯文提出了“空心病”一词。他总结“空心病”是由于大学生自身价值观缺陷导致的一种心理障碍，症状表现为觉得人生毫无意义，对生活感到十分迷茫，不知道自己想要什么。“空心病”一词形象地概括了一些大学生因无法准确定位自我，认知自我、缺乏持续奋斗的动力，而表现出迷茫、无助甚至想要放弃生命的现实问题。

（二）表现特征

“空心病”不是一个严格的诊断标准，在症状上主要表现如下：

强烈的孤独感和无意义感。“空心病”的核心特点表现为情绪低落、兴趣减退、快感缺乏。但是和典型的抑郁症不同的是，所有这些症状表现并不十分严重和突出，部分“空心病”的个体表面上看似忙碌充实，涉猎广泛，有些还是班级、学生会干部，任务完成得也还不错，但只是机械被动甚至麻木地去完成校院交办的任务。他们生活没有目标，没有方向，感觉人生没有意义，搞不清自己到底想要什么，很难真正体会到快乐幸福，常会感到孤独。

部分“空心病”的个体有较强的自杀意念，这种意念源于他们对生活无意义的强烈感知，不知自己为什么而活。他们认为自己付出了比常人更多的努力，终于考上了大学，可真正到了大学，又感觉“大学也不过如此”，他们疑惑当初拼尽全力是为了什么，“我的下一个目标在哪里”“人生到底该走向哪里”，这些问题不断困扰着他们，觉得很“空”，做什么事都提不起劲，好多事情感觉是被动完成，缺乏自主性、自觉性、积极性。

“空心病”作为一种心理障碍，其产生的时间周期长、频率高。大部分学生在中学时期就已经出现心理障碍，甚至有些有过自杀的尝试性行为。而参照抑郁症通常的生物治疗，针对“空心病”的疗愈效果并不明显。

二、大学生“空心病”的心理成因

（一）社会因素：理想信念的缺失

目前大学生在物质和精神层面的诉求已然发生了变化。日益增长的生活成本如教育消费、高昂的房价等使一些人发生“异化”，片面认为社会财富的多寡是衡量一个人是否成功的重要标志，一些大学生便认为即使上了好大学，也不一定找得到好工作，他们看不清未来，心也就空了。加之，良莠不齐的网络文化对大学生“三观”的深刻影响，自我认同受到破坏，内心缺乏远大理想的引领，缺乏崇高坚定的信念。按照弗洛伊德的人格理论[1]，“空心病”的大学生正处于“超我”还未构建，“自我”迷失，而“本我”泛滥的阶段。

（二）教育因素：功利性教育的偏差

在学校应试教育的考试模式下，社会、家长更多关注的是分数，教育的功利性让学生在激烈的竞争中取得优势进而生存下来，而个人的兴趣爱好、情操的陶冶常常让位于学业目标，对于如何规划自己有意义的人生，如何在面临挫折时不退缩、不放弃，去行动、去改变，构建自己想要的生活，活成自己想要的模样却成了一个大问题。在个体功利性目标初步达成之后，很多问题便在大学期间集中爆发出来。当学生发现理想与现实之间存在巨大的差异时，感到迷茫、困惑，同时，又缺乏解决问题的能力，典型的表现为之前“为别人而活”到不知如何“为自己而活”。

（三）心理因素：自我认同的错构

需求与动机：在物质层面的需求得到基本满足之后，大学生心理方面的需求显得尤为迫切。比如，渴望得到外界的认可和赞同，尤其是“空心病”大学生，他们做事情，很多时候都是为了得到父母、老师、同学的认可，满足他人的期许，却无法真正体会学习、工作、生活的快乐。按照马斯洛的需要层次理论，“空心病”大学生缺乏归属感、爱和自我实现的成长性需要，心理需求无法得到真正的满足。此外，“空心病”的个体往往缺乏自主性动机，即在行动中自我决定和掌控的能力，不愿意尝试一些有挑战性的任务。

情绪情感：“空心病”的大学生道德情感较为淡漠，在这一情感支配下进行的各种实践活动呈现出模糊与消极的特征，在情感体验上多表现为强烈的孤独感和疏离感，人际交往上“不信任、不确定”，让他们难以与人建立深层次的情感联结。另外，焦虑也是导致大学生“空心病”的重要因素，大学生被学业、就业、社交、恋爱等各种焦虑烦躁的负面情绪困扰。

自我认同：“空心病”的大学生缺少崇高的理想和坚定的信念，他们的理想来自父母的理想，他们的信念源于师长的坚持和督促，他们的兴趣爱好、人生目标大多按照父母师长意愿所塑造，而非始于内心热爱。对于这一部分大学生而言，他们往往不知道自己为什么而活，缺少对自我的准确认知与评价，对于未来应成为什么样的人缺少清晰定位。他们极力维持在老师和同学面前的“优秀”形象，渴望被认同，对外部因素过度依赖，还未发展出自我认同。一旦其目标有实现，支撑其认知和行为的外部认同便日渐式

---

[1] 奥地利著名精神分析学家弗洛伊德提出“三部人格结构说”，认为人格分为三大部分，本我、自我和超我。本我位于人格结构最底层，由原始的本能和欲望组成，遵循“快乐原则”；自我处于人格中间层，是由本我分化出来的，协调本我和超我，遵循“现实原则”；超我位于人格结构最顶层，从自我分化出来，是儿童对父母的道德观念及理想信念的认同与发展，遵循“道德原则”。心理健康是“三个我”的和谐统一。

微，大学生便逐渐陷入生命意义的丧失、内心状态的空虚。埃里克森的自我同一性理论①告诫我们，当个人的理想自我与现实自我之间不协调、不统一时，会产生各种心理冲突和心理疾病。

三、大学生“空心病”的应对策略

（一）构建“大思政”格局，将理想信念教育与思想政治教育深度融合

有效应对大学生“空心病”，建立有意义感和存在感的核心价值观，用与时俱进的价值理念和入脑入心的理想信念教育引导大学生刻不容缓。一是认真贯彻“课程思政全覆盖”的要求，充分发挥课堂教学育人的主渠道作用。以思政理论课、思政实践课、思政特色课为主，在通识核心课程、专业课程、创新创业课程、实习实训环节中融入思政教育内容，构建大思政理论课程体系，培养学生树立远大理想，正确认识人生意义；从全面提升学生的综合素质入手，围绕哲学、历史、艺术、文化、心理等方面的内容，开设高质量的通识核心课程，让理想信念教育如春风化雨般滋润学生的心田；将思想政治教育融入实践，形成协同育人效应。二是着力打造“三全育人”——全员育人、全过程育人、全方位育人的人才培养模式，在大学宽松自由的氛围里，充分发挥学生“天性”的同时又不失方向目标的引领。

（二）构建以“人的全面发展”为目标的心理辅导及咨询的评价体系

心理辅导包括大学生心理健康课程、心理学讲座、心理活动主题班会、辅导员面谈、心理咨询、朋辈互助等方式。从纵向来看，这样的辅导必须贯穿于大学阶段，甚至扩展至研究生阶段。每一个阶段、每一个年级的侧重点有所不同，例如，在大一的适应性教育中，有意识地培养学生从“唯分数论”中走出来，适应大学全方位育人的理念，从单一的价值判断到多元问题的解决能力，并在这种能力中提升自我认知的能力。在大二的习惯养成性教育中，有意识地培养学生建立良好的生活、学习、工作习惯，并从中体会“自觉、自律、自省”的快乐，发展“悦己”的方式和途径，进而更加悦纳自我、认同自我。在大三的职业规划中，有意识地培养学生分析自我、解决问题的能力。读研还是就业，这是大多数个体在这个阶段面临的现实焦虑，如何做出适合自己的选择，除了情绪的疏解，更重要的是“行动”，是解决问题的能力。在大四的毕业季，有意识地培养学生正确看待成功与成才、正确看待一些社会现实问题，学会一些与人沟通的策略技巧，从对大学的“适应”转变为对社会的“适应”。

为“空心病”学生提供心理“滋养”，还包括在涉及学生切身利益的事情上充分听取学生的意见和建议，鼓励他们积极参与决策过程，真正做到“以生为本”。在对学生

---

① 自我同一性（Self-Identity）是美国精神分析学家埃里克森提出的一个概念，指个体在过去、现在和未来这一时空中对自己内在的一致性和连续性的主观感觉和体验，以及他人所知觉到的个体的一致性和连续性，是个体在特定环境中的自我整合，是人毕生追求的心理社会发展任务。可简单理解为理想自我与现实自我是协调统一的。

的评价指标上，对学生努力的过程给予更多的肯定和鼓励，传递给学生“成功是一个过程，而非一个结果”的理念，进而增强学生的自我控制感和自我胜任感。

在“空心病”的咨询方案上需“一人一案”，在归因、程度上都不能一概而论，要具体问题具体分析，有针对性地制定方案，对一些可能发生的极端事件做到早发现、早应对、早干预。值得一提的是，当今世界是互联网高度发达的信息时代，要做好大学生的心理健康教育工作，还要顺应时代的发展，充分利用新媒体的力量，以大学生喜闻乐见的方式开展心理健康教育和咨询。

（三）构建网格化的心理健康支持系统

以寝室为最小单元，构建朋辈心理支持系统，对于及早发现的一些心理危机事件，进行预防和干预显得尤为必要。寝室长作为基层学生干部，是学生工作的“眼睛”，对寝室同学的问题，应及时报告辅导员，辅导员根据问题轻重作出基本判断，作出是否启动心理危机的“全链条”工作程序的决定。此外，通过组织高质量的班团生活，充分发挥学生的自主性，增进彼此的了解和信任，提升自我的效能感和意义感，增强集体的归属感。当然，加强对学生干部的培训，是构建网格化、全方位育人题中应有之意。因此，应构建寝室长、班团干部、辅导员、班主任、导师、督导、教导员等“多位一体”的心理健康支持体系，实现全员育人、全过程育人、全方位育人。

此外，家校密切配合，形成育人合力。家庭往往是预防学生危机事件的最后一道防线。如前所述，“空心病”的产生，与家庭有密不可分的联系，原生家庭对学生的理想信念、价值观、生活态度、兴趣爱好，特别是情绪情感体验、感受、表达等多方面都有非常重要的影响，与原生家庭的沟通对我们深入理解“空心病”学生的内心世界，进而制定有针对性的预防干预措施非常重要。

参考文献：

徐凯文．“空心病”也是一种心理障碍［N］．大众卫生报，2017-7-25（16）．

金玉熙．弗洛伊德人格结构理论对大学生“空心病”现象的启示［J］．教育现代化，2018，5（34）：244-246．

陈建俏．高等院校大学生“空心病”心理危机的理解与化解［J］．校园心理，2021，19（5）：447-449．

徐伟，王云峰．当代大学生价值观缺失与重构——基于中国高校“空心病”现象的思考［J］．石家庄学院学报，2020，22（3）：136-140．

“内卷”与“躺平”：当代大学生心理成长的两个突出面相及其应对策略①

胡余龙②

摘要：当代大学生的心理成长呈现出许多不同以往的特征，“内卷”与“躺平”是其中较为突出的两种面相，表征了当代部分大学生焦虑的事实。“内卷”与“躺平”都是曾经风行一时的网络流行词，就高校现状而言，这两个词语的实质均指向当代部分大学生面对日趋激烈的校园竞争所采取的根本态度，“内卷”意味着过度竞争，“躺平”意味着放弃竞争。想要妥善处理“内卷”与“躺平”给大学生带来的不良影响，有效的应对策略是引导大学生，培养和增强他们的心理自助能力。

关键词：“内卷”；“躺平”；当代大学生；心理成长

毋庸讳言，任何时代的高等教育都必然要面对如何处理大学生在心理成长过程中遇到的各种问题，只是不同时代下的大学生心理成长面相不尽相同而已。当代大学生的心理成长呈现出许多不同以往的新特征，“内卷”与“躺平”便是其中较为突出的两种面向，表征了当代部分大学生焦虑的事实。

随着中国社会的不断发展以及相关认识的持续提高，“如何解决我国高校青年大学生的心理困惑和有效疏导心理问题，培养青年大学生良好的心理素质，已成为我国高等教育界的重点热点问题”。在这种情形下，当众多大学生不约而同地使用“内卷”与“躺平”来描述自己在大学生活中的现实处境与应对态度时，高等教育界乃至社会各界需要引起足够的重视。因为这种心理现象的出现表明有许多地方值得我们深思，它涉及的不仅有高等教育中的问题，还有社会发展中的弊病。

---

① 本文系四川大学新世纪高等教育教学改革工程（第九期）研究项目“文学类课程思政建设与本科生核心竞争力提升”（项目编号：SCU9063）、教育部基础学科拔尖学生培养 2.0 研究课题“本科生－研究生学习共同体研究”（项目编号：20212077）的阶段性研究成果。

② 胡余龙，四川大学文学与新闻学院，讲师，文学博士，主要研究方向为现代中国文学与文化、高校思想政治教育。

根据人类文明发展史的普遍特征，经济社会的持续高速发展必然会衍生出各种心理问题，这是现代社会无法回避的一种“现代病”。尤其是20世纪90年代全面实行市场经济体制以来，中国迎来举世瞩目的经济腾飞，同时也面临着巨大的发展压力。这种压力给国人带来的影响是显而易见的，心理问题乃至精神问题严重，人们对相关话题的认识却没有及时跟进，使得局面变得不容乐观，“早在2009年年初，中国疾病预防控制中心精神卫生中心公布的数据显示，我国各类精神疾病患者人数已超过1亿，而公众对精神疾病的知晓率尚不足5成，就诊率则更低”。

大学作为一个“小型社会”，既有校园的简单纯粹与真诚美好，也有社会的人情世故，身处其间的大学生一方面沐浴在健康、和谐的校园文化氛围中，另一方面饱受“现代病”的困扰，学业、生活、家庭、社交、恋爱、毕业、就业、升学、实习等方方面面的压力扑面而来，他们难免会滋生出多种多样的负面情绪。在此种形势下，将心理健康教育工作视为高校人才培养的重要组成部分，已然成为高等教育界的一种共识。

如上所述，大学生的负面情绪通常都有其来源，并不是凭空产生的，我们需要充分认识其规律与特征，在理解的基础上对大学生进行适当地指导。一般来说，大学生的情绪具有“两极性”“内容丰富多彩”“矛盾性”等特点，负面情绪主要包含自卑、抑郁、嫉妒、焦虑、恐惧等类型。这些负面情绪会在一定程度上限制大学生的行动能力、执行能力、规划能力，消耗他们进行独立思考、完成各项任务、实施学习计划的时间和精力，甚至会损害他们的身心健康，消磨他们的自信心和学习、生活动力。这些负面情绪以多种多样的形式表现出来，“内卷”与“躺平”便是其中比较常见的两种类型，它们日渐成为部分大学生的焦虑来源与前进阻力。

“内卷”与“躺平”都是曾经风行一时的网络流行词，它们的流行有着复杂的现实原因，折射出当今社会、经济、文化等的某些景象。就高校现状而言，“内卷”与“躺平”明显是一对反义词，这两个词语的实质均指向部分大学生面对日趋激烈的竞争所采取的根本态度，“内卷”意味着过度竞争，“躺平”意味着退出竞争。从本质上讲，“内卷”与“躺平”都不是健康的、积极的、可持续的心理状态，不利于大学生的长远发展。

通常而言，大学生的“内卷”主要分为两种类型，一种是“卷别人”，即制造和传播焦虑，影响别人；另一种是“被别人卷”，即接收焦虑，被别人影响。对于大学生来说，“内卷”的“内”并非是指个体内部，而是指高校内部。因此，“内卷”在多数情形下指涉大学生与大学生之间的过度竞争，把学习视为赶超别人、获得认同的一种外放性行为。而学习在多数情形下其实是一种具有个性化色彩的内在性行为，尤其是在进入大学以后，检验学习成效的主要标准不再是考试分数或者成绩排名，而是个体在不同阶段的学识水平和进步幅度。对学习的理解偏差导致部分大学生陷入“内卷”的怪圈里，太过在意他人的做法与进展，难以聚焦于自身的实际情况、大学规划和学习能力，容易产生焦虑、浮躁、苦闷等负面情绪。

大学生的“躺平”也主要分为两种类型，一种是精神不“躺平”而行为“躺平”，也就是实际付出的努力不能匹配自己设立的目标，这种“半躺平”的情形容易滋生沮丧、嫉妒、郁闷等负面情绪；另一种是精神“躺平”且行为“躺平”，也就是完全意义上的“躺平”。一般而言，“半躺平”的情形更为常见，尤其是在平台较高、氛围较好、机会较多的学校中，毕竟大学生都是经过十余年寒窗苦读才成功通过高考这座独木桥的考验，他们大多还是对自己的未来有所期待的，然而他们又不是那么愿意再像中小学时期那样刻苦用功，于是精神不“躺平”而行为“躺平”的“半躺平”现象就比较常见了。

通过分析“内卷”与“躺平”的基本内涵和主要类型，可以看到虽然它们的表现形式不一样，但是它们指向的核心问题带有高度一致性。我们可以从大学生心理危机的角度进一步认识“内卷”与“躺平”的内核。按照心理学家布拉默的划分方法，大学生心理危机包括“情境性危机（Situational Crisis）”“发展性危机（Development Crisis）”“存在性危机（Existential Crisis）”三种类型。根据以上对大学生心理危机的种类划分，“内卷”与“躺平”应该被归入“发展性危机”之中，它们都指向大学生在个人发展过程中遇到的困难、产生的情绪以及应对的态度。

大学生的“发展性危机”涉及学业、就业、实习等多个方面，而造成“发展性危机”的原因是多种多样的。以大学生的学业为例，“从大学生心理活动的作用来看，其学习活动的心理结构由学习动力、学习能力和学习的自我评定能力构成”，当学习动力、学习能力、学习的自我评定能力中的任意一个环节出现问题时，大学生的学习活动就会受到影响，取得的学习效果往往差强人意。事实上，对于当代大学生而言，不仅学习活动是如此，就业、实习、社交等其他活动也是这般，动力、能力、自我评定三个方面缺一不可，“内卷”与“躺平”的出现便来源于此。其中，自我评定尤其重要，它显示出个体是否具备独立思考的能力。在互联网如此发达的今天，大学生拥有众多随时随地获取信息的便捷渠道，他们已经习惯了知乎、微博、小红书等商业性 App 为他们源源不断地提供各类信息，他们缺少的不再是获取信息的能力，而是获取有用信息的能力。想要获取有用信息、筛选无用信息、屏蔽干扰信息，就需要拥有强大的独立思考能力和牢固的独自前行定力，而这恰恰是当前大学生缺乏的素质。从这个层面来讲，“内卷”与“躺平”成为当代大学生心理成长过程中的两个突出面相，折射出现代信息技术对人类的“异化”。

如果大学生能够将主要精力聚焦于自身的提升与砥砺中，那么诸如“内卷”“躺平”之类的现象很难从根本上动摇他们的想法与行动。换而言之，“内卷”与“躺平”这两个网络流行词不应该如此频繁地出现在大学生的日常表达之中，这种情形的出现表明大学生对社会运行机制和个人成长规律的认知出现了误差。尽管大学生愈发习惯用“内卷”“躺平”这类词汇来形容自己在大学时代面临的各类压力，但是这种现象折射出大学生对激烈竞争的畏惧、对勤学奋进的逃避以及对跳出舒适圈的不舍。

当代大学生需要充分认识一个朴素而古老的事实：竞争是无处不在、无时不在的，无论个体摆出何种理由或说辞，都需要面对接踵而来的种种竞争及其带来的重重压力。自然界充满了竞争，优胜劣汰、适者生存是其基本生存法则，朝不保夕、弱肉强食是其司空见惯的悲剧性事实。人类社会同样充满了竞争，只不过现代文明赋予了所有人基本的生存权利，人们总能在其中找到一个属于自己的、能够存活下去的位置。因此，无论类似“内卷”“躺平”这种说辞看似多么合理、多么动听，都不能帮助大学生隔绝竞争，也不能指引他们变得更好。总而言之，他们既要警惕形成内耗的“内卷”，也要拒绝浪费光阴的“躺平”。

对于当代大学生而言，实现每一个目标都需要付出相应的努力，“躺平”不仅不能帮助获得舒适的生活，反而会蹉跎宝贵时光，消耗发展潜力。作为有理想、有抱负、有追求的当代大学生，应当直面“内卷”现象及其背后的社会文化语境，敢于跳出现有的舒适圈，无限丰富其精神，适当简化其物质，甘愿为了手上的各项事务、心中的各种目标锲而不舍地辛勤耕耘。

以上述观点作为认识基础，大学生应该会对“内卷”与“躺平”有不同于过往的理解。进而需要追问的是：大学生应当如何妥善处理“内卷”与“躺平”带来的不良影响？想要解决这个问题，最为有效的应对策略还是得从大学生自身入手，引导大学生培养和增强心理自助能力显得至关重要。

在当代大学生心理成长过程中，心理自助能力具有不可替代的重要作用。通常来说，心理自助能力包括“心理健康维护能力”“心理问题调节能力”“心理危机应对能力”，这种能力“有助于大学生发掘自我潜能、培养积极品质、达成自我实现”。对于大学生而言，尽管有家人、老师、朋友的帮助与疏导，但他们更多时候需要习惯独自承受生活的风雨、挫折与不顺，也需要学会独自纾解情绪、调整状态、平复心态，这种心理自助能力是他们必须练就的一种生存能力，不仅有助于他们从“内卷”与“躺平”的焦虑中挣脱出来，而且对他们的漫漫人生亦有益处。

心理自助能力分为多种类型，其中，引导大学生确立“选择原则”颇为重要。所谓“选择原则”，是指“既然自身资源是有限的、稀缺的，人的需要又是无限的、发展的，我们就应该根据此时此地的情况做出最有效率的选择，要么想尽办法去满足心理成长的需要，要么放弃某些心理成长需要的满足，而不是在矛盾的心理周围徘徊”。“选择原则”强调的是大学生应当明确自己内心的主要诉求，做到适时地舍弃，学会正确地抉择，并且愿意为了自己的人生规划而持续不断地辛勤付出，不被外在因素或其他选择干扰，坚定方向，咬定目标，守正初心。

引导当代大学生在心理成长过程中尽量减少“内卷”与“躺平”带来的负面影响，关键在于如何帮助大学生认识到他们在心理成长过程中的主体性作用与主导性地位。如果大学生能够充分意识到自身的潜力、水平与局限，并且积极主动地提升和完善自己，不为外界所动，不被他人干扰，谦虚、谨慎、勇敢地阔步行走在自己认准的道路上，那么他们迟早会成为理想的自己，而不必为他人的人生背书或者为自己的人生叹惋。

参考文献：

侯栋梁，洪少春. 高校辅导员心理辅导能力培养路径探索［J］. 山西大同大学学报（自然科学版），2021，37（4）：118－121.

徐东兴，赖海雄. 心灵的优化与重建：大学生常见心理问题及应对策略［M］. 武汉：武汉大学出版社，2015.

秦玉刚，高颂华. 大学生心理成长与成才［M］. 东营：中国石油大学出版社，2006.

刘启刚. 大学生心理危机干预机制的建构［J］. 青年探索，2006（5）：24－26.
张渝成，潘绿萍，刘雪梅. 大学生心理健康与成长［M］. 重庆：重庆出版社，2007.
栾海清. 大学生心理自助能力形成路径及培养机制研究［J］. 江苏高教，2016（4）：119－122.
黄展. 论大学生心理成长需要与自身资源的有效配置［J］. 北京教育（高教版），2008（6）：54－55，64.

我国大学生心理健康研究热点与展望

——基于CSSCI来源期刊文献的知识图谱呈现

陈萱源① 赵 婧②

摘要：探究我国大学生心理健康研究热点并发现当前研究中存在的问题，以期不断促进该研究领域的纵深发展。本文以723篇CSSCI来源期刊文献作为研究样本，通过文献计量的方法分析大学生心理健康领域的基本研究概况和研究热点，并利用CiteSpace软件绘制知识图谱，以可视化的方式呈现结果。我国大学生心理健康研究存在跨领域研究不足、核心作者群尚未形成等问题，当前研究热点主要集中在现状调查研究、特殊群体研究、干预实践研究三个方面，未来可以在拓宽研究领域、加强合作研究、探索新技术应用等方面进一步发展。

关键词：大学生；心理健康；知识图谱；文献计量

大学生作为未来社会发展的中坚力量，正处于人生观、价值观、世界观形成并稳定发展的关键时期，而该阶段他们又面临着学业、就业、适应社会等各方面的压力，这些压力可能导致大学生产生心理健康问题。心理健康问题是影响学生的个体发展和校园稳定的重要因素，我国学者围绕相关主题展开了丰富的研究。本文基于历年来CSSCI来源期刊文献的分析，探究我国大学生心理健康研究热点并发现当前研究中存在的不足，对不断促进该研究领域的纵深发展具有重要意义。

一、数据来源与研究方法

中文社会科学引文索引（Chinese Social Sciences Citation Index，CSSCI）是我国

① 陈萱源，四川大学公共管理学院，助理研究员，管理学博士，主要研究方向为大学生心理健康教育、思想政治教育。

② 赵婧，四川大学公共管理学院，硕士研究生，主要研究方向为知识管理。

人文社会科学领域最权威的数据库之一，该数据库中收录的文献质量较高，可以更好地反映领域的价值主题，故本研究选取CSSCI来源期刊文献作为数据来源。以CNKI（中国学术期刊网络出版总库）中的CSSCI数据库为数据检索平台，以“心理健康”和“大学生”为检索主题，时间限制为“所有年份”，共检索出2808篇文献，发现健康服务、情感认知等具体研究问题会被检索系统自动纳入该领域范畴，还需做进一步的筛选。经过再次的主题筛选，并排除会议、新闻报道、编辑材料等之后，最终得到723篇文献作为研究样本。本研究主要采用文献计量的方法对723篇文献进行分析，并借助CiteSpace软件生成作者合作网络、关键词网络，绘制其知识图谱，将结果可视化。

二、大学生心理健康教育研究基本情况

（一）发文趋势

本研究将文献样本进行归纳统计，得到我国大学生心理健康研究的发文趋势图，如下图1所示。可以发现国内有关于“大学生心理健康”主题的研究最早开始于1998年，到目前为止已有24年的发展历程，总体来看，该领域研究热度呈现“上升—下降—稳定”的趋势。2008年，该主题研究热度最高，达到峰值69篇，此后该领域研究的热度呈现明显的下降趋势，于2016年后趋于稳定。

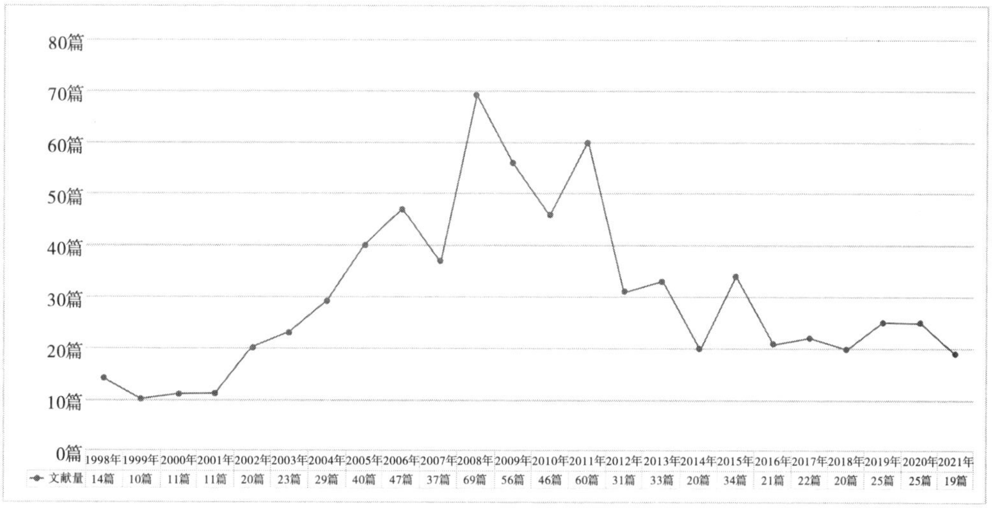

图1　大学生心理健康相关研究发文趋势图

（二）研究领域分布

本研究将样本文献当中的中图分类号进行归纳统计（见图2），以直观反映该领域的学科分布情况。可以发现，我国大学生心理健康研究的学科领域主要集中在教育学和心理学两大学科，说明该领域研究的专业化和集约化程度较高，其中极少数文献分布在医学心理学、图书馆学、社会学学科领域，约占总量的5.2%。大学生心理健康是一个

涉及教育、心理、社会、政策等的交叉领域，同时也是社会关注的热点话题，未来该领域的跨学科研究还有待加强。

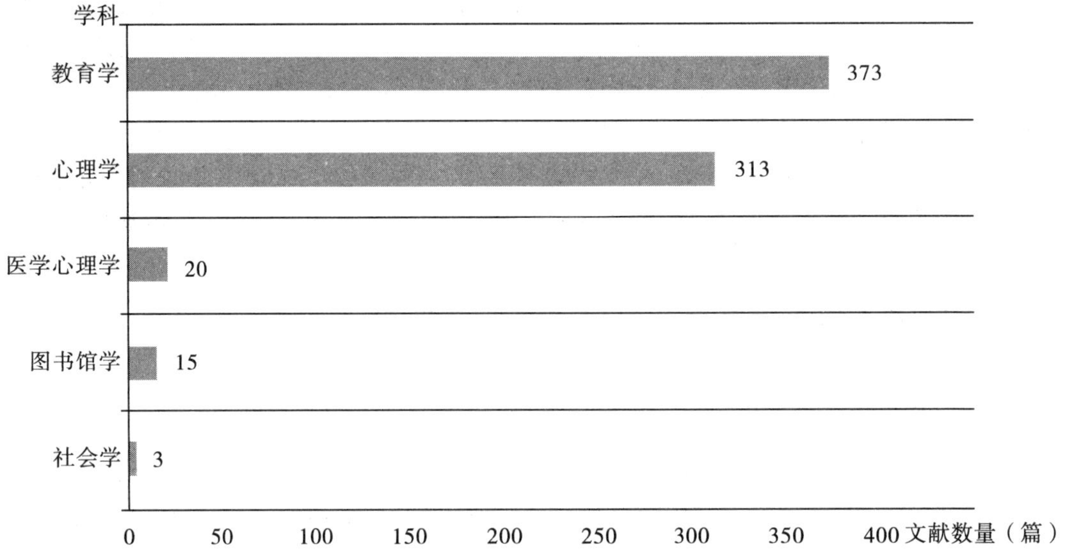

图 2　我国大学生心理健康学科领域分布图

（三）作者合作网络

利用 CiteSpace 软件得到如图 3 所示的大学生心理健康主题研究作者合作网络共现图。可以发现该领域整体作者合作网络不够紧密，学者们大都处于相对独立研究的状态。虽然有个别相对密集的作者合作网络，但是绝大多数作者都散落在合作网络之外，说明该领域的作者合作程度不高。此外，根据普赖斯定律，核心作者群体的发文总量应为该领域发文总量的 50%，该领域 40 位发文量大于两篇的作者文献总量为 108 篇，约占总文献的 14.9%，远远低于核心作者群体发文量的标准，说明该领域尚未形成学术影响力较强的核心作者群体。

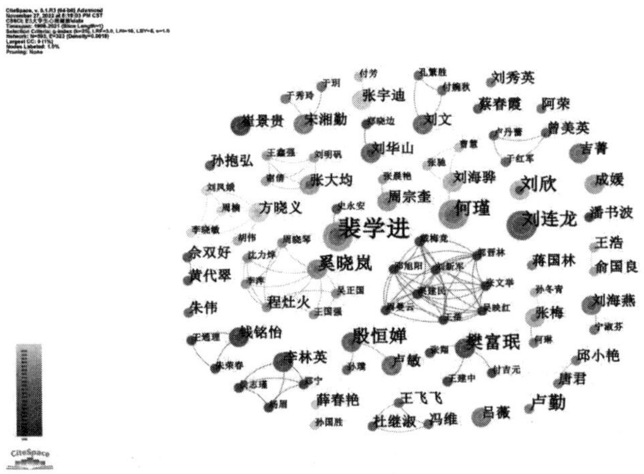

图 3　大学生心理健康主题研究作者合作网络共现图

三、大学生心理健康研究热点主题

关键词是一篇文献主要研究内容的精准概括，通常可以体现研究的选题方向，通过关键词词频统计以及关键词聚类可以合理展现该领域的研究热点主题。本文利用CiteSpace软件绘制了我国大学生心理健康相关研究的关键词共现知识图谱（见图4）。图中关键词的节点和字体越大，表示该关键词出现的频次越高。通过对高频关键词和关键词聚类的梳理，可将国内大学生心理健康相关研究的热点主要归纳为“现状调查研究”“特殊群体研究”“干预实践研究”三个方面。

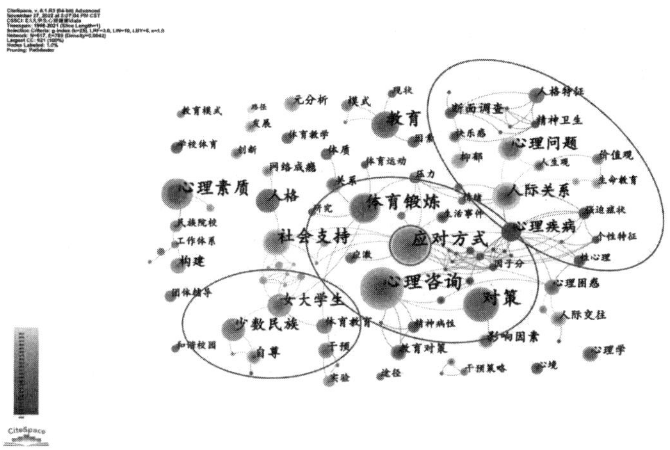

图4　我国大学生心理健康相关研究的关键词共现知识图谱

（一）针对大学生心理健康的现状调查研究

根据关键词聚类图谱可以发现“心理问题”“心理疾病”“断面调查”“人格特征”“价值观”“人生观”等关键词是大学生心理健康状况调查研究的范畴。这类研究主要通过量表的方式收集问卷数据，评估某区域内大学生心理健康状况，同时再以定性数据分析为佐证，探究影响学生群体心理健康的因素。例如，桑海云以江苏苏北高校大一至大四的学生为调查对象，以临床症状自评量表为依据编制问卷调查，将农村籍大学生的心理健康状况从不同方面进行了差异比较；路平运用访谈和问卷调查结合的方式，对大学生学业心理健康的构成维度及影响因素进行了深入探究；郭捷等人利用SCL－90（症状自评量表）作为心理健康测评工具，评估了新冠肺炎疫情下北京市部分高校的大学生心理健康状况，并运用回归分析探究了疫情下影响大学生心理健康状况的因素。总体来说，这类研究侧重于调查大学生群体心理健康现状并发现存在的问题，从而提出针对性建议。

（二）针对部分大学生群体的心理健康研究

“女大学生”“少数民族学生”等高频关键词反映了对部分群体大学生的关注。大学生是一个复杂的、多样化的群体，其中部分群体的大学生在某些方面处于相对弱势的位置，出现心理健康问题的概率相对较高，研究不同群体的大学生心理特征，有利于高校的管理，促进校园和谐发展。有学者指出生理弱势的大学生，无论是在心理健康水平，还是在自我和谐水平上均显著低于普通大学生，必须充分考虑这类学生的特殊性。还有学者调查发现，少数民族大学生因为文化差异、家庭经济基础不佳等原因，在人际关系处理上容易出现问题，从而容易产生偏执的心理，影响其对社会的融入与适应，呼吁成立专门、专业的民族心理教育管理机构，以切实解决少数民族大学生心理健康教育的痛点。

（三）针对大学生心理健康问题的干预实践研究

“心理咨询”“应对方式”“体育锻炼”“对策”等高频关键词反映了学者们针对大学生心理健康存在的问题，积极开展有效干预的实践探索。目前心理健康咨询与辅导、心理健康教学、综合心理辅导模式、体育锻炼等都是最为广泛的干预措施。江玉华通过问卷调查以及针对性的对照实验探究，发现心理咨询结合运动疗法不仅可以缓解大学生就业焦虑，还可以显著增进大学生的心理健康水平；苑璞以“以人为本”的教学理念为依据设立了大学生心理健康教学内容与方法，指出要以学生的心理健康水平差异作为基本出发点设定因人而异的心理健康教学；何瑾等人采用对照实验的方式，证实了体育锻炼能增强大学生对事物的积极性，可以明显降低抑郁水平，提高大学生学习生活的满意度。总体而言，该类型的研究主题倾向于对干预措施的实践，总结其经验，提出有效的对策建议。

四、关于大学生心理健康研究的展望

（一）进一步拓宽研究视野和范围，推动研究多元化发展

虽然目前我国大学生心理健康研究的内容较为丰富，但还存在研究的视野比较狭窄的问题。在文献内容分析时发现，多数研究在调查大学生心理健康状况及其影响因素时，只将大学生置于学校背景下进行问题探究，忽略了大学生与现实社会大背景的密不可分。因此未来研究需要立足于实际情况，从宏观、中观、微观等层面出发，将研究不断细化。此外，目前领域的研究多集中在教育学、心理学领域，少数研究分布在医学、管理学、社会学等学科领域，未来研究可以多借鉴其他学科理论，从多元的视角出发，不断拓宽该领域的研究。

（二）加强合作研究，推进研究本土化

根据上述发文趋势可知，目前我国大学心理健康相关研究的发展已处于稳定阶段，说明经过几十年的积累该领域已经有了一定的研究基础，但 2020 年新冠肺炎疫情暴发后，该领域的研究迎来了新一轮挑战。文献回顾可以发现，我国之前无论是研究的基础理论，还是研究的具体方法，大都借鉴甚至是照搬了国外的成熟研究。诚然国外成熟的

心理学理论对我国心理健康研究的发展有积极的推进作用，但现在的重点应该是结合当下国情，将当代大学生心理健康研究赋予中国内涵。此外，目前该领域的作者研究还相对分散，还未形成有力的核心作者群，应该加强合作研究，致力于结合国情，创新性地构建富有中国特色的大学生心理健康研究体系。

（三）进一步探索新兴技术在大学生心理健康问题干预中的应用

根据上述研究热点内容可知，目前我国大学生心理健康问题的干预措施还较为传统，主要是心理咨询、体育锻炼、音乐疗法，等等。近年来，AI（人工智能）和 VR（虚拟现实）等数字技术发展迅速，许多领域打破壁垒实现了跨领域合作。已有技术研究人员研发的智能机器人可以帮助和鼓励青少年表达压抑情绪，进而通过后期疏导和认知调节的方式帮助其达到提高心理健康的目的。未来大学生心理健康问题可以更多考虑借助技术来进行干预，比如探究如何运用数字技术对大学生心理问题进行判断和预测，如何运用 VR 技术治疗大学生心理障碍问题等等。

五、结语

本研究以 CSSCI 期刊来源的 723 篇文献作为研究样本，运用文献计量的方法从发文趋势、领域分布、作者合作网络、关键词共现网络等诸多视角对大学生心理健康领域的研究现状进行了分析，并借助软件绘制知识图谱将结果可视化。研究发现我国大学生心理健康研究还存在跨领域研究不足、核心作者群尚未形成等问题，未来研究可以在拓宽研究领域、加强合作研究、探索新技术应用等三个方面进一步发展。

参考文献：

张微娜．当代大学生心理健康问题应对措施研究［J］．法制与社会，2018（31）：188，201.

赵海霞，吴娟娣．我国大学生心理健康研究现状与热点趋势可视化分析——基于 CSSCI（1998—2018）来源期刊的图谱呈现［J］．新余学院学报，2020，25（6）：91－98.

秦一帆，卫建国．我国职业教育政策研究 40 年回望——基于 Citespace 的文献计量可视化分析［J］．成人教育，2020，40（5）：56－63.

桑海云．江苏欠发达地区农村籍大学生心理健康现状调查及建议［J］．现代教育管理，2010（1）：99－102.

路平．大学生学业心理健康及影响因素探讨［J］．黑龙江高教研究，2015（4）：127－131.

郭捷，杨立成，孙子旭．疫情期间大学生心理健康评估及影响因素分析——以北京市部分高校为例［J］．中国软科学，2020（S1）：196－202.

吴海燕．大学生特殊群体的心理健康与思想政治教育［J］．江苏高教，2018（10）：98

—101.
姚小雪，朱海腾，兰继军，等. 听障大学生自我和谐对述情障碍影响心理健康的中介作用分析［J］. 中国特殊教育，2013（4）：30—34.
毛志宏. 少数民族大学生心理健康教育的痛点思考［J］. 贵州民族研究，2017，38（9）：227—230.
江玉华. 心理咨询结合运动疗法对大学生心理健康的实验干预研究［J］. 西南民族大学学报（人文社科版），2009，30（9）：254—256.
苑璞. 以人为本视阈下的大学生心理健康教学改革［J］. 教育探索，2011（5）：35—36.
何瑾，樊富珉，刘海骅. 舞动团体提升大学生心理健康水平的干预效果［J］. 中国临床心理学杂志，2015，23（3）：560—563，566.
许佳跃，孙亚楠. 大学生心理健康教育研究知识图谱分析——基于CSSCI数据库［J］. 南京理工大学学报（社会科学版），2021，34（2）：73—80.
姜俞含，朱传林. 数字技术助推青少年心理健康建设［EB/OL］.（2021—12—28）.［2022—03—8］. https://baijiahao.baidu.com/s?id=1720357986291702194&wfr=spider&for=pc.

基于 CiteSpace 文献计量分析的我国大学生心理危机干预研究现状与展望

李文洋①

摘要：文章以 CNKI 数据库中 2001—2021 年间主题是“大学生心理危机干预”的 156 篇研究文献为数据基础，利用 CiteSpace 软件绘制知识图谱，并进行归纳分析。结果表明：大学生心理危机干预研究作者、机构间合作有待加强，传统的心理危机信息来源和处理方式已不能满足当下学生的生活状态。最后对未来我国大学生心理危机干预研究趋势进行了展望：加快建立跨校、跨区域合作，吸引研究力量；利用大数据技术扩大危机信息来源渠道，增加表征信息量；建立危机干预预测模型，自动预判危机；持续加强形成具有中国特色的心理危机干预理论，打破学科壁垒，促进学科融合。

关键词：心理危机；危机干预；大学生；文献计量分析

国家发展的本质是人的发展，人的发展离不开心理健康。大学生作为未来国家发展的核心力量，与国家命运息息相关，所以保持其健康心理至关重要。然而，当前大学生心理危机问题层出不穷，研究建立大学生心机危机干预机制迫在眉睫。本文通过对 2001—2021 年 CNKI 收录的文献进行计量分析，研究大学生心理危机干预的发展现状，为探索完善大学生心理危机干预机制提供了科学数据支撑。

一、数据来源与研究方法

研究文献源于 CNKI 数据库，检索方式采用高级检索，检索主题词设定为“大学生＋心理危机干预”，检索时间为：2022 年 3 月 5 日，文献年限设定为 2001—2021 年，期刊来源为北大核心、CSSCI、CSCD（中国科学引文数据库），检索后获得文献 160 篇。删除会议通知、新闻资讯、专题讲座等非学术性文献后，得到有效文献 156 篇。本文运

① 李文洋，四川大学党委巡视工作办公室，助理研究员，主要研究方向为党务行政管理。

用 CiteSpace 绘制作者、研究机构、关键词等网络图谱，通过图谱中节点数量、节点大小等差异来识别该领域的研究现状。软件参数设置如下：标准区域设置阈值为“Top50 per slice”，时间区域设置为“2001—2021”，单一时间分区参数选择“1”，在节点类型区域内依次设“Author（作者）”“Institution（机构名称）”“Keyword（关键词）”，对生成的图谱作进一步分析。

二、文献计量分析

（一）文献数量分析

大学生心理危机干预的研究文献年度分布如图 1 所示。根据文献数量变化可以看出，2001—2004 年，该领域的年均发文量未超过 2 篇，2002 年、2003 年的发文量甚至为零，表明这一时期大学生心理危机干预的研究力量匮乏，研究工作推进缓慢。2005 年以来，该领域发表的文章相较于前 4 年明显增加，特别是 2008 年的发文量达到了峰值。这主要是由于 2004 年中共中央、国务院颁发《中共中央国务院关于进一步加强和改进大学生思想政治教育的意见》，强调大学生承载着祖国的未来、民族的希望，加强大学生心理健康教育是全面贯彻党的教育方针，推进素质教育的重要举措。然而，从 2012 年开始，该领域发表的文章总体呈下降趋势，表明学者的关注度在逐渐降低，但社会竞争加剧却促使产生心理危机的大学生数量不断增加。党的十八大以来，以习近平同志为核心的党中央高度重视学生心理健康工作，对心理健康教育作出了系列重要批示指示，为贯彻落实习近平总书记的重要指示批示，高校应结合实际，全面加强大学生心理危机干预机制研究工作，让学生更加健康阳光。

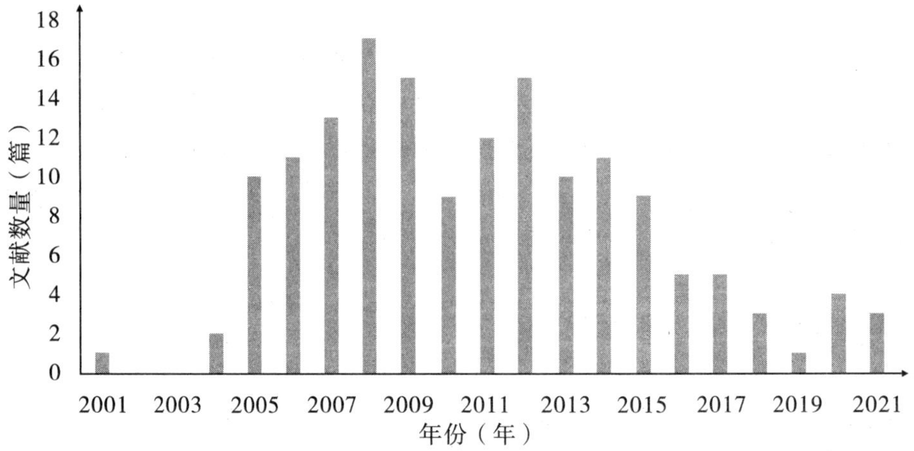

图 1　大学生心理危机干预研究文献年度分布图

（二）作者及研究机构分析

图 2（a）所示为大学生心理危机干预发文作者的合作网络图谱，共有 242 个节点，

175 个链接，网络密度为 0.006。从共现频次可以看出，发文最多的作者是马喜亭和朱美燕，前者在 2010－2012 年连续发文 4 篇，强调转介在大学生心理危机干预中的重要意义，应借助专业力量减少危机事件发生；后者在 2011－2014 年持续发文 4 篇，将心理危机的动态发展过程划分为危机前、危机中和危机后，提出不同阶段对应的目标和任务，强化危机干预的效果。其次是刘德洋，发表文献 3 篇，廖深基、赖海雄、张涛等 16 位作者，发表文献均为 2 篇。其余作者发文 1 篇。根据普赖斯定律（Price Law）计算核心作者的最低发文量应为：$M=0.749\sqrt{4}\approx1.498$，因此该领域的核心作者需至少发表文献 2 篇。经统计，核心作者共发文 18 篇，占比仅为 11.54%，由此可见大学生心理危机干预的核心作者群尚未形成，研究成果需进一步加强。

图 2（b）所示为大学生心理危机干预研究机构的合作网络图谱，共有 181 个节点，40 个链接，网络密度为 0.0025。其中，16 个研究机构发文两篇以上，发文量最多的研究机构为北京航空航天大学大学生心理咨询研究中心（4 篇）、浙江大学宁波理工学院（4 篇），其次是温州医学院（3 篇）、南京工程学院（3 篇）等。发文机构均集中于高校，表明大学生心理危机干预理论研究主体和实践主体基本具有一致性，但是跨学校合作的研究者数量较少，校际合作需进一步加强。

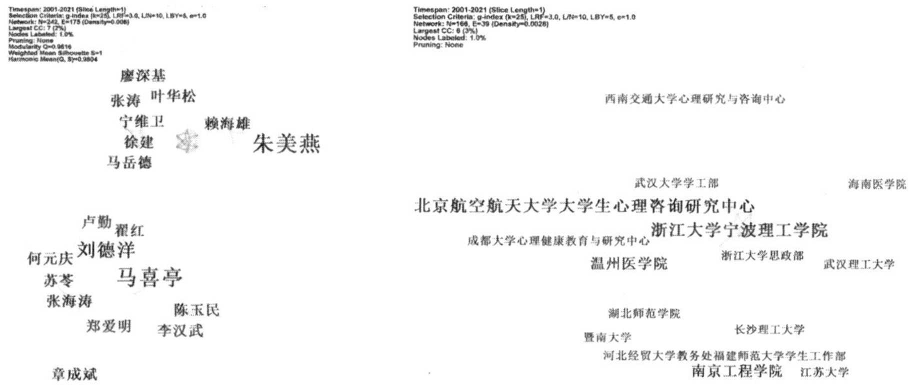

（a）　　　　　　　　　　　　　　　　（b）

图 2　大学生心理危机干预发文作者及研究机构的合作网络图谱

（三）文献关键词与内容分析

关键词可以反映文献的核心内容，使用 Citespace 绘制关键词的共现网络图谱，能够反映大学生心理危机干预的研究重点。为避免检索主题词“大学生＋心理危机干预”对关键词知识图谱结构的影响，本文将“大学生”“心理危机干预”“心理危机”“干预”从关键词数据中抹去。图 3 为大学生心理危机干预研究关键词网络图谱，共有 278 个节点，533 条链接，网络密度为 0.0138。大学生心理危机干预研究出现了以“学生”“心理健康”为中心的两个聚类簇，通过分析不同关键词聚类簇，可以进一步了解该领域的研究特点及不足。

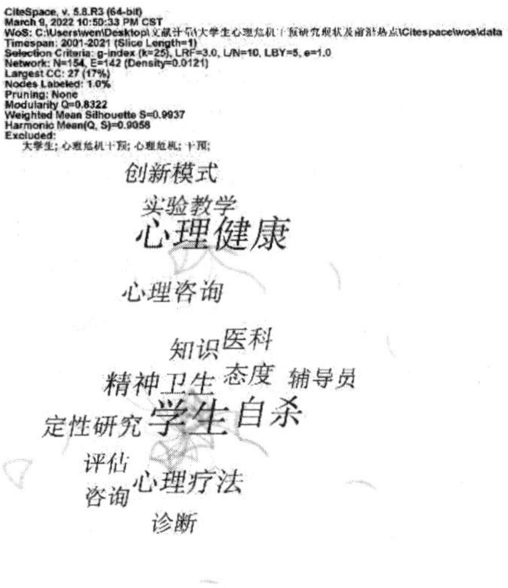

图 3　大学生心理危机干预研究关键词网络图谱

以“学生”主题为核心的聚类簇中主要关键词为评估、心理疗法、自杀、辅导员、定性研究、精神卫生等。张宏宇、马慧的《在大学生心理咨询实践中构建心理评估系统》对心理诊断和评估差异所导致的突出问题进行了分析，建议构建多维评估系统，便于咨询师对来访者形成正确印象，提供有效治疗。林静建议对入校新生开展心理普查，对性格敏感、精神状态不佳，尤其是具有自杀倾向的学生进行重点观察，及时给予有价值的心理治疗，将消极意念消灭在萌芽状态。辅导员作为大学生日常思想政治教育和管理的核心力量，其在心理危机干预中的作用不言而喻。沈文清、刘启辉在《高校辅导员在心理危机干预中的角色定位》中明确了辅导员在心理危机干预中的具体定位，即扮演“事件发现者”“处理过程参与者”，拒绝充当“庇护者”“专业人员”，确保干预工作不缺位、不越位，充分发挥辅导员在心理危机干预中的积极性、有效性。龚磊、孙业桓、孙良等人通过定性研究指出，同学、朋友、亲人也要主动对出现心理危机的学生给予帮助和关怀。2013 年，《中华人民共和国精神卫生法》（以下简称《精神卫生法》）的颁布为开展大学生心理危机干预工作提供了法律依据。李永慧强调学校咨询师在进行心理危机干预时，要基于《精神卫生法》的要求，把握心理诊治和心理咨询的界限，与专业诊疗机构建立“医教结合”模式，进一步提高心理危机应对能力。

以“心理健康”主题为核心的聚类簇中主要关键词为心理咨询、实验教学、创新模式等。大学生具有规模大，居住、生活、学习集中的特点，健全完善大学生心理咨询体系是我国精神卫生事业发展的必然要求。李明指出心理咨询体系的核心是咨询门诊，可以在校医院设立心理咨询门诊，提供初级心理治疗服务，并对存在心理危机的学生转介与否作出较权威的鉴定。除了依靠心理咨询，心理危机干预工作更应化被动为主动。宁维卫、陈丽、徐建等人提出通过建立心理教育实验中心，实现对所有在校生心理变化的全过程动态监控，有助于老师实时了解学生心理状态，及时对存在问题的学生进行心理干预，同时还可以借助平台开展特色实践教学活动，让学生在实践训练中提升心理素质。徐建、宁维卫、马岳德等人进一步指出，心理教育实验中心突破了传统的一对一谈话式心理咨询模式，提高了学生心理危机干预的覆盖率。

三、结论与展望

综上，本文以CNKI中对我国大学生心理危机干预相关研究的文献进行计量可视化整理，展现了2001—2021年文献数量的演变、作者和研究机构分布、关键词聚类，得出以下结论：(1) 大学生心理危机干预研究论文数量总体呈下降趋势，研究热度逐年下滑，并不契合日益增长的实际需求；(2) 核心作者群和核心研究机构群尚未建立，多以同校教师或师生合作为主，跨院校、跨区域的研究合作网络建设存在明显不足；(3) 研究内容以“学生”“心理健康”为核心主题，探索建立了心理危机干预体系，社会支持构建方面的工作仍有欠缺，“家校”联动仍不尽人意。

结合前文的文献梳理与研究，发现尽管实践来源的文献增长，心理危机干预的理论逐渐丰富，但仍然存在以下不足与完善空间：

一是研究力量。针对研究力量薄弱，研究作者、机构间合作较少的问题，要增加论坛、互动交流、学术会议等多种形式的多元合作，通过思想互动、观点碰撞，吸引更多研究力量加入，加快建立起跨校、跨区域合作网络。

二是研究样本。根据文献内容分析结果，目前高校获取大学生产生心理危机的信息来源主要有：学生本人自述、官方平台发布的调查问卷，信息来源渠道单一且后者受题目设置、学生主观理解等影响，会降低收集信息的准确性。一方面，研究样本视角可转换至家长群体，关注家长对于青年学生心理危机干预的需求现状，以此促进“家校”联动防范大学生心理危机；另一方面，结合新媒体特点，利用大数据技术扩充危机信息来源渠道。大学生使用QQ、微信、微博、短视频等新媒体平台的频率较高，浏览平台时会产生大量的数据信息，利用大数据技术收集学生在各类平台上的浏览数据，大大增加表征学生心理状态的信息量，同时也为建立分级危机干预模型提供基础数据。

三是研究方法。针对当前心理危机干预仍以人工为主，收集到的数据整体质量不高，数据信息不全面，样本代表性不足，导致评价标准存在差异性的问题，可建立基于OVR SVMs的分级危机干预预测模型，将学生浏览各类平台的数据归一化处理后作为特征向量参数，训练预测模型时应组织专业人员研究形成分级标准的量化指标。预测结果类型为“严重心理危机”“较严重心理危机”“一般心理危机”“无心理危机”四种。以后只需将学生信息收集处理后输入分级危机干预预测模型，则可自动计算出心理危机程度，老师根据心理危机程度决定干预强度和具体举措，从而降低人力损耗，提高干预的针对性。

四是研究内容。当前来看，我国大学生心理危机干预研究绝大多数属于教育学与心理学，缺乏与其他学科的交叉性研究。从前文可知，从事该领域的研究力量主要是社科领域专家，其他领域的学者较少。2020年习近平总书记指出“要加强心理干预和疏导，有针对性做好人文关怀，健全社会心理服务体系和疏导机制、危机干预机制”，为我们今后的研究指明了方向。未来，我国大学生心理危机干预研究要在持续加强形成具有中国特色的心理危机干预理论的基础上，做好健全社会心理服务体系的深度实践指导，打破学科壁垒，加深与社会学、逻辑学和医学的交叉、渗透、融合，找到新的研究生长点与着力点。

参考文献：

辛智俊. 当代大学生问题行为成因调查及对策建议 [J]. 思想工作，2009 (2)：18—19.

陈悦，陈超美，刘则渊，等. CiteSpace 知识图谱的方法论功能 [J]. 科学学研究，2015，33 (2)：242—253.

张宏宇，马慧. 在大学生心理咨询实践中建构心理评估系统 [J]. 中国临床康复，2005 (24)：124—125.

林静. 大学生心理危机干预案例分析 [J]. 中国学校卫生，2007 (4)：366—367.

沈文青，刘启辉. 高校辅导员在心理危机干预中的角色定位 [J]. 中国青年研究，2007 (11)：82—84.

龚磊，孙业桓，孙良，等. 安徽省 3 所医学院校不同人群自杀知识态度及危机干预需求定性研究 [J]. 中国学校卫生，2009，30 (12)：1082—1084.

李永慧. 大学生心理危机干预困境与应对策略 [J]. 中国学校卫生，2019，40 (4)：486—489.

李明. 论高校保障大学生心理健康的服务体系 [J]. 北京工商大学学报（社会科学版），2004，(5)：97—100.

宁维卫，陈丽，徐建，等. 心理健康教育实验教学创新模式的探索 [J]. 西南交通大学学报（社会科学版），2011，12 (3)：92—96.

徐建，宁维卫，马岳德，等. 心理健康教育实验教学示范中心建设与实践 [J]. 实验室研究与探索，2016，35 (3)：135—137，209.

互联网时代心理健康工作研究综述①

黎红友② 冯 玮③ 张 梦④

摘要：随着新一代信息技术的快速发展，互联网已经成为大家学习生活的“第一环境”，也对心理健康工作产生了极大影响。系统梳理互联网时代心理健康工作研究现状意义重大。为了全面客观反映互联网时代心理健康工作的相关情况，文章以CNKI数据库中收录的期刊文献为样本，采用文献计量学等方法，对研究文献的研究力量和研究热点进行分析。通过对研究现状的梳理分析，揭示互联网时代心理健康工作的研究特征和发展趋势，并在此基础上进行反思，以促进互联网时代心理健康工作的创新发展。

关键字：互联网；心理健康；文献计量学

随着新一代信息技术的快速发展，互联网已经和人们的学习、生活深度融合在一起，让人们获取信息超越了时空限制，改变了人们日常的沟通方式、生活方式、学习方式和思考方式。如何在互联网时代确保人们心理健康，值得深入研究。新时期，大力加强互联网视域下的心理健康工作研究迫在眉睫。在此背景下，通过对互联网时代心理健康工作学术研究现状进行梳理，进而把握互联网时代心理健康工作学术研究的发展脉络，以期促进互联网时代心理健康工作学术研究的反思和改进，进一步提高互联网时代心理健康工作的针对性和质量，具有重要的现实意义。

---

① 基金项目：本文系四川应用心理学研究中心课题“辅导员视角下的高校心理问题学生的发现和帮扶工作研究”（项目批准号：CSXL－202A09）、教育部高校思想政治工作队伍培训研修中心（南京师范大学）2021年度课题立项“新一代信息技术驱动高校精准思政研究”（项目批准号：21NSZXB016）阶段性成果。

② 黎红友，四川大学网络空间安全学院，副教授，主要研究方向为思想政治教育。

③ 冯玮，四川大学网络空间安全学院，助教，主要研究方向为思想政治教育。

④ 张梦，四川大学网络空间安全学院，助教，主要研究方向为思想政治教育。

一、互联网时代心理健康工作研究文献收集与研究方法

（一）文献收集

研究文献来源于中国学术期刊网络出版总库（CNKI），文献的检索条件：主题词为“互联网”和“心理健康”的组合；检索的期刊年限为2010—2021年；文献检索时间为2022年3月22日；检索条件设置为精确。一共检索到互联网时代心理健康工作研究文献237篇，这237篇研究文献为本文研究的有效样本。

（二）研究方法

本文主要采用文献计量学对237篇互联网时代心理健康工作研究文献的年代分布、发文机构、来源期刊等进行分析，通过这些定量数据展示互联网时代心理健康工作研究领域的研究力量，揭示互联网时代心理健康工作研究的发展趋势和规律。通过研究文献的高频关键词统计以及对重要文献的阅读，可以归纳出互联网时代心理健康工作的研究热点，进而把握互联网时代心理健康工作的研究发展趋势。

二、互联网时代心理健康工作研究文献的文献计量分析

（一）研究文献的年代分布

通过统计互联网时代心理健康工作研究文献的年代分布，可以反映出互联网时代心理健康工作的研究态势。图1是互联网时代心理健康工作的研究期刊文献的年代分布图，表1是互联网时代心理健康工作研究文献的发表数量统计表。2010年到2021年间互联网时代心理健康工作研究大致可以分为两个阶段。2010年到2015年为研究起步阶段，年均发表文献1篇左右；2016年到2021年为快速发展阶段，伴随着移动互联网的快速发展，互联网已经融入人们生活学习的各个方面，同时也对心理健康工作产生重要影响，6年间，年均发文量近40篇。

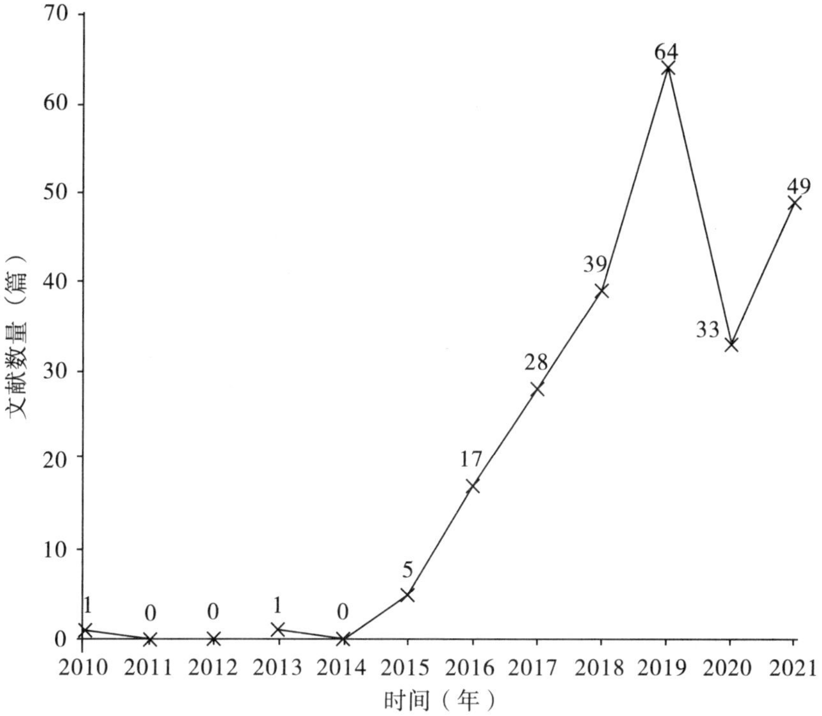

图 1　互联网时代心理健康工作研究期刊文献年代分布图

表 1　互联网时代心理健康工作研究文献发表数量统计表

年份	2010 年	2011 年	2012 年	2013 年	2014 年	2015 年
文献数量（篇）	1	0	0	1	0	5
年份	2016 年	2017 年	2018 年	2019 年	2020 年	2021 年
文献数量（篇）	17	28	39	64	33	49

（二）研究文献的发文机构

表 2 是 2010 年到 2021 年间互联网时代心理健康工作研究文献发文量超过 3 篇的研究机构列表，这 5 所高校是该领域的主要研究机构，共计发文量为 18 篇，占总发文量的 7.59%。这 5 所高校大部分是职业技术学院，互联网视域下的心理健康工作研究还有待进一步深入。

表 2　互联网时代心理健康工作研究文献发文机构列表

序号	发文机构	发文数量（篇）	序号	发文机构	发文数量（篇）
1	三门峡职业技术学院	4	4	常州机电职业技术学院	3
2	无锡商业职业技术学院	4	5	湖南工艺美术职业学院	3
3	运城护理职业学院	4	总量（篇）		18

（三）研究文献的来源期刊

通过对 237 篇互联网时代心理健康工作研究文献的统计汇总，得到表 3 互联网时代心理健康工作研究文献的来源期刊列表。通过表 3 可知，发文量不少于 5 篇的这 9 种期刊共计发文量为 51 篇，占总发文量的 21.52%。通过表 3 可知，《心理月刊》《教育现代化》是互联网时代心理健康工作研究文献比较集中的期刊。排名前 9 的期刊基本上是普刊，说明互联网时代心理健康工作的研究水平还需要持续深入。

表 3　互联网时代心理健康工作研究文献来源期刊列表

序号	来源期刊	发文数量（篇）	序号	来源期刊	发文数量（篇）
1	心理月刊	7	6	电脑知识与技术	5
2	教育现代化	7	7	产业与科技论坛	5
3	西部素质教育	6	8	湖北开放职业学院学报	5
4	智库时代	6	9	科学咨询（科技·管理）	5
5	才智	5	总量（篇）		51

三、互联网时代心理健康工作研究文献的热点主题分析

通过统计 237 篇研究文献的高频关键词以及对高被引文献的阅读，互联网时代心理健康工作研究文献的研究热点如下：

（一）互联网对心理健康影响的表现研究

互联网的快速发展，一方面拉近了人们的距离，使人们可以随时随地进行网上的交流；另一方面也疏远了人们的距离，互联网上丰富的资源，让人们唾手可得，互联网时代让对某一方向感兴趣的群体容易产生信息茧房。因此，互联网的快速发展对人们的心理健康产生了比较大的影响，相关学者进行了比较深入的研究。张平湖认为互联网对大学生心理健康的影响尤其深刻，具体体现在认知冲突、情感冲突、意志冲突、人格冲突和社交冲突上。李建华认为互联网的快速发展给学生心理健康带来了冲击，具体表现在陷入网络成瘾综合征、导致严重的网络性心理障碍、养成缺乏诚信的不良习惯、导致严重的人格问题以及引起社会恐惧症等。

（二）互联网对心理健康影响的成因研究

互联网为什么会对人们的心理健康产生冲击，学者进行了相关研究。李建华认为互联网已经成为人们的心理需要，能够带来平等感、自由感和身体虚幻感，互联网能够让情感需要得到释放、让学习压力得到缓解、让好奇心得到满足。王淑梅对互联网时代大学生心理健康问题的成因进行了分析，认为大学生心理健康取决于个体特质因素（内部归因）与社会行为因素（外部归因），具体包括个体特质因素、社会行为因素以及管理

约束因素等。

（三）互联网时代心理健康工作路径研究

不少学者对互联网时代心理健康工作路径进行了探析。李科生等提出新型心理健康循证实践应该是建立在“互联网+”心理平台之上，实现当事人、临床工作者、研究者及管理者之间的沟通与信息共享。王淑梅给出了互联网时代强化大学生心理健康教育的相关建议，包括优化信息配置、强化人际交流以及活化管理条件等。

四、互联网时代心理健康工作研究反思

上文对互联网时代心理健康工作研究现状进行了定量分析和定性描述。纵观近十年来互联网视域下心理健康工作的研究历程，学者从较少的视角进行了研究，相关研究成果在一定程度上指导了互联网时代心理健康工作的实践。就目前已有的互联网时代心理健康工作的研究现状而言，以下几点值得反思。

（一）互联网时代心理健康工作研究的系统性需要进一步加强

心理健康工作涉及多种因素的影响，包括工作主体、工作客体、工作介体和工作环体，是一个系统化的工作。以高校为例，高校心理健康工作的主体，包括辅导员、心理健康老师、任课老师和行政人员等，这些工作主体如何有效协同，值得深入探究。随着教育进入互联网时代的常态化问题，互联网成为高校心理健康工作的“第一环境”。心理健康工作的有效开展需要整合这些相关因素，需要这些相关因素的有效配合。通过前文的描述，目前互联网时代心理健康工作的研究基本是基于单个因素进行研究，缺乏系统性和实践性的理论研究。因此，互联网时代心理健康工作需要结合多种因素进行整合研究，形成工作体系，进而能够有效提高心理健康工作的质量。

（二）互联网时代心理健康工作需要注重理论研究和实践的结合

心理健康教育相关工作的实践性非常强，相关的理论研究要结合实际，要在一定程度上解决实际问题。众多学者对互联网视域下心理健康工作进行理论研究，也进行调研研究。目前的研究缺乏理论和实践的结合研究，缺乏理论对实践的指导，缺乏实践效果对理论的反馈机制研究。

（三）应用新一代信息技术助力心理健康工作研究

以大数据、云计算、物联网以及移动互联网为代表的新一代信息技术正在改变着人们的学习、生活以及思维模式。以移动互联网为代表的新一代信息技术对心理健康工作带来了严峻的挑战，同时也带来了机遇。这个机遇需要深入研究如何应用新一代信息技术来助力互联网时代的心理健康工作。例如，在新一代信息技术下，通过对数据的采集、分析，进而对大学生心理健康进行有效预警。

参考文献：

张平湖．互联网对大学生心理健康的影响［J］．中国学校卫生，2004（1）：121－122.
李建华．互联网对学生心理健康的冲击及对策［J］．学校党建与思想教育，2009（15）：66－67.
王淑梅．“互联网＋”时代大学生心理健康问题的教育探析［J］．职业技术教育，2016，37（35）：66－68.
李科生，念靖晴，李琦，等．“互联网＋”心理平台：大数据时代心理健康循证实践的新途径［J］．中国临床心理学杂志，2019，27（1）：210－214，205.

二级心理辅导站从源头做好大学生心理健康工作的实践探索

——基于四川大学商学院健行工作坊调研结果的分析

吴　笑[①]　隗玉梁[②]

摘要：二级心理辅导站，是高校心理健康教育中心工作的有益补充，是学校学生心理健康教育工作的有机组成。从源头抓好大学生心理健康工作，培育学生积极心理品质，预防心理危机的发生，成为各二级心理辅导站的重要工作内容与新时期面临的重要课题。本文以四川大学商学院二级心理辅导站“健行工作坊”的工作实践出发，探索从源头做好大学生心理健康教育工作的有效做法。

关键词：二级心理辅导站；大学生心理健康；源头治理

2021 年 11 月 29 日，教育部召开全国高校学生心理健康教育工作推进会，教育部部长怀进鹏指出：“教育是培养人的事业，让广大学生更加健康阳光，是落实立德树人根本任务的应有之义，要加强源头治理，全面培育学生的积极心理品质。”大学生心理健康教育要从源头抓，全过程引导和指导学生构建能够预防心理危机的认知体系，培育学生积极的心理品质。在大学生心理状态影响因素的研究实践中，我们发现学生的生涯目标、大学规划、阅读习惯以及精神家园状况对学生的心理危机防范与产生构成较显著的影响。为了验证这几个因素的影响程度，四川大学商学院二级心理辅导站“健行工作坊”，在全院的全日制学生中展开了调研。

一、调研情况

我们在四川大学商学院本硕博在读学生中进行了大学生人生目标、阅读活动和各类

① 吴笑，四川大学商学院，辅导员，院职业发展中心主任，主要研究方向为学生思想政治教育、心理健康。及职业发展。

② 隗玉梁，四川大学商学院，辅导员，学生事务办公室主任，主要研究方向为学生思想政治教育、学生职业发展。

长期困惑情况的调研，一共 703 名学生填写了问卷，有效问卷 699 份。其中大一学生 175 人，大二学生 150 人，大三学生 143 人，大四学生 74 人，研一学生 92 人，研二学生 23 人，研三学生 32 人，博士学生 10 人。本次调研的目的，意在探究学生的心理状态与学生的目标、学生的阅读习惯之间的关系，从而探索从源头预防和避免大学生发生心理危机的有效策略。

（一）调研总体数据

通过下表 1 调研发现，学生对于“您有哪些长期困惑”的回答中，困惑比例较高的是“学业困境”和“自制力差、精神不集中、效率低下”，分别占到总人数的 56.08％和 54.65％，超过了调研学生人数的一半。其次是“人际交往困境”“对未来感觉迷茫看不到希望”这两类困惑，分别是 39.34％和 35.34％，超过三分之一，其中本科生的比例远远高于研究生，“人际交往困境”本科生比例 42.25％，研究生 31.29％；“对未来感觉迷茫，看不到希望”的学生，本科生比例 39.11％，研究生 23.81％。“人际交往困境”则更多的是集中在大一和大二，比例分别达到了 45.14％和 49.33％，接近调研学生人数的一半。

其他的困惑，比如“精神空虚、萎靡”，本科生 22.69％，研究生 8.16％，本科生明显高于研究生很多；在“无法控制情绪”方面，本科生 18.63％，研究生 10.88％；在“害怕孤独”方面，本科生 24.35％，研究生 19.05％；“无长期困惑或烦恼”的学生，本科生为 14.76％，研究生为 24.49％。

表 1　调研总体数据（单位：人）

年级	人际交往困境	学业困境	害怕孤独	精神空虚、萎靡	无法控制情绪	自制力差、精神不集中、效率低下	对未来感觉迷茫，看不到希望	其他（请写出来）	无长期困惑或烦恼	调研人数
大一	79（45.14％）	107（61.14％）	39（22.29％）	37（21.14％）	26（14.86％）	110（62.86％）	61（34.86％）	7（4.00％）	26（14.86％）	175
大二	74（49.33％）	94（62.67％）	39（26.00％）	35（23.33％）	36（24.00％）	86（57.33％）	69（46.00％）	2（1.33％）	19（12.67％）	150
大三	53（37.06％）	90（62.94％）	38（26.57％）	30（20.98％）	26（18.18％）	74（51.75％）	53（37.06％）	10（6.99％）	20（13.99％）	143
大四	23（31.08％）	35（47.30％）	16（21.62％）	21（28.38％）	13（17.57％）	44（59.46％）	29（39.19％）	1（1.35％）	15（20.27％）	74
本科总计	229（42.25％）	326（60.15％）	132（24.35％）	123（22.69％）	101（18.63％）	314（57.93％）	212（39.11％）	20（3.69％）	80（14.76％）	542
硕一	27（29.35％）	43（46.74％）	13（14.13％）	9（9.78％）	9（9.78％）	43（46.74％）	22（23.91％）	2（2.17％）	25（27.17％）	92
硕二	11（47.83％）	13（56.52％）	6（26.09％）	0	2（8.70％）	11（47.83％）	4（17.39％）	1（4.35％）	3（13.04％）	23
硕三	8（25.00％）	10（31.25％）	9（28.13％）	3（9.38％）	5（15.63％）	12（37.50％）	9（28.13％）	1（3.13％）	8（25.00％）	32
硕士生总计	46（31.29％）	66（44.90％）	28（19.05％）	12（8.16％）	16（10.88％）	66（44.90％）	35（23.81％）	4（2.72％）	36（24.49％）	147

续表1

年级	人际交往困境	学业困境	害怕孤独	精神空虚、萎靡	无法控制情绪	自制力差、精神不集中、效率低下	对未来感觉迷茫，看不到希望	其他（请写出来）	无长期困惑或烦恼	调研人数
博士	0	0	0	1（10%）	1（10%）	2（20%）	0	0	7（70%）	10
总计	275（39.34%）	392（56.08%）	160（22.89%）	136（19.46%）	118（16.88%）	382（54.65%）	247（35.34%）	24（3.43%）	116（16.60%）	699

从以上的数据来看，本科阶段的学生有长期困惑和烦恼的比例明显高于研究生，尤其是在“人际交往困境”“学业困境”“精神空虚、萎靡”“自制力差、精神不集中、效率低下”“对未来感觉迷茫，看不到希望”这几方面的比例明显高于研究生，因此全日制本科生的心理健康教育工作仍然是重中之重；人际交往的困惑每个年级都有较高比例，但大一和大二的学生群体中，人际交往困惑的比例更高，几乎接近一半。因此，越是低年级的学生，人际交往困惑越多，应重视对新进校学生的人际交往进行方法上的引导；对于无长期困惑或烦恼的学生，本科生比研究生比例明显低了很多，可以看出本科生处理自己情绪化解烦恼的能力相对于研究生差。因此，越是低年级，越是要锻炼和培养学生处理情绪的能力。

（二）阅读习惯与心理状态、化解烦恼能力的关系

对于“你是否有阅读习惯”这个问题，699份问卷中，选择“是，经常阅读”的学生172人，占24.61%；选择“偶尔阅读”的学生435人，占62.23%；选择“否，基本不阅读”的学生92人，占13.16%，如图1所示。

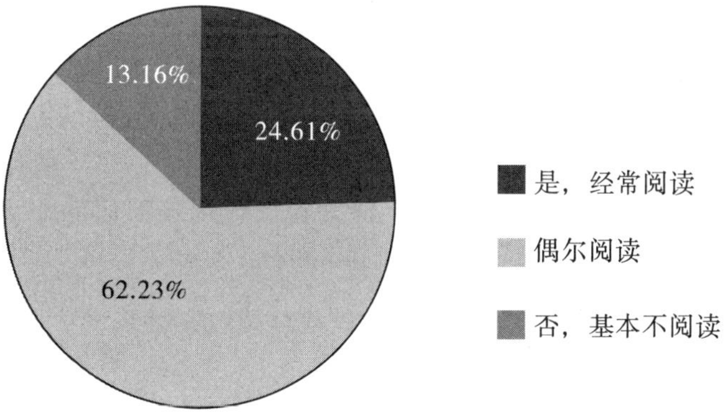

图1　阅读习惯比例情况图示

然而，当这些学生在回答自己有哪些长期困惑时，表示自己长期有“人际交往困境”“学业困境”“害怕孤独”“精神空虚、萎靡”“无法控制情绪”“对未来感觉迷茫，看不到希望”的学生，“是，经常阅读”的学生比例明显少于“偶尔阅读”和“否，基本不阅读”的学生，“偶尔阅读”的学生有这些长期困惑的比例少于“否，基本不阅读”的学生（见表2）。

表 2　阅读习惯与心理状态的关系

阅读习惯	人际交往困境	学业困境	害怕孤独	精神空虚、萎靡	无法控制情绪	自制力差、精神不集中、效率低下	对未来感觉迷茫，看不到希望	其他（请写出来）	无长期困惑或烦恼	调研人数
是，经常阅读	55 (31.98%)	83 (48.26%)	33 (19.19%)	26 (15.12%)	25 (14.53%)	80 (46.51%)	48 (27.91%)	9 (5.23%)	42 (24.42%)	172
偶尔阅读	178 (40.92%)	257 (59.08%)	101 (23.22%)	88 (20.23%)	77 (17.70%)	251 (57.70%)	164 (37.70%)	12 (2.76%)	74 (17.01%)	435
否，基本不阅读	42 (45.65%)	52 (56.52%)	26 (28.26%)	22 (23.91%)	16 (17.39%)	51 (55.43%)	35 (38.04%)	3 (3.26%)	7 (7.61%)	92

从上表的数据中我们还看到，“无长期困惑或烦恼”的学生中，“是，经常阅读”的学生比例明显大于“偶尔阅读”和“否，基本不阅读”的学生。而“偶尔阅读”的学生“无长期困惑或烦恼”的比例又大大高于“否，基本不阅读”的学生，如图 2 所示。

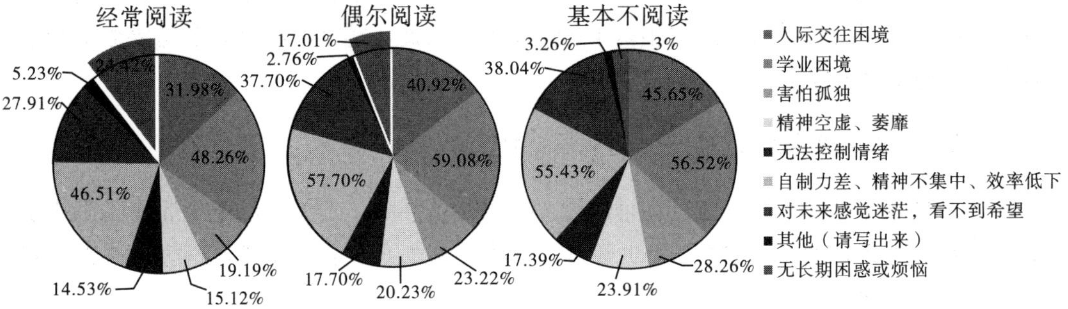

图 2　阅读习惯与心理状态关系图示

同样，当问到“你对自己化解生活中烦恼的能力如何评价”时，认为自己“化解烦恼能力强/比较强”的学生中，“经常阅读”的学生比例为 63.37%，“偶尔阅读”的学生比例为 45.98%，“基本不阅读”的学生比例为 33.69%，阅读活动越多，化解能力很强和较强的学生比例越大，如图 3 所示。认为自己“化解烦恼能力一般”的学生中，“经常阅读”的学生 31.98%，“偶尔阅读”的学生 48.51%，“基本不阅读”的 53.26%，阅读活动越少，化解能力一般的学生比例越大。认为自己“化解烦恼能力比较差和很差”的学生中，“经常阅读”学生比例为 4.65%，“偶尔阅读”的学生比例为 5.51%，“基本不阅读”的学生比例为 13.05%，阅读活动越少，化解烦恼能力差的学生比例越大。

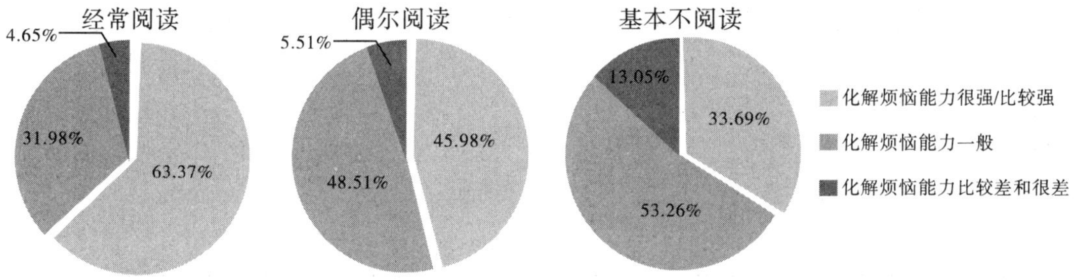

图 3　阅读习惯与化解烦恼能力之间的关系图示

因此从上面数据，可以判断出学生的心理状态和化解烦恼的能力，与其是否有阅读习惯具有较明显的相关性。能够保持比较频繁和有规律的阅读活动的学生，化解烦恼的能力就较强，有长期烦恼和困惑的情况就相对较少。这不难理解，读书明理，书籍是提升思想境界和知识眼界有益的精神食粮，能让人将注意力放到自己想学的知识上面，也能从书籍中获得涨知识、增智慧的快乐。知识让人变得自信和有智慧，自然困惑就会相对少很多。

（三）是否有人生理想和目标与心理状态、化解烦恼能力的关系

对于“您是否觉得自己的人生有方向、有目标”这个问题，699 份问卷中，20.74%选择“是，有明确的目标”，59.51%选择“是，但不确定，可能会改变”，16.6%选择“否，但一直在探索尝试树立目标”，3.15%选择“否，没有想过也不在乎有没有目标”。有明确目标的学生只占到五分之一左右；约五分之三的学生有目标，但不明确也不坚定，可能变；其余五分之一没有目标，如图 4 所示。

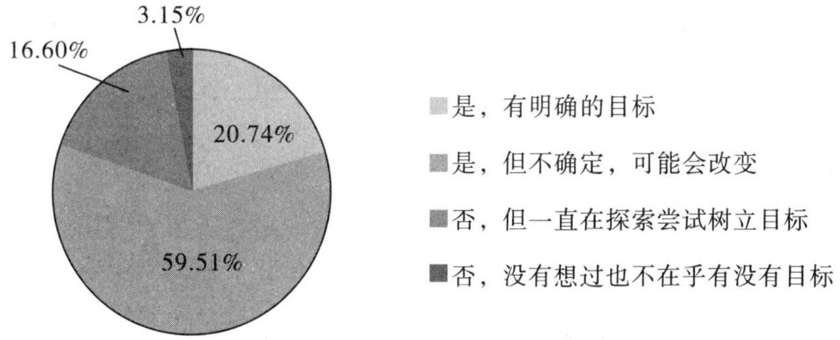

图 4　学生拥有目标规划的比例情况图示

从表 3 可以看到，目标明确的学生，其各方面烦恼或困惑都相对较低，没有长期烦恼或困惑的学生比例达到了 30.34%，几乎占到三分之一。

有目标，但可能会改变的学生，各方面困惑较有明确目标学生明显增多，尤其是“学业困境”“自制力差、精神不集中、效率低下”“对未来感觉迷茫，看不到希望”的比例大大增加，分别增加了 24.80%、14.12%、13.77%。“无长期困惑或烦恼”的比例为 17.79%。

没有目标，但一直在尝试树立目标的学生，长期有各种烦恼或困惑的学生比例大幅

度增加，“人际交往困境”较目标明确的学生多出24.82%；“学业困境”比例高达81.90%，高出“目标明确”的学生49.49%；“精神空虚、萎靡”高出目标明确的学生21.56%；“自制力差、精神不集中、效率低下”高出“目标明确”的学生28.28%；“对未来感觉迷茫，看不到希望”的学生，更是高出目标明确的学生50.86%。而“无长期困惑或烦恼”的比例只有2.59%，如图5所示。

表3 目标规划与心理状态的关系

目标规划	人际交往困境	学业困境	害怕孤独	精神空虚、萎靡	无法控制情绪	自制力差、精神不集中、效率低下	对未来感觉迷茫，看不到希望	其他（请写出来）	无长期困惑或烦恼	调研人数
是，有明确的目标	39 (26.90%)	47 (32.41%)	27 (18.62%)	15 (10.34%)	17 (11.72%)	59 (40.69%)	25 (17.24%)	5 (3.45%)	44 (30.34%)	145
是，但不确定，可能会改变	165 (39.66%)	238 (57.21%)	89 (21.39%)	74 (17.79%)	69 (16.59%)	228 (54.81%)	129 (31.01%)	8 (1.92%)	74 (17.79%)	416
否，但一直在探索尝试树立目标	60 (51.72%)	95 (81.90%)	40 (34.48%)	37 (31.90%)	27 (23.28%)	80 (68.97%)	79 (68.10%)	7 (6.03%)	3 (2.59%)	116
否，没有想过也不在乎有没有目标	11 (50.00%)	12 (54.55%)	4 (18.18%)	10 (45.45%)	5 (22.73%)	15 (68.18%)	14 (63.64%)	4 (18.18%)	2 (9.09%)	22

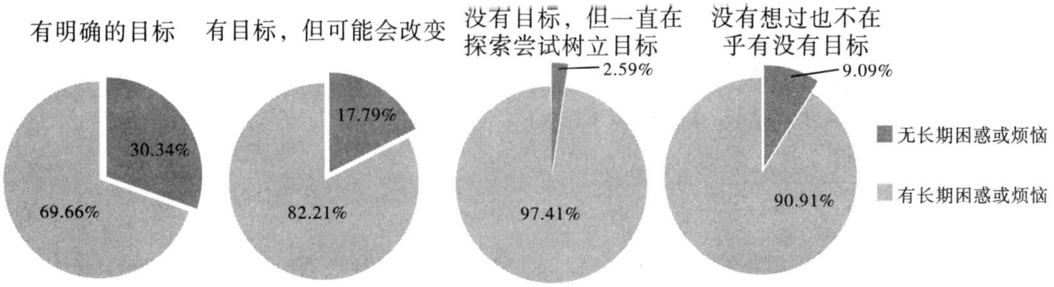

图5 有无明确目标与有无长期困惑或烦恼关系示图

值得注意的是，在没有目标的学生中，有22名学生（3.15%）表示不在乎有没有目标。这部分学生在大多数困惑方面比例明显高于有目标的学生，但少于虽然没有目标却在努力尝试树立目标的学生，这不难理解，不在乎有没有目标也就在人际交往、学业和未来方向等方面没有十分强烈的动机，困惑程度也就相对较弱。但他们在“精神空虚、萎靡”方面占有最高比例，达到45.45%，比有明确目标的学生高出35.11%。

再来看“是否有目标”与“化解烦恼能力”的关系，如表4所示。

表 4　大学生“是否有目标”与“化解烦恼能力”的关系

目标规划	很强、比较强	一般	比较差、很差	小计	比例
是，有明确的目标	97（66.90%）	44（30.34%）	4（2.76%）	145	20.74%
是，但不确定，可能会改变	212（50.96%）	188（45.19%）	16（3.85%）	416	59.51%
否，但一直在探索尝试树立目标	30（25.86%）	72（62.07%）	14（12.07%）	116	16.60%
否，没有想过也不在乎有没有目标	1（4.55%）	11（50.00%）	10（45.45%）	22	3.15%

认为自己化解烦恼能力“很强、比较强”的学生中，“有明确的目标”的比例为66.90%，“有目标，但可能会改变”的为50.96%，“没有目标，但一直在探索尝试树立目标”的为25.86%，“没有想过也不在乎有没有目标”的为4.55%。因此，目标越明确，化解烦恼能力强的学生比例越高。

认为自己化解烦恼能力“一般”的学生中，“有明确的目标”的为30.34%，“有目标，但可能会改变”的为45.19%，“没有目标，但一直在探索尝试树立目标”的为62.07%，“没有想过也不在乎有没有目标”的为50.00%。因此，越没有目标，化解烦恼能力越“一般”。

认为自己化解烦恼能力“比较差、很差”的学生中，“有明确的目标”的比例为2.76%，“有目标，但可能会改变”的学生为3.85%，“没有目标，但一直在探索尝试树立目标”的为12.07%，而“没有想过也不在乎有没有目标”的学生比例却高达45.45%。因此，目标越是明确，越有能力化解自己的烦恼和困惑；越是没有目标，化解烦恼的能力越差。如图6所示。

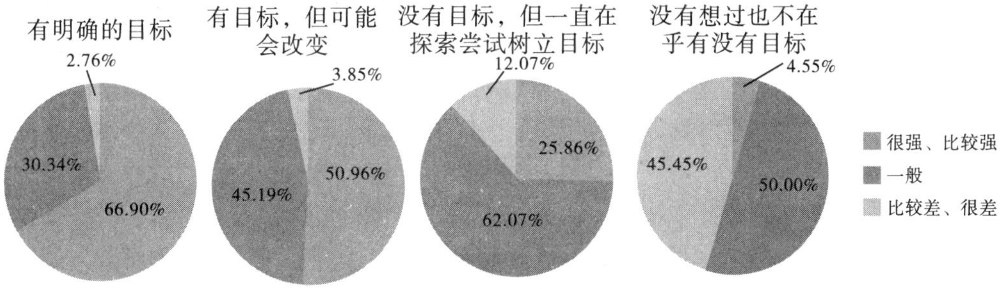

图 6　有无明确目标与化解烦恼能力之间的关系示图

从以上数据反映的情况可以看出，当学生有明确的人生方向和目标时，其化解烦恼的能力较强，生活学习各方面的困惑相对较少；越是目标不明确，生活和学习中的烦恼就越多，化解烦恼能力就越差。这可以解释为，当学生有明确的为之奋斗的目标时，就像大海中航行的轮船，可以开足马力直奔前方那个目的地，即使是其他烦恼和生活中各种琐碎事出现在面前，他们因为知道自己的目的地在哪里、该做什么而可以选择性地忽略或者不在意这些事，不让它们影响自己向目标迈进。而目标越不明确，越是不知道自己该做什么，时间和精力用在哪里合适，看着周围同学都在充实而忙碌地做各种事，自己就会越来越有一种落后和颓废的焦虑情绪和无力感。从“不在乎是否有目标”的学生，呈现“精神空虚、萎靡”状态的比例高达45.45%，就可以窥见一斑。这也与古之圣贤总结的“人闲是非生”“人无远虑，必有近忧”不谋而合，这也就是很多没有目标的学生之所以烦恼困惑较多的原因。

二、二级心理辅导站工作方案

从上述调研结果可以总结出：作为非专业心理咨询机构的学院二级心理辅导站，其定位不应该仅仅是心理健康教育中心咨询工作的一个分支机构，而是应该更多地承担学生成长成才和育人方面的职责，参与大学生心理健康教育的“源头治理”。

1. 帮助学生立目标、做规划

大学生进校，学校应引导其认真思考未来的人生发展，明晰三个规划，即人生规划、职业规划、学业规划。人生规划指导职业规划，职业规划又指导学业规划。因此，大学阶段，学生不能仅仅着眼于制订学习规划，而应结合自己未来职业发展和人生定位来安排学业。不论以后志在何方，本科和硕士阶段结束时的去向都会是深造、就业、创业等这几类去向中的一种，结合自己的人生发展设想和职业定位，选择适合的毕业去向，制订相应的学业规划。二级心理辅导站除了根据学生选择的去向对其进行分类引导，还需要进行全过程服务和指导。当学生目标需要改变时，帮助和引导其及时调整规划，以尽快达成新的目标。有了目标，学生才会有方向，知道什么阶段该做什么事以实现自己的目标。

2. 对学生进行生涯指导和服务

无论学生毕业去向是哪一种类型，对应学生生涯的每个阶段都有需要完成的任务。在这个过程中，二级心理辅导站可以给予学生全过程服务和指导。比如，对于本科生，发挥朋辈帮扶作用的“生涯小导师 1V1 陪跑计划”，让每位学生都有学长协助制订大学学业规划并鼓励和监督计划的执行；“榜样学长说”分享深造、就业、创业等的成功经验；“简历门诊”助力学生打造个人品牌及个人显示度；“求职分享课堂”协助学生在面试中脱颖而出；“留学达人秀”让学生提前了解留学相关知识以及留学项目；“我的创业故事”分享，为学生提供创业参考和借鉴。而对于研究生，辅导站更着眼于关注他们的人际交往、学业困境和效率低下的困惑，邀请到有经验的导师为研究生的学业发展和规划指引方向，并利用一对一咨询帮扶的方式解决其在人际交往和效率方面的困境。二级心理辅导站全方位关注学生生涯发展全过程，给予其相应的服务与指导，可以极大解决学生在这些方面的困惑和烦恼，避免心理困扰堆积，预防心理危机发生，助力学生成长成才。

3. 引导学生重视阅读并建构精神家园

阅读习惯对于大学生建立精神家园、摆脱空虚无助感有着重要意义。引导学生养成长期的阅读习惯，与知识为伍，读书明理，遇到生活中的难题和挫折才不至于张皇失措，病急乱投医。二级心理辅导站可以通过设立图书角、开办读书交流会、跳蚤书市、传统文化课堂、好书推荐、阅读征文等活动，在学生中营造读书的氛围，分享读书的收获，感受读书的乐趣，让学生逐渐了解阅读的重要性；通过有规律经常性的高质量阅读，补充有益的精神食粮，学生逐渐爱上阅读、习惯阅读，精神家园不再荒芜；通过大量有益的阅读，丰富自己的知识和见识、增长智慧，学生逐步建立起丰富的精神家园，在生活学习中，就能以不变应万变，减少心理问题发生的可能。

4. 关注学生心理状态，提供一对一心理辅导

二级心理辅导站虽然不一定有专业的心理咨询师，但因为辅导站成员是从事多年学生工作的辅导员老师，和学生接触最多，也最了解学生的烦恼及其根源。因此，在人际交往、情感、情绪疏导等方面，往往也能给出具有参考价值的建议，一定程度上能帮助学生缓解因为具体事项引发的抑郁和焦虑情绪。如有比较棘手的问题，通过辅导员沙龙的研讨交流，往往也能解决；或者向学校心理中心转介，让学生得到学校心理健康教育中心咨询老师的专业咨询服务，解决自己的心理问题。此外，辅导站应掌握好咨询学生的档案资料，动态掌握学生心理状态发展情况，及时给予帮助。

三、结论

综合上述，高校二级心理辅导站是校级心理健康教育中心工作的有益补充，不仅可以协助学校层面开展各项工作，还能充分发挥院系层面心理健康教育工作的育人功能。二级心理辅导站应侧重于预防学生心理危机的发生，对全体学生进行发展性辅导，通过关注大学生在校生活全过程，根据其阶段特点及心理变化，引导学生树立目标、做好规划。同时，针对学生普遍存在的困惑，在学业发展、生涯规划、就业指导、人际交往、情绪疏导等方面提供高质量的服务和指导，让学生的困惑得到解决。通过营造氛围，倡导坚持高质量阅读以丰富精神家园，培养学生积极心理品质，以及应对挫折和烦恼的能力，主动进行有效的自我心理调适，避免心理危机发生，从而实现从源头做好大学生心理健康教育工作。

参考文献：

张曼．院系二级心理辅导站工作模式初探［J］．兰州教育学院学报，2015，31（1）：145－146．

庞雪茹．基于二级辅导站模式的高校心理健康教育途径分析［J］．陕西教育（高教），2021（9）：28－29．

石丹丹，马敏娜．高校二级心理辅导站建设的实践与探索［J］．教育教学论坛，2020（7）：183－184．

章玉祉．高校二级心理辅导站建设的探索与思考［J］．科教文汇，2017（11）：156－159．

周琼华．高校院系二级心理辅导站的建设探索［J］．现代交际，2020（11）：25－26．

大学生健康心理培育研究

——以四川大学跨学科实验艺术项目为例[①]

岳 阳[②] 赵 帅[③]

摘要：本文关注由四川大学美术馆、华西心理卫生中心等主要机构主办的2021年度“艺术、设计、心理：跨学科实验艺术项目”，围绕项目进展与现状、团队构建与实验机制、艺术创作与作品呈现等方面展开研究，将项目第一回展览中的艺术成果作为主要的研究对象，探讨在跨学科的背景中，实验项目如何在高校学生中发挥积极的作用，在“实验”与“疗愈”两大版块中，探索本项目深化的多种可能性。

关键词：跨学科；艺术学；高校心理健康教育

2017年12月4日，《高校思想政治工作质量提升工程实施纲要》（以下简称《纲要》）中基本任务提出：要充分发挥课程、科研、实践、文化、网络、心理、管理、服务、资助、组织等方面工作的育人功能；挖掘育人要素、完善育人机制、优化评价激励，强化实施保障，切实构建“十大”育人体系。《纲要》中也明确将“心理”作为高校思想政治工作的重要环节，“心理健康”在学生个人成长和发展中，起着越来越重要的作用。

2020年，四川大学印发了《四川大学学生心理危机干预工作实施方案》,[④] 凸显以四川大学为代表的综合性高校，将心理健康教育工作普及和应用到重点人群（如确诊为心理疾病学生群体）和重要时间（如毕业季等）的策略和方法。2021年，四川大学艺

---

① 本课题为2022年研究生思想政治理论研究专项课题项目，2022年度“四川大学党建研究课题”资助项目。

② 岳阳，四川大学艺术学院，思政教师，主要研究方向为高校思政教育研究。

③ 赵帅，四川大学艺术学院，思政教师，主要研究方向为高校思政教育研究。

④ 本实施方案依据：“为进一步贯彻落实《普通高等学校学生新心理健康教育工作基本建设标准（施行）》（教思政厅［2011］1号）、《关于加强心理健康服务的指导意见》（国卫疾控发［2016］77号）、《高校思想政治工作质量提升工程实施纲要》（教党［2017］62号）以及《高等学校学生心理健康教育指导纲要》（教党［2018］41号）精神”，进行制定。本处引用“关于印发《四川大学学生心理危机干预工作实施方案》的通知”内容介绍，文件号：川大学［2020］11号。

术学院、四川大学美术馆、华西心理卫生中心、艺术与医学健康研究中心共同发起了“艺术、设计、心理：跨学科试验艺术项目”，呈现出以艺术学为主体的跨学科实验在缓解压力和心理治愈等方面所发挥出的积极价值和影响力。

一、项目开展与推进的基本现状

通过艺术的方式在心理治疗中产生积极的影响，协调人的身心健康发展在目前已经成为可能。在临床试验的过程中，艺术可以承担起病人表达痛苦、矛盾，抒发情绪的作用，在临床治疗中产生出积极的价值。将艺术学的理论与实践，引入心理诊疗的相关实验与研究中，在学界已经非常成熟。如音乐治疗的研究路径向神经学领域拓展，2014年，田野将天津音乐学院的学生作为干预对象，引导性地将音乐治疗引入缓解适应性焦虑情绪中；也有通过绘画治疗，得出其对大学生自我意识、权威混淆、角色尝试、自我确信等方面的干预效果显著。

近年来，四川大学美术馆围绕心理学学科，通过跨学科的方式，演化出若干艺术项目，这包括“记忆·被抽离的海马体”① “综合写生：因药知名”② 等，作为研究型大学的美术馆，通过艺术实践与理论的结合，将主要关注点聚焦于跨学科实验艺术项目的逻辑框架、工作模式和学科交叉方式，以及艺术家在跨学科艺术实践的认知思维、创作逻辑转换等方面。

同时，四川大学设计学专业在介入医疗科普与宣传方面，主要通过艺术的图像化信息传递进行介入，围绕健康防御、预防治疗等版块，以平面设计、视觉传播、动画生成等方式传递健康的理念，形成了提倡人文关怀、提升医学健康和艺术创新创意、赋予健康以“美学”新含义的创意理念。先期推动的成果，在艺术学门类的范围下，美术学与设计学学科有了可以衔接与互动的可能性。③

2021年4月，“艺术、设计、心理：跨学科实验艺术项目”开始启动，项目“旨在跨越公认的媒体边界，融合艺术与精神医学学科领域的思想和方法，一方面依托艺术的表现手法，再创作精神医学中的图像，表达生命认知、医疗公共性等观念；另一方面从人文的角度在心理疾病关怀和预防、艺术疗愈的临床实践等方面进行探索。合作方式多样、成果形态不限，项目的参与人员从实际的临床现象出发进行实验性创作”。在此过程中，艺术家如何通过艺术作品向患者的亲友表达病患的痛苦，设计师如何优化临床医疗中的视觉设计和物理设计，探索常见心理疾病的科普宣传模式。通过实验的成果期望

---

① “记忆·被抽离的海马体”项目于2016年4月至7月推进，由四川大学美术馆主办，艺术家探索作为记忆处理器的“海马体”，在个体存在中所表现出的“真实性”等存在的多种可能性，创作出《记忆运作模式图》（汤亚）、《时代妖塔》（李佳芮）等作品。

② “综合写生：因药知名”项目于2015年11月至2016年11月开展，由四川大学美术馆主办，艺术家围绕“药”这一特殊物质，展开艺术创作和探索，创作出《遗弃物》（白旺）、《保健药品》（李雪）、《侵蚀与更新》（王一霓）等作品。

③ 四川大学艺术与医学健康中心，主要围绕医学科普展开探索，实践成果包括《儿童战‘疫’心理健康读本》（2020）、《一个肺头子的防疫秘籍》（2020）等作品。

公众改善对精神疾病的偏见和固有的思维，有意识地关心和关爱身边人的情绪变化，对病患的外部空间环境产生积极的效果。在绘画、音乐、舞蹈、游戏等诸多方式中，形成一定的方法或体系。

作为探索性项目的实践，项目初期的目标主要是构建艺术与心理“疗愈”的多种可能性，将医学语言图示化、将心理世界图像化；通过艺术的多种语言方式，去探寻在心理沟通中的最佳表达途径。在项目推进的过程中，形成了54次记录在案的查房交流，拓展了讲座、创作经历交流和艺术沙龙等多种活动形式。

2021年4月23日，项目组以座谈会议的方式开始构筑项目展开的多种模式，为了多学科的交融和碰撞，该次会议参与者包括了艺术学、传播学、心理学等方向的学者，囊括了设计师、艺术家、策展人、医生等多种职业群体，通过临床的现有表现、问题，病患的表达等多种表象，寻求艺术介入心理理疗的交叉和融合之处。① 这次座谈会议，大致形成了艺术介入医疗的基本期望，这就是将展览现场作为“疗愈”的空间场所，在参观的过程中，完成心灵的疗愈；同时，这也是打破学科壁垒、拓宽多学科沟通与合作的契机。2021年6月27日，华西医院心理卫生中心余良明医生与课题组成员见面，围绕“精神障碍概述——第一人称视角解构疯人院”这一专题与项目组成员互相探讨。同时，艺术家、设计师和策展人也一同分享了自我的创作思路。

本次展览与探索的成果——“你好 你好吗”展览于2021年9月24日在四川大学美术馆展出，这是项目第一阶段的成果展览。② 从参展名单中，显现出“艺术与医学”的交互探索初衷。展出作品大部分为医生、艺术家、设计师与患者的共同创作，艺术创作呈现出患者内心的世界。在这一过程中，艺术家的主体角色逐渐弱化、艺术创作的思路与医生的理疗方案相结合，艺术情感与表达处于“萌发”的状态。这也为项目下一阶段的开展，带来了新的思考。

二、团队构建与项目的机制与策略

人在社会中生活，总要与社会环境相适应，保持一种现实感。由于人们的生活环境在不断地变化，人们的适应就是一个动态的进程，积极的适应就是智慧，就是心理健康。目前，围绕高校心理健康教育的课程开设与机制构建，已经完善且成熟。如“在智

---

① 本次会议是跨学科实验艺术项目的第一次会议，项目策划朱月做主持，华西心理卫生中心郭万军教授、主治医生司徒明镜老师，四川大学艺术学院设计与媒体艺术系系主任许亮副教授，四川大学艺术学院绘画系副系主任、美术馆馆长熊宇副教授做主要发言后，在场的临床医生、艺术家等参与人员自由发言。

② 本次展览，四川大学艺术学院院长何宇教授、四川大学艺术学院设计与媒体艺术系陈小林教授、四川大学华西医院心理卫生中心PICU病房医疗组长张骏教授，四川大学华西心理卫生中心PICU护士长余建英老师、副护士长卓瑜老师，项目协调余良明医生，四川大学美术馆馆长、四川大学艺术学院绘画系副系主任、熊宇副教授，四川大学艺术学院设计与媒体艺术系系主任许亮副教授，四川大学艺术学院设计与媒体艺术系王莉莉副教授，项目观察员、四川大学哲学系马飞老师，麓湖A4美术馆策展人、学术策展部主管唐逸翔等嘉宾出席了展览开幕。张骏教授，余建英老师，余良明医生，熊宇馆长，许亮主任，王莉莉副教授，马飞老师，唐逸翔，以及陈镪、蒲粤梅、魏震、上官凯莉、张佳颖等参展艺术家，刘佳韵、侯孟伶等参展设计师，项目统筹周子仪、吴昊恒出席了研讨会，并做主要嘉宾发言。研讨会由项目策划、四川大学美术馆策展人朱月主持。

慧树开设的在线课程‘大学生心理健康’，自 2016 年 9 月上线以来，至 2020 年 7 月，已经运行 8 个学期，有 270.44 万大学生选课，共计 949 所大学选择该课程”。从这一侧面，可以看出大学生围绕心理健康的主动探索已经成为一种趋势，围绕传统讳疾莫谈的“抑郁症”“躁郁症”等心理疾病，其接收观念已经在发生转变。

在这样的背景中，本次项目在高校开展具有较为适宜的外部环境。本次展览由四川大学艺术学院、华西医院心理卫生中心、四川大学美术馆、四川大学艺术与医学健康研究中心主办，是四川大学的一次医学与艺术学资源的整合实践，且为一次较为典型的“学院派”实验项目，具有学理的支撑和深入实验的平台。

项目团队主要成员为高校在读研究生、高校在职教师，占比达 88.6%；医护人员占比 25%。参与项目的主体人员为医护人员、艺术家、设计师，主要的项目实践场地为华西心理卫生中心。而为保障本次项目的正常推进，项目组还设置了艺术总监、临床总监、临床学术支持、策展人、观察员、统筹和协调等角色。在多种角色中，较易被忽略的“病人”，恰恰也是本次艺术创作作品推进的主体。在作品呈现的最终阶段，多数作品是由患者直接创作，而作为主导的艺术家群体，其角色发生了转换，成为推进项目进展的“幕后人员”，转变为艺术观念、艺术思维的建构，艺术创作转变为艺术方法的探索，而这样的探索，又需要符合“疗愈”的目的。在这一过程中，医护人员与艺术家建构起了可以合作的多种可能性。

设计师的角色常常被称为“戴着枷锁的跳舞者”，本次艺术创作的过程，与之又是如此相像。在艺术创作的过程中，设计师们的出现，所承担的角色是“知识的可视化”和“医学科普”的普及，两轨并行。设计师主动介入项目的生产过程，所呈现的作品，以图像的方式再现了艺术介入心理治疗的逻辑框架和图谱结构。展览空间所构建的“疗愈”空间，较为重要的功能是对心理疾病的描述与科普，而其价值即在此体现。

三、项目作品与艺术研究的方法

作为跨学科项目，第一次项目的关键词为“实验”，在这一过程中，项目的推进目的也变得逐渐清晰，那就是“如何让这个社会和社会中的个人的心理健康状况变得更好”。项目参与人通过走入华西心理卫生中心，亲身参与和体验查房过程、与医生围绕方案深入讨论，艺术家和医护人员为患者营造出独特的文化场域空间。患者通过艺术创作进行情感抒发和宣泄，艺术作品折射其内心世界。艺术家和医护人员通过展陈空间的设计，进一步推进公众对患者精神世界的认知。不同学科背景、专业知识的交融，推进了研究项目的深化。

本项目由多件艺术作品共同呈现，项目参与者、项目策划者和项目试验者的共同“实验”，为艺术作品的生成带来了诸多的不确定与流变。正如策展人朱月所言：“项目的参与人员将从实际的临床现象出发进行实验性创作。”对原有知识系统的梳理、对新知识体系的学习，在固有视觉经验、创作观念和表达方法的预设中，针对患者的现实问题，提出解决问题的思路和方法。在艺术创作的生成中，不断推进项目的深化。这需要医生了解艺术创作与艺术生成的方法和逻辑，需要艺术家了解心理学的基础理论知识与心理治疗的基本原则，打破固有的“惯性思维”，完成学科与学科之间的跨界。

在项目推行的初期阶段，主要围绕的是理论知识的学习、必要的体验经历，完成知识图谱的生成，理论体系的接受。项目组在初期阶段，参与医生的查房、与医生围绕创作方案讨论，对创作意图的试验与反思。在第一次展览中，大致可明确这一阶段的主要意图。“你好”“你好吗”的对白，既是不同学科相互熟悉、关照与融合的对白，也是一种围绕“心理”的发问，一语双关。在愈发重视心理健康的社会背景下，人们的心理状态究竟如何，向我们提出了进一步的反思。当然，贯穿展览始终的发问，也指向了心灵疗愈的初衷。

在项目推进的过程中，研究项目的探索性决定了艺术作品未来发展的多元化和不确定性，第一阶段的探索意义深远，通过作品成果的显现，其问题也主要聚焦于“艺术的疗愈效用验证”“艺术、设计、心理的合作关系和方式”等。当然，不同身份、角色在项目深化的过程中，所发挥的作用不是一成不变或一以贯之的。艺术家、设计师、医护工作者在项目的推进过程中，在以康复治疗、科普宣传、环境提升、器具设计和制度设计为目的的探索中，都发挥着不同的价值和作用。

首先，感性世界的呈现。艺术家在感性世界的构建中，尤其通过艺术创作的方式传递情感，在与医生、患者的家人和公众的沟通中，艺术作品中的图像世界，发挥出积极的影响力。参与本次项目实验的医生张骏谈道：“艺术家在与病患的交流过程中，可以实现某种共通。”艺术家逐渐走入患者的世界，艺术的张力渗透患者的情感空间，进而创作出富有张力的艺术作品。在这一过程中，感染和影响“患者”及身边的人。

其次，多种艺术表达方式的探索。本次展览呈现方式多样有诗歌、涂绘、拼贴和音乐等。通过不同的艺术形式，将多元的艺术与不同的病患相衔接。如陈镭、蒲粤梅的实验声音工作坊，通过共同的创作，融入情感的声音表达；又如魏震和上官凯莉的绘画游戏工作坊，借用游戏的形式，“诱使”不愿走出自我圈子的患者，学会用艺术的方式，表达自我的情感；再如王好晴的诗歌工作坊，通过诗歌与患者的对话，为双方的相识，较为有效地建立起桥梁。

再次，现实空间与虚拟空间的定义与探索。艺术家在与患者的交流过程中，通过艺术作品向公众展示了这一“神秘”的领域，友好且积极地传递着心理健康的各个领域。艺术家严俊雄的摄影工作坊，通过影像的方式，从“他者”的创作视角，探索患者真实生活的空间，通过一幅幅图像构建起患者眼中的世界。如作品《作为环境象征的房子》，患者通过沙盘的方式反映其在家庭中的状态和原生家庭的问题，这种递进式的探索，启发着艺术家对于构建新型家庭关系的思考。

最后，由艺术作品所编织的独特场域，形成的“疗愈空间”在真正地发挥着作用。医护人员余建英谈道：“艺术疗愈的不仅是患者，也疗愈了 PICU（儿科重症监护室）的工作人员。”其实，在高校的展览所形成的文化空间中，“疗愈空间”进一步推进校园的文化与生活。就像艺术家玛丽娜·阿布拉莫维奇所言：“随着我步入森林深处，海浪的声音渐渐消失，突然间我可以感受到我周遭的所有寻在：一切都充满生命。”

四、跨学科与大学生心理健康培育

我国高校管理体制的优势——“分层管理、条块结合”的组织架构和运作机制，学生集中在校内住宿。辅导员是心理危机预防与干预工作的主力军，学生工作队是辅导员队伍与心理健康教育队伍的结合。辅导员在关心学生上发挥了积极的作用，在三级心理危机预防工作体系中发挥着作用。

心理育人也要“三全”育人，体现在全员、全过程和全方位当中。这包括面向全体，从入学到毕业的全环节，充分利用各种心理教育载体，如宣传、实践和课程等方式，将心理健康教育寓于其中。充分把握学生的心理规律，如大一重视学生大学生活的适应，大二重视学生成绩的滑坡，大三重视学生未来的发展和规划，大四重视学生毕业产生的焦虑情绪。

四川大学艺术学院将艺术学的学科方法与医学心理治疗方法相结合，搭建起了理疗与治愈的桥梁。尤其是当本次项目的创作成果在四川大学美术馆展出时，艺术作品构建起了心理疗愈的文化空间，观展者在走入患者内心世界的过程中，也完成自我心理的洗涤和净化。2022 年 3 月 26 日，“低垂之眼：艺术、设计、心理跨学科实验艺术项目第二回展”在四川大学美术馆开幕，作为展览第二阶段的延续，梳理了四川省内 20 家精神卫生机构事实艺术康复的情况，将活动置于范围更大的社会设计范畴之中，以高校学子为主体的艺术家们，积极主动地走入心理领域，通过语言、符号去呈现对世界的感知。在这一活动中，创作者通过艺术的方式将自己的情感、经历进行转化，相互交融，进而促进了自我心理世界的健康化发展。这是一个开放式命题，也是一个可视化的过程，通过数字技术、交互技术和数据支持，将感性话题科技化和学理化，也为课题的发展带来了智力支持。

依托本次项目，期望由艺术学学科主体介入，通过心理健康教育的多种路径，提高全体学生的身心素质，让同学们更阳光、更真诚、更有责任感、更有韧性，帮助他们为国家、为社会做出更大的贡献。

参考文献：

张晓敏. 中国音乐治疗研究新进展——中国音乐治疗学会第 12 届学术交流大会述评 [J]. 人民音乐，2016 (6)：59－61.

田野. 接受式音乐治疗对大学生新生适应性焦虑的干预研究 [D]. 天津：天津音乐学院，2014.

田媛. 绘画治疗对大学生自我同一性的改善效果研究 [D]. 苏州：苏州大学，2014.

大学生团体心理辅导的实施情况研究

罗晓蓉[①]

摘要：近年，团体心理辅导由于能够有效地促进大学生心理健康发展，已经越来越多地应用于大学生心理健康辅导中。为探讨团体心理辅导对大学生心理健康辅导的实施情况，作者对3663位调查对象展开团体心理辅导实施情况调查，研究结果表明，目前大学生迫切需要的团体心理辅导主题比较集中。团体心理辅导实施中存在的问题，主要集中在辅导者、辅导对象、学校、辅导技术四个方面。文中针对这四个方面问题提出相应的对策，以期对团体心理辅导在大学生心理健康教育中的实施产生一定的指导作用。

关键词：大学生；团体心理辅导；实施情况；对策

当前大学生心理健康状况并不乐观，心理健康教育工作的建设与发展亟待解决。团体心理辅导运用和实施于大学生心理健康教育中，在改善学生心理状况、满足学生心理需求，促进大学生心理健康发展方面具有实效性和针对性。因此，探讨团体心理辅导在大学生心理健康教育中的实施情况，具有重要意义和现实作用。

一、调查研究设计

（一）研究方法

本次调查研究采用调查问卷的方式对团体成员进行测试。调查问卷的设计除了涵盖基本的人口统计学信息，还包括团体心理辅导主题、团体心理辅导实施中存在的问题，学生对团体心理辅导实施的建议与对策。

问卷一：调查大学生关注的辅导主题频次，了解不同时期、不同年级学生所面临的心理和发展问题情况。以大学本科前三年或者研究生三年共六个学期为调查时间，每学期开设团体心理辅导主题，有10个选项：

① 罗晓蓉，四川大学数学学院，副教授，博士，主要研究方向为思想政治教育和学生心理健康。

①职业生涯规划；②环境适应能力；③同伴交往与关系；④自我认知能力；⑤职业心理；⑥拖延与时间管理；⑦异性交往与恋爱辅导；⑧情绪调控与挫折应对；⑨生命教育与危机预防；⑩游戏成瘾与手机依赖。在选择的主题后写上相应的学期序号 1～6，也可以进行自我需求上的主题补充，并填上相应的学期序号。

问卷二：当前大学生团体心理辅导实施中存在的问题，问题涉及学校、教师、学生以及实施方法。

问卷三：教师与大学生对团体心理辅导开展的建议与对策。

（二）研究对象

本调查邀请大学辅导员、心理健康中心专职教师、心理学专业教师、心理健康咨询兼职教师，以及在校大学生共 3663 位有效调查对象，其中本科生 3618 人、研究生 22 人、教师 23 人。调查对象分为学生组和教师组（见表 1、表 2）。

表 1　学生组调查对象基本信息情况表

人口学特征		人数	比例（%）
年级	大一	1653	45.69
	大二	944	26.09
	大三	861	23.80
	大四	160	4.42
	研一	9	40.91
	研二	6	27.27
	研三	7	31.82
性别	男	1021	28.05
	女	2619	71.95
生源地	农村	1803	49.53
	城镇	1519	41.73
	大城市	318	8.74
学生干部	是	1205	33.10
	否	2435	66.90
独生子女	是	1414	38.85
	否	2226	61.15

注：在年级变量中，大一的调查对象占比最高，后数量由高到低是：大二、大三、大四、研一、研二、研三。在此纳入研究生，是因为研究生同样经历过大学阶段，以此调查出他们在大学阶段实际的心理需求有哪些。在性别变量中，男女比例不太均衡，女生的数量多于男生。在生源地变量中，农村所占比例大于城镇和大城市；在学生干部变量中，不是学生干部的数量多于是学生干部的数量。在独生子女变量中，不是独生子女的数量也多于是独生子女的数量。

表 2　教师组调查对象基本信息情况表

人口学特征		人数	比例（%）
角色（可多选）	大学辅导员	9	39.13
	心理健康中心专职教师	4	17.39
	心理健康咨询兼职教师	7	30.43
	心理学专业教师	7	30.43
性别	男	4	17.39
	女	19	82.61
学位	学士	0	0
	硕士	19	82.61
	博士	4	17.39
职称	助教	6	26.09
	讲师	15	65.21
	副教授	2	8.70
	教授	0	0
教龄	5 年之内	15	65.22
	5～10 年	7	30.43
	11～15 年	1	4.35
	15 年以上	0	0

注：在角色变量中，大学辅导员最多；在性别变量中，女性多于男性；在学位变量中，有硕士和博士，其中硕士多于博士；在职称变量中，调查对象多为讲师；在教龄变量中，调查对象多为 5 年内的教龄。

二、调查研究结果

（一）大学 1～6 学期团体心理辅导主题情况

综合学生组与教师组对大学生团体心理辅导的问卷调查结果①，对回收的有效问卷数据进行统计与整合，得出大学生关注较高的团体心理辅导主题及排序情况与大学生团体心理辅导中存在的主要问题情况，结果如下。

① 教师组的问卷调查结果显示，其结果与学生组关注的问题的频次契合，所以没有将教师组与学生组进行分别分析。

1. 大学 1～6 学期团体心理辅导主题频次排列情况（见表 3）

表 3　大学 1～6 学期团体心理辅导主题调查频次排列情况表（%）

辅导主题	第 1 学期	第 2 学期	第 3 学期	第 4 学期	第 5 学期	第 6 学期	小计（%）
职业生涯规划	7.13	11.63	15.56	14.06	27.87	10.16	86.41
环境适应能力	55.66	7.62	3.99	2.73	1.83	1.58	73.41
同伴交往与关系	11.63	24.95	12.12	15.12	3.55	2.32	69.69
自我认知能力	4.20	8.14	12.07	15.97	16.90	10.16	67.44
职业心理	1.50	2.35	4.64	6.93	11.79	37.62	64.83
拖延与时间管理	2.29	6.09	12.09	14.78	11.98	14.33	61.56
异性交往与恋爱辅导	5.92	10.29	21.88	8.44	4.78	3.85	55.16
情绪调控与挫折应对	2.05	4.12	6.74	10.21	12.12	12.16	47.40
生命教育与危机预防	7.64	20.80	5.24	5.11	4.12	3.85	46.76
游戏成瘾与手机依赖	1.98	4.01	5.67	6.65	5.06	3.97	27.34

大学生团体心理辅导的需求排列前十位的主题分别是：①职业生涯规划（86.41%）；②环境适应能力（73.41%）；③同伴交往与关系（69.69%）；④自我认知能力（67.44%）；⑤职业心理（64.83%）；⑥拖延与时间管理（61.56%）；⑦异性交往与恋爱辅导（55.16%）；⑧情绪调控与挫折应对（47.40%）；⑨生命教育与危机预防（46.76%）；⑩游戏成瘾与手机依赖（27.34%）。

2. 1～6 学期每学期团体心理辅导主题频次排列情况

1～6 学期每个学期的团体心理辅导主题频次排序前三名分别为：

第 1 学期：环境适应能力（55.66%）、同伴交往与关系（11.63%）、生命教育与危机预防（7.64%）。

第 2 学期：同伴交往与关系（24.95%）、生命教育与危机预防（20.80%）、职业生涯规划（11.63%）。

第 3 学期：异性交往与恋爱辅导（21.88%）、职业生涯规划（15.56%）、同伴交往与关系（12.12%）。

第 4 学期：自我认知能力（15.97%）、同伴交往与关系（15.12%）、拖延与时间管理（14.78%）。

第 5 学期：职业生涯规划（27.87%）、自我认知能力（16.90%）、情绪调控与挫折应对（12.12%）。

第 6 学期：职业心理（37.62%）、拖延与时间管理（14.33%）、情绪调控与挫折应对（12.16%）。

（二）大学生团体心理辅导实施中存在的问题

通过对问卷调查的分析和总结，大学生团体心理辅导主要存在以下问题。

第一，教师和辅导者方面。问题主要集中在：（1）教师和辅导者的专业度不够，对团体心理辅导方案的设计缺乏理论指导和针对性。部分教师和辅导者辅导方案设计缺少系统性，活动形式不够有趣新颖。(2) 辅导主题的设置没有经过深入调查，无法满足学生的实质心理需求。对于团体成员个性和认知方面的挖掘不够深入。(3) 教师角色定位不够准确，主控地位太强，导致团体心理辅导的实效性不高，缺少科学、有效的效果评估和后期追踪。

第二，学校方面。表现为学校对团体心理辅导的重视、宣传程度不够；具有团体心理辅导专业能力的教师人数比较少，导致在团体心理辅导的安排上不够合理和完善，相对于参加辅导的学生人数，教师实行辅导的时间、次数偏少；提供给教师专业培训的机会较少，使其缺乏理论指导和实践训练。

第三，学生方面。表现为对团体心理辅导活动了解不充分，参与度、积极性不高，部分学生认为团体心理辅导对自己帮助不大，只是参与活动而已。

第四，实施方法方面。表现为团体心理辅导主题在实施中缺乏针对性和灵活性，没有最大限度地发挥出团体心理辅导的功效。

综上所述，大学生团体心理辅导主要存在方案设计不合理、缺乏针对性、缺乏学校支持、教师专业水平不够、学生参与不积极、实施方法不够灵活的问题，其中学校与教师问题尤其明显，这也是问题的关键所在。

三、大学生团体心理辅导实施的对策分析

针对大学生团体心理辅导中存在的问题，特提出如下对策：

第一，在教师和辅导者方面，应积极参与相关技能培训，积累实践经验。同时辅导者应当重视辅导对象的主体地位，提前调查辅导对象实际心理需求，设计更具针对性的辅导主题和方案，并平衡在团体心理辅导过程中的调控作用。

第二，在学校方面，可从课程设置、师资管理与专业培训上加强对团体心理辅导的重视与支持。加大宣传力度，利用海报、信息墙、微博、公众号等渠道来宣传和普及一些团体心理辅导相关的知识与案例，帮助学生正确了解团体心理辅导的作用和科学性。

第三，在学生方面，学生需要正视自己的心理需求，积极了解团体心理辅导方面的知识，努力消除刻板印象、卸下防备，带着真诚、专注的态度参与辅导，从辅导中获得成长和进步。

第四，实施方法方面，首先按照大学生不同学期关注的主题排序，灵活并且有针对性地安排辅导主题。其次，采用多种团体心理辅导方法组合运用。比如，将团队讨论与角色扮演、心理剧搭配运用。通过团队讨论，可以聚焦问题，确定问题之后，采用角色扮演或心理剧，将角色的人格特质、心理冲突和情绪，以及在与他人相处中的行为和认知呈现于“舞台”，便于辅导者间接干预和同试者的协助解决。总之，多种辅导方法搭配使用，既可以引发学生参与的兴趣，又可以帮助团队成员跨越沟通障碍，建立良好的团队关系。

四、结论

团体心理辅导是在团体情境中提供心理帮助的一种形式，团体辅导与个别辅导在原则、技术、对象及伦理上具有相似性，但是在互动程度、助人氛围、问题类型和辅导技术上，团体心理辅导具有感染力强，影响广泛，效率较高，省时省力，效果容易巩固的优势。因此，通过对大学生团体心理辅导实施情况的研究，充分发挥团体心理辅导的作用，能够更好地提高大学生心理健康素质，促进大学生的全面发展。

参考文献：

田合雷，李艳，何畏，等．团体心理辅导在大学生心理健康教育中的应用研究［J］．安徽农业大学学报（社会科学版），2016（1）：117－120.

张晶慧．团体辅导改善大一学生人际交往质量的实践［J］．中国健康心理学杂志，2015（4）：598－601.

樊富珉．团体心理咨询［M］．北京：高等教育出版社，2010：5－6.

徐滨．关于构建高校团体心理辅导体系的思考［J］．中国轻工教育，2011（2）：29－31.

樊富珉．我国团体心理咨询的发展：回顾与展望［J］．清华大学学报（哲学社会科学版），2005（6）：62－69，109.

赵玉霞，郝艳红，静香芝．运动结合团体心理辅导对大学生手机成瘾的干预效果评价［J］．中国学校卫生，2021（4）：556－559，564.

以辅导员工作室为依托的大学生心理健康教育实践探索

——以四川大学健行辅导员工作室为例

吴　笑[①]　李小平[②]

摘要：近年来，大学生心理健康教育越来越成为高校的一项极其重要的工作。高校辅导员作为大学生心理健康教育人员队伍的重要力量，是和大学生接触最多的教师，也是最先发现学生心理问题的人群之一。因此辅导员应该在工作中注重提升迅速甄别大学生的心理问题程度及成因、对心理危机进行有效和及时干预，以及对学生心理困扰进行巧妙化解等能力。辅导员工作室作为辅导员工作职业化、专业化的培养平台，在大学生心理健康教育专业化、系统化方面自然也能体现出其独有的作用。

关键词：辅导员工作室；大学生心理健康教育；路径研究

大学生心理健康问题一直是国家和高校极为重视的一项工作，教育部也数次发布相关文件要求高校加强大学生心理健康教育。在实际工作中，辅导员能够发现学生的心理困扰来自多方面，且表现呈现出一致性，比如焦虑、抑郁、孤立、冷漠等。但如果对学生的心理困扰不加以及时干预和解决，并且长期消极对待，那么就有可能演变成真正的心理问题，严重影响学业，继而影响学生的成长和整个人生的发展。

近年来，辅导员工作室开创了高校辅导员工作专业化、职业化发展的新模式，在辅导员工作室的平台整合下，学生心理健康教育也能比较系统、全面地展开。

健行辅导员工作室（以下简称健行工作室）的系统工作思路，即以在思想观念上引导学生、心理健康和生涯发展上服务好学生为宗旨，以辅导员工作室建设目标为指引，整合辅导员的研究力量，以辅导员培训课程、工作室咨询、心理及职业规划社团、大学生心理健康课、读书交流会、微信公众号、辅导员沙龙等为抓手，凝练工作特色，完善

---

① 吴笑，四川大学商学院，辅导员，主要研究方向为学生思想政治教育、心理健康及职业发展。

② 李小平，四川大学商学院，党委副书记兼纪委书记，主要研究方向为高教管理、组织竞争力与绩效评价。

工作路径，提升工作成效，解决实际问题，服务全体学生。

一、建设交流阵地，为学生提供交流倾诉的机会

（一）建设健行工作室固定场所，营造舒适的学生倾诉和辅导员工作环境

工作室需要建设固定场所，便于工作室成员与学生交流，为学生提供舒缓压力的环境。同时因为开办读书交流会也是工作室功能之一，需要在工作室场所设置图书角，购买包括中华传统文化、古典现代文学名著、历史、地理、心理辅导、名人传记等内容的书籍，供辅导员和学生借阅，由专人负责图书的管理和维护。有专门和固定的场所供工作室成员开展工作，更有凝聚力和归属感，从形式和内容上确保工作室能够长期运行。

（二）建设健行工作室微信公众号，搭建学生学习平台

随着自媒体时代的到来，通过一定的自媒体宣传和信息传播手段对外展示自己，成了广泛采用的重要途径和平台。利用微信公众号“健行工作坊”让学生了解辅导员工作室的功能、工作情况和活动动态，以及发布有利于学生身心健康的推文、相关通知和一对一咨询预约等，有利于工作室帮助学生进行比较清晰的形象定位，让学生随时了解健行辅导员工作室，宗旨是为学生更好地服务，做到有烦恼，能倾诉；有困难，能求助。

（三）开办读书交流会，引导学生养成阅读习惯，构建精神家园

调研显示，现今有很多在校大学生内心空虚，有着无获得的颓废感和无成就的挫败感。长此以往，这种状态会让学生产生抑郁、焦虑的情绪，影响睡眠质量、人际关系和个人发展。甚至有些人会误认为自己得了抑郁症，去看病吃药，却不知道问题的根源出在哪里。阅读习惯对于大学生建立精神家园，摆脱空虚无助感有着重要意义。引导学生养成长期的阅读习惯，与知识为伍，读书而明理，遇到一些问题才不至于张皇失措、病急乱投医。工作室开办读书交流会，让学生分享读书的收获，感受读书的乐趣，补充有益的精神食粮，让精神不再贫瘠，从而慢慢建立丰富的精神家园，在生活学习中，以不变应万变，减少心理问题发生的可能性。

二、夯实团队实力，准确分析学生心理困扰根源

要做到正确分析学生心理困扰成因，并在思想观念上矫正学生的认知和引导学生走出思维误区，首先需要组建工作经验丰富、业务能力过硬、专业知识扎实的工作团队。健行工作坊的工作团队由辅导员、专家老师和学生助理共同组成。

（一）抓好辅导员能力提升，发挥一线辅导员核心作用

辅导员是日常生活中与学生学习生活接触最多的老师，因此也应发挥出辅导员在学生心理辅导预防阶段的核心作用。工作室的成立，要以提升辅导员业务能力为目标之

一，使工作室成为展示辅导员风采的窗口、创新育人理念方法的平台和孵化辅导员名师的摇篮。因此，辅导员能力提升培训应成为工作室日常工作和功能定位之一。辅导员能力提升分为理论学习、技能培训、工作研讨、走访交流等，着重提升辅导员分析把握学生心理问题成因、谈话技巧、生涯规划、引导技能等方面能力，工作室联系并组织相关业务培训，使每位辅导员一学期至少参与 1 项培训，赴兄弟高校交流学习至少 1 次，每学期开展辅导员沙龙 1～2 次。辅导员在学习中成长，在交流中提升。只有在不断学习和总结实践经验的过程中，辅导员的业务能力和专业水平才能进一步提高，才能提升对大学生的心理问题进行甄别、对心理危机进行有效和及时干预、对学生心理困扰巧妙化解等能力。

（二）嵌入学校学院优势资源，组建专家顾问团队

健行工作室邀请学校学院资深心理学专家教授担任顾问与咨询老师。学校学院专业老师中不乏职业生涯研究专家、心理专家，却因为缺乏合适的平台与整合机制，无法充分参与到学生的思想工作、心理健康与生涯指导中。工作室邀请他们担任顾问和咨询老师，参与到学生心理辅导和生涯规划中，为学生提供高质量的咨询指导，可以形成较长期的工作机制，也使学生有机会和平台向名师学习和请教。同时，名师专家也可以在辅导员工作室理论研究及成果孵化方面提供宝贵的指导。

（三）培养高质量助理团队，协助开展日常工作

工作室可以组建和培养一支学生助理团队。学生助理可以协助工作室成员进行日常事务管理及组织重要活动。比如，工作室开展研究需要进行调研数据收集、处理和分析，组织职业发展、学业发展、心理辅导沙龙或讲座，对工作室图书角图书进行管理，对工作室微信公众号、QQ 号进行运营，负责文章编辑和发布等一系列工作，都需要一支有热情、有干劲和有责任心的学生助理团队来协助完成。个别比较固定和耗时的岗位，还可以设置勤工助学岗位，给予学生适当补贴。高质量的助理团队，可以确保工作室工作高效、持续性地开展下去。

三、适时整理分析，动态掌握学生的关注点及心理状况

辅导员不是心理问题专家，但辅导员直接参与学生的学业指导、职业指导、生涯规划、心理辅导等多方面工作，因此以辅导员为主体的工作室也可以研究探索出如何在学生发生心理问题前端和初级阶段时，给学生以适当的帮助和危机干预。要找准学生心理问题的成因和解决途径，就需要较清楚地掌握学生的情况。

（一）通过一对一咨询进行个性化指导

辅导员工作室的成员一般由在此岗位工作数年的辅导员组成，工作经验丰富，并且都达到了博士研究生学历，在一线学生工作中会有诸多思考与总结。学生的烦恼多是围绕学业、职业发展、人际关系、情感、家庭、就业等问题，资深辅导员老师往往都可以

给予学生正确的引导，提出有价值、有启发的建议。这在一定程度上解决了年轻辅导员或者工作年限不长、经验还在积累中的辅导员无法较充分和科学指导学生的困境。经常接受不同年级学生咨询的辅导员老师还可以通过梳理和分析案例，总结出不同阶段学生主要在哪些方面产生困惑，有助于辅导员针对不同年级学生做好相应的思想和生涯辅导工作。

（二）利用学生社团和助理团队开展活动和相关调研

学生出现心理问题，其他学生可能是第一接触人和接收人，但不一定能够正确判断。辅导员工作室可以借助学生社团和学生助理团队，指导学生开展相关活动，通过活动对学生的心理现状、关注点、焦虑点等进行调研和盘点。工作室需要事先拟定好调研主题，并根据调研的目的和方法设计调研活动的选题题库，指导各队进行调研并进行数据分析，得出适当的结论。通过这类活动，可以调动参赛学生的力量在广大学生中进行充分调研，了解学生目前的心理现状，获得第一手调研数据，为后续的工作和研究做数据支持。

四、丰富研究载体，在实践中提炼理论以提升技能

（一）开展辅导员沙龙

学院辅导员内部研讨、跨学院交流研讨、深入兄弟院校走访交流研讨，多管齐下，推动辅导员之间的工作心得、研究成果交流。由于辅导员的工作性质和现状，如果不加强交流和学习，很容易陷入日常琐碎工作中。既要埋头拉车，也应抬头看路，向同行中优秀辅导员、优秀工作室学习借鉴好的做法，有助于在工作实践中提炼出研究理论，将研究理论贯彻到实际工作中提升成效，走出辅导员工作职业化、专业化的道路。

（二）扎实开展理论和方法研究

健行工作室每位成员都有自己的重点研究领域及研究点，并牵头负责完成该领域的相关研究工作。工作室理论研究形成体系，各位老师研究点形成逻辑链，结合日常工作中的咨询案例、调研数据、工作实践，对学生心理健康状态成因及其影响因素进行分类，找出规律，对共性的问题总结出几套科学有效的工作方法，对不同类别学生群体个性的问题则设计有针对性的帮扶方案。

（三）发挥大学生心理健康课程阵地作用

大学生心理健康课堂，是可以和学生充分互动，发现学生尤其是新生心理困惑多发点及关注点，并向学生传授心理健康理念及引导大学生学会自我心理疏导的集中场所。目前很多高校都有经验丰富的辅导员参与大学生心理健康课程授课。根据学生的关注点，健行工作室大胆改革与设计科学的课程教学内容和方法，充分利用“大学生心理健康”必修课教学机会，进行大学生心理健康课教学改革探索与实践，同时，运用咨询谈

话、课堂教学、活动实践、知识增智等多渠道、多角度、全方位构建健康心理。

五、结语

综上所述，依托辅导员工作室可以从平台建设——打造学生和老师的交流谈心平台，技能提升——担负辅导员及学生骨干的技能提升培训，动态研判——动态调研和掌握学生心理状态发展趋势，研究实践——利用好各种丰富的载体促进辅导员工作的理论研究和实践这四方面来全面夯实和构建辅导员开展大学生心理健康教育的有效路径。

参考文献：

刘芳芳，王艳超，王浩宇．新形势下高校辅导员工作室建设的实践探究［J］．教育现代，2019（59）：98－99，109．

王国栋，党林林．对高校辅导员工作室建设的探讨［J］．科学咨询（科技·管理），2019（38）：89．

王海红．高等院校辅导员开展心理健康教育探析［J］．校园心理，2017，17（5）：407－409．

刘颖．高校辅导员名师工作室的功能与优化途径探析［J］．文化创新比较研究，2019，3（26）：178－179．

王秀彦，张景波，盛立国．新时代高校辅导员队伍专业化建设路径选择［J］．北京教育（高教），2019（Z1）：144－146．

如何缓解高校少数民族预科生心理压力

——以四川大学少数民族预科生为例

努尔麦麦提江·木合太尔①

摘要：在我国建设和谐社会的新形势下，少数民族预科学生数量呈逐年上升的趋势，他们作为维护和谐社会及民族团结的重要群体，有着特殊作用。因此，我们必须重视和加强对少数民族预科学生心理状况的专门研究，关注如何缓解少数民族预科学生各种心理压力，完善少数民族预科学生心理健康教育体系。

关键词：少数民族预科生；心理状况；学业压力

大学生心理健康与危机干预不仅关系到个人的成长成才，也关系到校园的和谐稳定，更关系到国家和民族的未来。由于大部分少数民族预科学生在进入高校之前，生活的环境、接受的文化、传统观念和风俗习惯都与大学环境有所不同，因此在高校所面临的新环境和个体发展过程中碰到的各种问题显得更加复杂多样。另外，由于少数民族预科学生是他们家庭未来的希望，是未来推动民族地区经济、文化发展的骨干力量，也是民族地区稳定团结的保障与依托，这种寄托着各方面殷切希望的使命感也为少数民族预科学生带来了更大的心理压力，心理压力的情况较普通高校大学生也更复杂。

在构建和谐社会的今天，少数民族预科学生数量呈逐年上升的趋势，他们作为维护和谐社会及民族团结的重要群体，有着特殊作用。因此，我们必须重视和加强对少数民族预科学生心理状况的专门研究，关注如何缓解少数民族预科学生各种心理压力，完善少数民族预科学生心理健康教育体系。

一、少数民族预科学生常见心理压力

心理压力是指个体在生活中对威胁性事件或情境反应而形成的，伴有躯体机能以及

① 努尔麦麦提江·木合太尔，四川大学党委学生工作部，工学硕士学位，专职辅导员，主要研究方向为高校思想政治教育、少数民族预科教育等。

心理活动变化的一种身心持续紧张状态。大学生心理压力是指大学生在学习生活中真正意识到外在威胁性情境或事件，以及内在冲突所形成的一种持续的综合性心理状态。研究当代少数民族预科学科学生心理压力及其产生的原因，不仅要考虑社会、学校、家庭因素，也要考虑学生个体的心理特征以及他们对环境的认知等主观因素。综合以上因素的分析，少数民族预科学生的心理压力主要分为以下四种。

（一）学业压力

受家庭以及民族区域教育条件的限制，少数民族预科学生在接受大学教育时，语言成为最大的障碍。教学语言的限制较严重地影响到少数民族预科学生学业的发展，导致大部分少数民族预科学生成绩一般。教育心理学中曾提到，影响学生学业成绩的主要因素是学习态度和学习的方式方法。绝大多数少数民族预科学生学习态度端正，勤奋刻苦，但是由于学习方法不当，尤其是受汉语水平的制约，极大地影响了他们对课程内容的掌握，轻者表现为学习成绩不理想、有挫折感，重者引起学习困难、考试焦虑、恐惧学习等问题，产生较大的学业压力。

（二）人际关系压力

为帮助少数民族预科学生尽快适应大学生活，融入学生集体，大部分高校均实行混合住宿的管理方式。但是少数民族预科学生在进入高校学习后，大都选择与自己同民族的学生一起生活和学习。他们一方面有同大多数同学交往的强烈愿望，另一方面又有着极强的自我保护意识，这两方面的冲突使得少数民族预科学生在人际交往中有较大的心理压力，变得敏感和偏激。

（二）经济压力

少数民族地区总体上经济发展水平不高，一般情况下，学生家庭收入水平较低。虽然目前国家对家庭经济困难学生的资助力度越来越大，但并不能解决所有贫困学生的经济困难。经济压力成为少数民族预科学生在经济发达地区学习的一种精神负担。

（四）成长环境和文化风俗差异带来的孤独感

少数民族预科学生大都生活在较偏远的地区，来到经济发达地区求学后，社会环境、文化氛围、人际交往方式与家乡都有很大差别。面对陌生的校园环境、不同的饮食起居习惯、急需提升的汉语听说能力、各种各样的授课教师，预科学生在心理上容易产生孤独感。

关于少数民族预科学生心理的研究已有一定成果。比如王伟的《少数民族大学生症状自评量表（SCL—90）测量研究定性及定量分析》，发现少数民族大学生最常见的心理异常症状为强迫、人际敏感和抑郁。李海南、冯刚和田德勇的《普通高校少数民族预科生心理健康教育探析》，发现少数民族预科学生存在轻度及以上心理问题的占20.47％、症状出现最少的为恐怖、躯体化和精神病性。李明在《民族预科生心理健康状况与教育对策》中指出，高自尊、人际关系敏感是少数民族预科学生一个突出的心理特点。李旭珊、卢富荣在《少数民族预科生的压力状况的调查研究》中指出，少数民族预科生的压力排名比较靠前的是人际压力与学业压力；在性别比较中，男生的学业压力高于女生；非独生少数民族预科生在总体压力状况及人际、生活改变与环境的压力状况要高于独生少数民族预科学生。

根据四川大学 2021 级少数民族预科新生的 SCL－90 量表的调查发现，新生的人际关系敏感度显著高于高年级学生；在与学生进行深度访谈的过程中发现，由于学业压力而带来的焦虑也是占比重最大的。由此可见，少数民族预科学生在经济发达地区高校就读的压力主要来源于人际关系压力和学业压力。

二、少数民族预科学生心理问题的压力源

（一）影响人际关系的压力源

1. 语言障碍

受本民族文化、风俗习惯的影响，少数民族预科学生大都真诚、直率、和气、富有正义感，但由于长期生活在比较落后和闭塞的环境中，部分人会形成封闭式的心理定式，交往的主动性不够。并且在交往过程中，往往由于语言、性格、风俗习惯不同，加上汉语水平不高，许多少数民族预科学生只结交本民族的同学，以致造成其人际交往对象的狭窄。人际交往对象是学生学习、生活、成长的社会支持系统的重要元素，而人际关系对象狭窄会导致少数民族预科学生社会支持系统残缺，从而给他们学习带来严重影响。

2. 自尊与自卑交杂的复杂情感

由于少数民族预科学生多数来自贫困地区，经济较为落后，家庭经济较为困难，在与其他同学交往过程中很容易产生自卑情绪。然而少数民族预科学生自尊心较强，希望同学理解、尊重自己的民族风俗习惯。这种自尊与自卑交杂的复杂心理导致少数民族预科学生在与其他同学的交往过程中敏感、多疑，继而影响正常的人际交往，带来人际关系方面的压力。

3. 民族风俗习惯

由于周围同学对少数民族风俗习惯缺乏了解，有的言行会使少数民族预科学生觉得自己不被重视，因此在客观上导致彼此关系的疏远、淡化。另外，少数民族预科学生在进入高校学习后，面对崭新的环境和生活习惯的差异，会本能地排斥，往往选择逃避来进行内心的自我保护，避免非必需的人际交往，使人际交往具有被动性。

（二）影响学业的压力源

1. 语言障碍

预科教育是指针对语言、文化有较大差异的少数民族学生在接受大学教育之前进行的，巩固之前学到的基础文化知识，同时适应相关的学习环境与语言、文化模式，以便为今后进入高校进行本科的专业学习做准备的教育活动。少数民族预科学生的汉语或普

通话水平较低，给学习造成了阻碍，对汉语教学不适应，对教师讲课内容理解较慢。

2. 基础薄弱

很多少数民族预科学生并未接受过系统的英语学习，大部分在高中才开始接触计算机，而数学课程之前学习的难度也较低，这导致了少数民族预科学生基础知识薄弱，使他们在高校学习过程中产生了较大的学业心理压力。同时，由于自卑，他们在学习中遇到困难时也很少主动寻求帮助。

3. 学习竞争

由于少数民族预科学生专业未定，而预科成绩将影响其专业的选择，在学习过程中存在着一定的竞争。同时，由于大部分少数民族预科学生家庭经济压力较大，而奖学金的评定都与成绩挂钩，为帮助家庭减轻负担也直接导致了他们学业压力的增大。

三、缓解少数民族预科学生心理压力的措施

为提升少数民族预科学生的心理素质，提高教育质量，针对以上提出的人际关系压力和学业压力，提出以下三方面措施。

（一）宿舍建设、班级建设并进，缓解人际关系压力

宿舍和班级是少数民族预科学生在学习生活中所属的集体，且在这两个集体中所处的时间最长。因此，加强宿舍和班级建设，是缓解少数民族预科学生在人际关系方面压力的最有效的措施。

1. 落实公寓混住制度，加强宿舍建设

在公寓中实行少数民族预科学生与当地学生混住制度，在语言方面，提升少数民族预科学生的沟通交流能力。多开展以宿舍为单位的团体活动，如宿舍门牌设计、宿舍健步走活动、宿舍文化节、评比优秀宿舍等，缓解少数民族预科学生的人际关系压力。

2. 抓好新生入学教育，举办人际关系知识讲座

在新生入学之际，抓好新生入学教育，让学生尽快了解大学生活的真正含义，熟悉校园周边环境，尽快融入大学生活。举办人际关系的知识讲座，提升学生在人际沟通方面的主动性，提高沟通交流的技巧，坚定信心，克服可能产生的自卑心理。同时在广大学生中加强党的民族政策、民族理论教育，学会在学习生活中尊重、理解和包容少数民族学生的一些特殊诉求，减轻少数民族预科学生自卑与自尊交杂的复杂心理引起的人际关系方面的压力。

3. 团体辅导，班级建设

邀请专业的心理老师带领班级做团体辅导，使得少数民族预科学生能够正确认识自己以及明白如何正确与他人沟通交流，在增强班级凝聚力的同时提高学生的自信，减少人际关系的压力。

（二）加强学业辅导

1. 班主任制度

在现有体制下班主任的岗位职责主要是抓学习成绩。班主任应该针对班级学生学习情况，加强同各任课老师的沟通，安排助教在早读、晚自习时对少数民族预科学生进行课业辅导，在期中考试、期末考试前做动员，在考试后做总结分析工作，帮助他们查漏补缺，提高学习效率。

2. 朋辈辅导

少数民族预科学生可能因害羞、自卑，不敢与任课老师和助教打交道，这时可以利用朋辈的优势，组成朋辈互助小组，提高学习效果。

3. 加强重点辅导课

针对英语、数学等少数民族预科学生较薄弱的基础课，开展重点辅导，利用课外时间，帮助他们做好复习、预习。

4. 开展学习活动辅助模拟考试

利用学生社团组织学习类活动，在期末考试以及英语四六级考试之前举办模拟考试，让少数民族预科学生熟悉考试流程以及考场环境，模拟考试，从而减少在真正考试时的压力。

（三）完善心理素质教育工作

1. 加强心理咨询工作

学校为少数民族预科学生提供完善的心理咨询条件和专业的心理咨询服务，为他们减轻各方面的压力。

2. 关注重点学生

对于压力较大的少数民族预科学生，学校应建立重点关注档案，定期跟踪情况，并制定专门的对策，形成专门的工作组，帮助他们顺利度过预科学习阶段。

3. 用好心理减压室

心理减压室可以克服少数民族预科学生由于语言带来的障碍，更好地发挥减压作用。学校应建设专业的心理减压室，在开学分班之初组织学生参观心理减压室，让他们了解缓解心理压力的方式与场地，鼓励班级与个人在日常的学习生活中合理利用资源。

4. 举办心理情景剧比赛、心理知识竞赛等活动

学校通过新媒体平台宣传心理健康知识，举办心理情景剧比赛、心理知识竞赛等活动，向学生宣传缓解压力以及合理处理压力的方式。

5. 定期举办心理健康教育主题讲座

学校每学期适当举办心理健康教育主题讲座，让心理老师和专家面向群体传授心理知识，增强预科学生自我调节不良心态和减压的能力。

参考文献：

赵虎，孙岩，斯琴高娃，等. 谈少数民族大学生心理健康教育的问题与新机制［J］. 内蒙古民族大学学报，2009（6）：103－104.

何利娟. 大学生心理压力及其应对策略的研究［D］. 青岛：中国石油大学（华东），2006.

王伟. 少数民族大学生症状自评量表（SCL－90）测量研究定性及定量分析［J］. 中国健康心理学杂志，2012（3）：435－437.

李海南，冯刚，田德勇. 普通高校少数民族预科生心理健康教育探析［J］. 淮海工学院学报（人文社会科学版）. 2014（11）：117－120.

李明. 民族预科生心理健康状况与教育对策［J］. 民族论坛，2015（12）：91－93.

李旭珊，卢富荣. 少数民族预科生的压力状况的调查研究［C］. //2011年北京高校心理素质教育年会暨北京高校心理素质教育理论与实践研讨会论文汇编［出版者不详］，2012：58－62.

金炳镐，孙英. 民族院校大学生思想政治教育工作机制创新研究［M］. 北京：中央民族大学出版社，2010：126.

黄竹. 少数民族大学生人际关系素质现状调查与分析［J］. 民族教育研究，2005（5）：35－40.

洪文，谢依旦·艾合麦提，汤海燕. 文化融合视阈下的内地高校新疆少数民族学生学习压力探究［J］. 湖北师范学院学报（哲学社会科学版），2015（5）：144－147.

新时代退役复学大学生的心理适应问题研究

潘梦绮①

摘要：随着大学生群体逐渐成为我国征兵兵员的主体，退役复学大学生人数逐年增多，退役大学生复学后的心理适应问题日益凸显。做好退役复学大学生的关心关爱工作，及时、精准地解决退役大学生在返校后面临的心理健康问题，是高校人才培养和思想政治教育工作的必然要求。本研究针对退役复学大学生群体存在的问题，就心理适应相关问题的形成原因进行了深入分析，并提出了相应的解决对策，对帮助退役复学大学生尽快融入大学生活，顺利完成学业，成长为德、智、体、美、劳全面发展的时代青年具有重要意义。

关键词：新时代；退役复学；大学生；心理适应

中国特色社会主义已经进入新时代，为建设一支世界一流的军队，实现“强军梦”的伟大目标，部队对高学历、高素质人才的需求迫在眉睫。依据《中华人民共和国兵役法》的最新规定，自2021年起，我国正式实施一年两次征兵、两次退役。越来越多的高校大学生投笔从戎，实现自己的绿色军营梦想。随着大学生群体逐渐成为我国征兵兵员的主体，退役复学大学生人数也逐年增多，而退役大学生复学后存在的心理适应问题也日益凸显。做好退役复学大学生的关心关爱工作，及时、有针对性地解决退役大学生在返校后面临的心理健康问题，是高校人才培养和思想政治教育工作的必然要求。解决退役复学大学生的心理适应问题，不仅能促进退役复学大学生尽快融入大学生活，顺利完成专业知识的学习，成长为德智体美劳全面发展的时代青年，还能促进他们在高校大学生群体中充分发挥积极效应和榜样作用，鼓舞更多的高校大学生在读书期间或毕业后投身军营，为建设我国社会主义现代化军事强国添砖加瓦。

一、退役复学大学生面临的问题

退役复学大学生普遍面临的问题包括环境适应、人际关系、学业压力和职业发展规

① 潘梦绮，四川大学法学院，思政讲师，主要研究方向为大学生思想政治教育。

划等。其中，心理适应问题主要集中出现在退役大学生复学的1～6个月，人际关系和学业压力是他们面临的最主要问题。在人际交往过程中，复学后无法尽快融入新同学中是大多数退役复学大学生的困扰。在专业知识学习的过程中，既往的基础知识遗忘过多，与新知识难以衔接，则是导致学业压力倍增的重要因素。除了以上四个方面的问题，退役复学大学生还会面临家庭关系紧张、情侣关系发展矛盾、生活费支配等方面带来的困扰。

退役大学生在重返校园后，面对自己的困扰在一定程度上能做出积极应对，主要包括：积极调整心态；积极参加集体活动，尽力融入寝室和班级；认真刻苦学习，主动查漏补缺等。同时，退役复学大学生也会积极地向外界寻求帮助，昔日战友之间的互帮互助是一条重要的渠道。通过战友之间的互相倾诉和互相鼓励，能有效地缓解困境中产生的负面情绪。当他们因心理适应问题而产生迷茫、困惑、焦虑等情绪无法排解时，也会主动找老师和家长寻求帮助，但这主要集中在退役复学时间较短的学生群体中。

二、退役复学大学生的心理适应问题成因分析

（一）与新同学间存在较大差异

与新同学之间存在较大差异是导致退役复学大学生面临人际关系问题的重要原因。这种差异主要体现在年龄、背景经历、生活习惯、兴趣爱好等方面。退役复学大学生与新同学之间普遍存在2～3岁的年龄差距，这种差距在社会大环境中并不明显，但对于大学生群体而言是不可忽视的。大学生在身心成长规律和学业规划安排的共同影响下，从大一到大四各个年级学生群体的思想性格和行为特点存在显著差异。退役复学大学生因为较班级同学年长，思想上相对成熟，执行力、自控力等方面更强，他们也更关注未来的职业发展，因此他们更倾向于与参军入伍之前的同学和昔日的战友进行交流和沟通，久而久之则会产生人际交往障碍。

对退役复学大学生而言，军旅生活虽然短暂，但仍在他们的生命中打下了特殊的印记，是他们一生的宝贵财富。因此退役复学大学生容易产生对军营和战友的强烈不舍和深深的怀念之情，在日常生活中也更愿意与他人分享和交流军旅经历。这种依恋心理是人之常情，但如果过分强烈则会导致沉湎过去，对新环境适应能力减弱，不易融入新同学群体。

在生活习惯方面，退役复学大学生在部队服役期间养成了雷厉风行的生活作风、紧凑和规律的生活节奏，而大学的生活相对轻松，在组织性和纪律性方面与部队生活差异很大。在兴趣爱好方面，由于互联网络快速发展，青年人流行的娱乐方式更迭加剧。短短几年的军旅生活之后，大学生的兴趣爱好从内容到形式都发生了巨大的变化。这些因素都能导致退役复学大学生不易融入新同学群体从而产生人际关系问题。

（二）角色转换过程中易产生负面情绪

退役复学大学生从相对封闭、绝对服从的集体来到了相对宽松、自由的大学校园，

从规律统一的部队转换到丰富多彩的校园，再到日新月异的社会，需要尽快完成从士兵到学生的角色转换。面对生活环境的变化，退役复学大学生在角色转换的过程中极易产生负面情绪。

首先，退役复学大学生不可避免地会因为目标缺失而产生茫然心理。每个战士在服役期间都会树立保家卫国的崇高理想和目标，围绕着这个目标，大多数战士的生活都是高效、专注和充实的，个人的潜能也被最大限度挖掘。但是回归校园生活之后，部分同学失去了原有的奋斗目标，面对专业知识的学习，不清楚也不明确自己未来的发展方向，就会出现意志减退、学习动力不足等问题，甚至还会出现对所学专业失去兴趣的情况。

其次，在角色转换的过程中，退役复学大学生还易产生学业焦虑。由于在较长时间内完全脱离专业知识的学习，退役复学大学生难免会导致既往学习的基础知识被逐渐遗忘，难以与新知识之间形成系统性的联系，短时间内查漏补缺难度较大，且缺乏相应的学习方法的指导。以上情况都会对他们的心理造成一定的负担，长此以往则会形成学业焦虑情绪。

最后，在角色转换的过程中退役复学大学生还会因自身优势丧失、缺乏特长等因素而产生自卑心理。在军旅生活中他们是勇于拼搏、军事过硬的骨干，但是回归校园后自己锻炼的一身军事本领基本失去了展示的舞台，在学校组织的活动中，多才多艺的班级同学往往更受重视。此外，自身的容貌、身材、气质等因素也会导致退役复学大学生产生自卑心理。

（三）外界环境缺乏重视

首先，高校缺乏针对性的帮扶。一般高校均开展了征兵入伍和大学生国防教育等工作，但退役复学大学生群体数量较小，受重视程度不足，因此针对退役复学大学生群体的心理疏导和学业帮扶工作仍有欠缺，尤其缺乏个性化的精准帮扶。

其次，教师在管理和教学的过程中也容易忽视退役复学大学生群体的心理适应问题。退役复学大学生的军旅背景会给教师留下不怕困难、敢于拼搏的印象，相对于普通大学生，他们也更加独立自主，适应能力也更强，因此教师在日常管理和教学过程中容易忽视其潜在的心理健康隐患，往往是问题产生之后再想办法解决，帮扶工作缺乏主动性。

最后，部队在教育过程中同样缺乏专项引导。相对于普通士兵，大学生士兵具有更好的文化素养，综合素质也更强，因此部队就放松了对即将退役的大学生士兵的心理教育和专业辅导。

三、解决退役复学大学生心理适应问题的对策

（一）在新时代背景下高校要高度重视退役复学大学生群体

随着高校大学生逐渐成为我国征兵兵员的主体，越来越多的大学生会在在校期间投

身军营，服役期满后退役复学的大学生也会越来越多。针对退役复学大学生群体共同面临的一系列心理适应问题，高校应从全局出发，遵循整体性原则，在“退伍季”到来之前提前部署，实施一系列有利于退役复学大学生尽快适应大学校园生活的措施。

首先，学校要保障退役复学大学生能在良好的环境中生活和学习。良好的生活环境能有效地缓解退役大学生因重返校园而带来的紧张与焦虑，帮助他们平稳度过，尽快投入正常的学习和生活。

其次，开展群体性心理健康教育。在每年的“退役季”到来之初，针对退役复学大学生普遍存在的人际关系、学业压力等问题开设相关的心理健康教育课程。心理教育课程能帮助学生正确认识自己即将遭遇的困境以及产生的负面情绪，增强学生的自我心理调节能力。

为退役复学大学生提供交流的机会与平台也是帮助他们尽快融入新同学的有效途径。在交流和沟通中不仅能增进普通大学生与退役复学大学生的相互了解，还能通过充分挖掘和展示退役复学大学生的先进事迹，树立优秀的大学生士兵榜样，讲好新时代背景下的爱国主义教育课，以点带面，影响全体大学生，时刻激励新时代知识青年不忘初心、牢记使命，生逢盛世，勇担重任。

（二）成立专业化的教师团队进行精准帮扶

为了更好地在互联网时代开展有针对性的帮扶工作，努力做到精准施策，应建立起一支由专任教师、心理咨询师、职业生涯规划师和互联网平台共同组成的“四位一体”的专业化教师团队，有效地解决以退役复学大学生为主体的心理适应相关问题。

专业化教师团队的工作重点应当主要集中在退役大学生重返校园的1～6个月。专任教师主要负责在既往知识的查漏补缺、专业知识的学习方法和科学前沿的发展方向等方面对退役复学大学生进行专业指导。心理咨询师主要针对学生所面临的具体的心理适应难题进行干预和疏导，帮助学生正确认识自我，鼓励学生勇于接受挑战，拥抱美好的大学生活。职业生涯规划师主要负责将近五年大学生的深造和就业情况，尤其是退役复学大学生的深造和就业情况，与学生的实际情况和个人意愿相结合，为其制定适合的职业发展方向。同时，为了更高效、更及时地解决学生所面临的实际困难，专业化教师团队可以依托互联网络平台，通过线下和线上相结合的方式，更好地为退役复学大学生群体提供服务和帮助。

参考文献：

赵红豆．新时代退役复学大学生思想问题及教育对策研究——以云南高校为例［D］．昆明：云南师范大学，2020.

曾宪楠，郭楠，麦思源．退役复学大学生心理适应问题及建设对策［J］．公关世界，2021（7）：89－90.

蔡蓉蓉. 退役复学大学生心理健康现状研究［J］. 常州信息职业技术学院学报，2019，18（1）：83－85.
戴仁卿. 退役复学大学生心理调适路径研究［J］. 法治博览，2017（21）：288.
李永杰. 普通高校学生创造性思维变化规律及其神经基础［D］. 天津：天津师范大学，2021.

心理工作与大学生心理健康培育及危机应对研究

——以四川大学心理热线工作为例

王彩燕[①]

摘要：大学阶段是人生中的重要阶段，也是人生中各种心理冲突频发的阶段。高校作为大学生学习和生活的重要场所，对大学生的心理健康培育和危机应对有着积极作用。在大学生心理健康培育及心理危机应对的机制中，高校心理健康教育课程、心理健康教育活动实践、高校心理咨询服务能有效保障大学生的心理健康，而高校心理热线工作在其中所起的作用也不容忽视。本文以四川大学为例，选择了大学生心理健康工作中心理热线工作这一重要组成部分展开讨论，以期能对这项工作的开展提供一些思路和帮助。

关键词：心理热线；大学生；心理健康培育；危机应对

一、大学生心理健康培育及心理危机应对

大学生心理健康培育及心理危机应对是大学生心理健康教育的重要内容，也是保障大学生心理健康的重要方面。国家高度重视大学生心理健康培育和心理危机应对。2018年，《高等学校学生心理健康教育指导纲要》中指出，要将心理健康教育课程纳入教学计划；2021年，《关于加强学生心理健康管理工作的通知》提出要全方位提高学生心理健康素养。在高校心理健康培育及心理危机应对中，高校的心理健康教育课程能够让大学生普遍认识到心理健康的重要性，能够通过心理健康教育课程掌握一定的心理问题的科学应对方法，能够有效地预防心理问题的出现。四川大学高度重视心理健康教育，其中，心理健康教育课程可认为是大学生心理健康教育的第一道防线，在心理健康课程

① 王彩燕，四川大学公共管理学院，应用心理学硕士研究生，主要研究方向为发展心理学。

中，部分心理问题可以在课程知识的掌握后得到解决。

学校积极开展团体辅导活动。在实践中使学生的情绪得到合理宣泄，获得积极健康的心理体验，是心理健康培育的一个重要部分。在不同类型的团体中，例如成长类团体、训练类团体、治疗类团体，大学生可以自由选择适合自己当下心理需求的团体，从而实现自己心理健康的诉求。另外，学校开展的其他心理健康相关活动，也可以有效培养学生的心理健康素养，在心理问题的预防和应对方面能够科学处理，实现了在心理健康教育课堂外进一步提高学生的心理健康水平。

学校设有专业的心理咨询室。有心理咨询老师与大学生面对面展开咨询，针对那些存在心理问题但在心理健康教育课程、团体辅导活动或者其他心理健康相关活动中均无法解决心理问题的大学生进行专门的一对一咨询，可以使其心理问题得到缓解或者化解，从而提高大学生的心理健康水平，有效减少大学生因心理问题而可能发生的伤害。

以上三方面的心理健康工作内容，为大学生的心理健康提供了强有力的支持和保障，但是考虑到心理健康工作的独特性，当部分需要心理健康工作援助的大学生可能因为对心理咨询的恐惧，或者性格原因不愿意直接与人面对面接触，或者处于情绪爆发需要及时宣泄的状态，无法通过参加心理健康课程、团体辅导、心理咨询室来解决自己的心理问题时，心理热线工作就尤为重要了。四川大学为此设置专门的心理热线服务，通过线上一对一的方式，为那些有心理健康方面诉求的大学生提供及时的、专业的、不受空间限制的帮助，或提供帮助或宣泄情绪或危机干预，这是传统心理咨询的一个重要补充。

二、心理热线工作的基本流程

心理热线咨询具有及时性、匿名性、隐秘性、方便性、自主性等特点，在高校心理卫生服务中的重要性逐渐凸显。根据心理热线咨询的特点及重要性，心理热线咨询通常为一次单元心理干预，即尽可能让来访者在有限的时间内最大化获益的干预，以语言和声音缓解甚至解决来访者的问题。四川大学心理健康教育中心设置心理热线，为需要心理热线服务的学生开通了专门渠道，提供心理热线咨询服务，一次心理热线咨询主要包含建立关系、问题评估、问题处理三个过程。

在一次心理热线咨询工作中，首先是与来访者建立关系，简单介绍热线的工作设置，并对来访者的年级、学院、学号、联系方式以及心理疾病史等相关信息进行收集，对来访者所咨询的问题有初步了解。接下来，在问题评估阶段，咨询员对来访者的问题进行进一步评估，判断属于哪一类心理问题以及问题的严重程度，将来访者非心理问题转化为心理问题，初步确定干预目标。在问题处理阶段，咨询员对来访者的问题有针对性地进行干预，使来访者的情绪得以宣泄甚至减轻，能重新聚焦并处理现实的问题，如果出现心理问题严重的来访者，咨询员将提供转介。

在心理热线工作中，除了心理热线咨询这一主要内容，四川大学的心理热线工作还有健全的心理危机应对机制。心理热线与保卫处、学院负责人、学生管理人员以及辅导员等相关部门和人员建立联系，以有效应对重大或者突发大学生心理危机事件。另外，热线工作的咨询员是心理热线的重要组成部分，学校适时开展对心理咨询员的督导及危机干预的培训，以确保热线工作的专业性和有效性。

三、心理热线工作在心理健康培育及心理危机应对中的作用

（一）心理热线工作在心理健康培育中的作用

在大学阶段，虽然个体发展已日趋成熟，但是在生理、心理方面，大学生仍处在发展阶段，面对来自家庭、学校、社会的压力时，如果不能合理地处理，很有可能引发很多心理问题，从而影响其心理健康。由于当前诸多学校对大学生心理健康教育的重视程度不足，导致大学生对自身心理健康的认知不够，很有可能已经存在心理问题，但自己并未觉察，因此这些心理问题没有得到及时处理，对大学生的身心造成伤害。在这些情况下，大学生不一定有意识去参加心理健康相关活动、团体辅导，甚至去心理咨询室寻求帮助。由于心理问题的存在，大学生在学习和生活中会遇到一些困难，或者出现不良情绪。心理热线工作的内容之一就是为大学生在学习或者生活中遇到困难或者是出现不良情绪时提供帮助。心理热线工作的存在，为大学生发现其心理问题提供了可能。通过心理热线服务，那些切实有心理问题的大学生会被建议去寻求专业的心理咨询，提高了大学生的心理健康水平和心理健康素养，在这个层面上，为那些寻求热线帮助的大学生提供了心理培育的空间。

有不少大学生对心理健康的认识不足，对心理咨询有恐惧，因此在出现心理问题时拒绝寻求面对面的心理咨询，也不愿意去参加心理健康相关的活动。有些大学生认为，如果自己有心理问题，将会受到他人的歧视或过度关注。有些大学生因为自己心理健康知识的匮乏，在得知自己存在心理健康问题时，拒绝治疗，或者急于求成，认为治疗的效果不好不再继续治疗。然而，由于心理热线的高保密性、非面对面、无空间限制的特点，大学生可以在对方看不见自己甚至是对方得不到更多与自己相关信息的情况下，去获得专业的心理健康援助。这样就满足了这些大学生想要获得一些专业的心理健康知识，并且能够最大限度地保证自己的隐私，甚至保证了没有其他人能够知道自己去进行了心理健康相关的咨询。因此，有部分大学生会选择拨打心理热线，诉说自己的现状，希望心理热线能够为其提供帮助。在这种情况下，心理热线就可以为这部分大学生提供专业且针对性强的服务，让他们了解真实的心理咨询是怎样的，消除对心理咨询、心理健康的误解，从某种程度上，起到了培育的作用。

（二）心理热线工作在心理危机应对中的作用

心理热线在大学生心理危机的应对中，起到了预防的关键作用。在四川大学心理热线的服务工作中，心理热线咨询员能够与寻求热线咨询的大学生进行一对一的谈话，在单独心理谈话的过程中，判断其是否存在危机的情况，对危机情况进行及时有效的处理，必要时可以联系学校的其他相关部门进行应对，从而化解和降低危机。因此，在危机应对的防范阶段，心理热线提供了重要帮助。

在心理热线工作中，任何大学生遇到情绪问题时，心理热线咨询员都能提供及时的心理帮助，在大学生情绪爆发的情况下为其情绪的宣泄提供重要的途径，及时解决可能存在的心理危机，防止其在情绪激动的情况下做出某些不必要的行为，使其在情绪宣泄的过程中，逐渐恢复理智状态。除此之外，如果遇到不良情绪问题时，处理方式不恰当，严重者可能引发心理障碍。因此，如果在不良情绪出现，且用自己的方式无法调节时，有及时的心理帮助是非常有利的。心理热线具有及时性，大学生通过拨打电话就能够得到专业的帮助，这一点是很难在面对面的心理咨询室中获得的。

在心理危机事件中，心理热线起着不可替代的作用。在心理热线的服务工作中，发现部分大学生处于心理危机状态时，心理热线将联合其他部门快速处理危机事件，将危机事件的负面影响降到最低，及时有效地为处于危机状态的学生提供帮助。

四、心理热线工作在心理健康培育及心理危机应对中的效果

不论是在心理健康培育方面，还是在心理危机应对方面，心理热线工作都在其中起着心理健康教育课程、心理健康教育相关活动、心理咨询室咨询等所不具有的作用，是学校心理健康工作中的重要组成部分。心理热线工作因其独特的性质，对心理健康培育的进一步落实、心理危机的应对起着重要的作用。

五、结语

在社会飞速发展、竞争日益激烈的今天，大学生面临着家庭、学习、就业、人际等方面的压力，为了让高校的心理健康教育机构更加全面地为有需要的大学生提供及时的帮助，完善心理健康教育服务体系，高校应该重视心理热线工作所起的作用，不断提升热线工作的专业水平，切实加强和完善心理热线工作，让心理热线工作切实提高大学生心理健康水平，及时有效地应对心理危机，以促进大学生全面发展。

参考文献：

谢文亮．大学生心理健康教育路径探索［J］．广东轻工职业技术学院学报，2022，21（2）：60－64.

廖明英．大学生心理健康教育及心理危机应对［J］．中学政治教学参考，2022（1）：89.

张娟．高职大学生心理危机防范和快速反应机制研究［J］．产业与科技论坛，2022，21（8）：235－236.

刘慧铭，肖水源．危机干预热线的发展及研究简介［J］．中国临床心理学杂志，2012，20（1）：129－131.

秦琳，贾晓明．心理热线咨询来电者求助表达过程的质性分析［J］．中国临床心理学杂

志，2015，23（1）：182－185.

任志洪，刘芊滋，张琳. 心理热线援助会谈框架的构建：基于一次单元心理干预视角［J］. 中国临床心理学杂志，2022，30（1）：170－175.

屈子睿. 大学生心理健康教育中存在的问题及对策探索［J］. 产业与科技论坛，2022，21（2）：78－79.

李雪婷，刘涛. 新时期大学新生心理健康素养培育实践探析［J］. 当代教育实践与教学研究，2020（7）：237－238.

大学生心理成长与危机预防的案例与分析

因身体疾病引发心理创伤学生危机干预案例分析

张 莹①

摘要：高校心理危机干预是指对处于困境或遭受挫折的大学生予以心理关怀和支持的一种心理治疗方式。本文主要分析了一个因身体疾病引发心理创伤学生的危机干预案例。通过危机干预措施，该生心理状态好转，顺利毕业。本文对此案例进行了分析总结。

关键词：身体疾病；心理创伤；危机干预

新时代高校学生心理健康教育工作要遵循教育规律、增强育人担当，维护校园安全、增强积极作为，紧盯问题导向、增强工作急迫。高校心理危机干预是指对处于困境或遭受挫折的大学生予以心理关怀和支持的一种心理治疗方式，使学生能够正确理解自己的心理状况，并采取紧急应对的方法解除学生的心理危机，使其症状得到缓解，恢复其正常的心理功能。

在实际工作中，我们会遇到由多种原因引发的校园心理危机事件，如学业困难、心理疾病、失恋、经济困难、就业压力、家庭变故以及身体疾病等。其中因身体疾病引起心理创伤的学生，因他们身心受到双重伤害的情况，所以特别需要辅导员和心理老师的关注与关爱，帮助他们解除危机，获得恢复。

笔者在工作中遇到过一位硕士研究生，她于研一暑假的时候在外地登山遭遇意外，造成骨盆粉碎性骨折，在医院治疗过一段时间后回到学校。她由于在研究生三年级时无法完成论文写作，情绪非常低落，拒绝和导师、同学联系，萌生了退学的念头。以下是笔者对该同学进行心理危机干预的过程。

一、案例描述

学生 A，女，硕士研究生三年级，平时性格比较内向，与同学交往不多，常一人待

① 张莹，四川大学心理健康教育中心副主任，主要研究方向为大学生思想政治教育、心理健康教育。

在寝室。她为外省农村学生，家庭经济状况较差。导师与学院学生工作组联系并反映该生拒绝及导师和同门同学联系，临近毕业没有提交论文。因联系不上学生，导师很着急，担心学生情绪低落做出冲动的事情。

学工组随即调取学生资料，查清学生的基本情况。学工组通过手机无法与学生本人取得联系，遂与其父亲联系，了解到该生已回到外省家中。该生随后主动与辅导员联系，但态度消极，一开始表示要来学校办理退学，后经辅导员劝说安抚，答应回学校再与导师商量，先办理延期毕业手续。在与学生多次电话沟通和学生返校后的见面谈心过程中，我们了解到小 A 在研究生一年级的暑期外出去爬山旅行，不慎摔到了骨盆，造成粉碎性骨折。她在当地短暂治疗后回到学校，也在校医院治疗过一段时间，但因为当时治疗有延误，取得的治疗效果不好，始终无法完全康复。她知道自己的家庭经济条件不好，因此就没有继续治疗，而是选择在寝室里躺着尽量少出门。而研二时同寝室的同学都出去实习，经常不在宿舍，室友之间也很少联系，她也不愿意告诉导师自己的情况。

二、案例分析

（一）社会支持体系因素

在经济快速发展的社会背景下，大学生之间的家庭条件存在一定的差距，有经济条件和生活习惯的区别。有的学生会因为自己家庭经济条件差而产生自卑心理，有的学生会对农村生源或家庭经济困难学生有偏见，因此有不少同学会比较敏感、脆弱，不愿意让别人知道自己的家庭情况。该生从外地受伤治疗后返回学校，由于腰伤恢复还需要一定时间的理疗和休养，所以常躺在宿舍床上。而自己的这些困难由于不想让室友知道，而且研二课程也较少，所以导致宿舍同学和班上其他同学都不清楚她受伤的情况。该生也一直瞒着导师。因此造成该生长期缺乏社会支持体系，封闭自我，一直处于自卑的状态，故逐渐产生抑郁情绪。

（二）家庭教育因素

从心理学分析，每个人的性格养成和心理状况除受遗传因素影响，成长的家庭环境也起到重要的作用。在与小 A 父亲通话的过程中，我们了解到她的家庭关系不紧密，特别是小 A 从高中开始就离开家到县城读书，大概有 10 年时间都在外地求学。小 A 与父母的沟通不多，在与辅导员交流时也流露出不愿让父母知道她的情况的想法。因此她在遇到困难时不向家人求助是和她的家庭教育环境有关，家长也无法得知她的情况并主动给予关爱。

（三）个人性格因素

除了上述提到的社会环境因素和家庭关系因素，当然最重要的影响因素是个人的自身素质和性格养成。有的学生不能够切实地了解自己、悦纳自己，缺少抗挫折能力，心理承受力和自控力较差。当这些学生遇到高强度高要求的挫折事件时，就会表现出逃避放弃的意愿来。小 A 同学平时性格比较内向，在学校里与同学来往不多，也不愿主动和导师交流。受伤后她内向孤僻的性格特质就表现得更加突出，在临近毕业时，毕业论文写作是一件压力较大的事情，她感到自己无法应对，所以做出逃避放弃的选择。

（四）身体疾病因素

通过谈心谈话，小 A 告诉辅导员她的身体一直在慢性腰部疾病疼痛的困扰中。之前因为不愿意打扰老师和同学，就没有告诉别人，一直是自己一个人撑着。在疾病发作疼痛的时候她甚至没有办法走路，遇到下雨或者降温的天气时疼痛会加重。她明白自己家里经济条件不好，也不忍心再让父母担心。就这样，她因为疼痛导致自己慢慢开始出现抑郁、焦虑、恐惧、悲伤甚至绝望等负面情绪，也无法专心撰写论文，随着时间越来越近，产生了放弃学业退学的念头。

三、案例处理情况

在充分了解小 A 的整体情况后，学院和辅导员立即开始启动危机干预，帮助学生度过危机。

（一）通过定期咨询和谈话，关心关爱学生

辅导员通过联系学校心理中心专职老师定期与小 A 进行心理咨询，帮助她疏导情绪，缓解压力，发挥心理咨询的功能，使学生得到专业的指导。辅导员也经常关心小 A，从生活到学习和家庭各个方面帮助她重新树立信心。

（二）与导师协同，从专业角度指导论文写作

辅导员与导师联系，协同帮助学生。据导师介绍，小 A 在研究生一年级时成绩优秀，还担任过本科课程助教，总的来说是具备一定的专业基础，因此毕业论文写作对她来说并不困难。导师与小 A 交流沟通后，开始从专业角度指导小 A 进行论文写作，逐章进行修改，并经常给予关心，帮助她提升自信心。

（三）家校联动，获得家长的理解支持

辅导员多次耐心与家长联系，对家长进行心理学知识的讲解，让家长重视学生目前的状况，与学校密切配合，共同帮助学生度过这段危机。

（四）提供经济帮扶，缓解治疗困难

小 A 的身体因为治疗时间的耽误已经转变为慢性的腰椎病，日常的行走姿势有一定的变形并伴随着腰部的疼痛。根据她的家庭经济情况，学院给予了临时困难补助和生病补助，缓解她在经济上的压力，帮助她早日开始治疗、早日康复。

（五）坚持跟踪，借力多方力量

心理危机期可能会发生意外情况，因此在这段时间里，学院和辅导员充分调动学生骨干的力量，坚持跟踪、掌握学生心理的动态，避免发生无法挽回的意外情况。

四、案例总结

经过一段时间的努力，该生最终取得了硕士学位并顺利毕业，毕业时她的身体基本上已经恢复，情绪也比较稳定，开始对未来的工作进行规划。通过这个案例，我们总结以下几点工作建议：

（一）关注学生的身体健康，及时给予指引

身体疾病，特别是慢性疾病，往往会伴随着疼痛等不适症状，有些时候如果患者不愿意让别人知道，他人可能难以发现。因此，我们在平时的工作中要多注意通过学生骨干和导师充分了解学生的动态。特别关注患病学生的心理变化，及时给予正向引导。

（二）重视学生心理健康教育，引导学生正确面对情绪

每个人都会产生不同的情绪，不良情绪是一种信号。抑郁和焦虑是最常见的负性情绪。我们应该在心理健康教育中加强对认识情绪、合理调节调适以及适应社会的能力的学习。

（三）善于借力和合作，多方联动助力学生成长

在心理危机干预过程中，只依靠辅导员的力量是远远不够的，我们要善于借助多方力量，特别是借助家长和导师的力量。要做到定期与家长沟通，全面掌握学生的状况，呼吁家长与学生多沟通，多关爱学生，学会倾听学生的想法，做到家校联动。要重视学生骨干，以及寝室室友和关系较好的同学，请他们多关心多联系同学，更有利于学生缓解心理问题。

参考文献：

张艳梅．大学生心理健康干预的问题与对策［J］．国际公关，2020（8）：194－195．
车晓峰．大学生心理危机的原因及对策探析［J］．国际公关，2020（11）：222－223．
张忠宇，丛建伟．个案管理视角下高校心理危机干预的思考［J］．高校辅导员，2020（1）：60－63．
聂恺阳．学生心理危机干预案例分析［J］．现代职业教育，2021（24）：176－177．

“三全育人”视角下研究生心理素质提升策略探析

——基于某就业困难学生的案例分析

徐 雅[①]

摘要：受各种因素影响，近年来研究生的心理健康问题日趋凸显，提升研究生的心理素质成为亟待解决的问题。本文以“三全育人”为视角，通过对一名就业困难研究生的案例进行分析，探究学生问题背后的成因及应对策略，对促进研究生的心理健康与成长成才有积极意义。

关键词：“三全育人”；研究生；心理健康；提升策略

近年来，伴随着社会的快速转型、研究生招生规模的急剧增长、专业教育改革的不断深入以及新冠肺炎疫情对于全球经济的负面影响，研究生群体在学业、就业、经济、家庭等多方面的压力显著增大，就整体而言，研究生的心理健康状况低于全国成人水平。我国研究生出现心理健康问题的比例也较高，强迫症、人际关系敏感和抑郁症是研究生三大主要心理健康问题。

2017 年 2 月，中共中央、国务院印发了《关于加强和改进新形势下高校思想政治工作的意见》，首次以官方名义提出“三全育人”的教育理念。2017 年底，教育部将“心理育人”纳入高校“十大”育人体系，作为“三全育人”的有力组成部分，并在《高校思想政治工作质量提升工程实施纲要》中明确指出：“坚持育心与育德相结合，加强人文关怀和心理疏导，深入构建教育教学、实践活动、咨询服务、预防干预、平台保障‘五位一体’的心理健康教育工作格局。”这无疑是国家从顶层设计上积极关注研究生心理健康的充分体现。

本文试图在此背景下，以“三全育人”为视角，通过对一位就业困难研究生的案例进行分析，探究学生问题背后的成因及应对策略，以促进研究生的心理健康与成长

---

① 徐雅，四川大学生命科学学院，学生科长兼团委书记，讲师，硕士研究生，主要研究方向为大学生思想政治教育及生涯教育。

成才。

一、案例介绍

A同学，女，25岁，理科专业硕士三年级学生，还有三个月即将毕业，出生于四川的一个小城市，家境一般，父母都是普通工人，对于其职业发展不能提出有效建议和资源支持。她性格温和、独立、敏感、要强，本科就读于沿海一所重点大学的工科专业，在校期间成绩优良，担任学院学生会主要干部，在宣传、策划、沟通方面的能力较强。本科毕业工作一个月后辞职，自学复习准备跨专业考研，半年后以专业第一名的成绩考入四川大学。她研究生入学之后跟随课题组的博士后师姐学习，承担了一个重要课题。因为本科阶段没有经过相应的专业实验训练，而博士后师姐能力强、要求高，A同学面临较大的学业压力和毕业压力，认为自己孤立无援，逐渐失去自信，在研三上学期甚至出现抑郁症状需服药治疗。进入研三下学期，她终于确定可以按时毕业，才着手开始找工作，但因为兴趣原因不愿意再从事本专业相关的科研工作，考公务员和事业单位又因为没有认真复习而失利，目前对于就业非常茫然，想要留在大城市，但又不知道自己能做什么，投过几次简历，都没有回音。毕业在即，A同学又陷入了对就业的焦虑，于是带着简历找到笔者进行就业咨询。

笔者与A同学进行深入交谈后发现，在本科期间A同学各方面均有优秀的表现，且性格活泼开朗、信心十足；研究生期间尽管自认为学业困难，但实际上在各方面也有不错的锻炼，个人并不缺乏找到一份好工作所需要具备的职业技能。导致她目前就业困难的原因，是由于长期的学业压力使她缺乏自信，而对于职业规划和就业市场相关知识的欠缺，导致她对于个人能力没有清晰的认识，从而无法找准职业定位来制作一份有针对性的简历。因此，咨询重点在于如何教会她可操作的方法，解决实际困难，重树她对生活的信心。笔者从入职匹配的理论出发，帮助A同学梳理个人经历，找到她的闪光点，挖掘个人能力，找准职业定位，并根据招聘岗位的要求，重新制作简历。同时，对于如何进行人际沟通，如何排解压力，也给予她一些方法和建议。在此过程中，A同学受到了很多肯定和鼓励，缓解了她对于未来的焦虑，慢慢重拾了对个人的信心，最终一脸轻松地离开了咨询室。

二、就业困难研究生背后的心理困境

A同学的案例告诉我们，就业困难只是表征，当就业成为心理障碍，背后可能还有其他原因。

（一）对于选择读研的盲从

随着研究生招生规模的扩大，在大多数学生和家长看来，为了更好的发展，研究生学历必不可少，读研成了很多本科生的首选目标。很多学生出于随大流、逃避就业、换个专业等原因，只会埋头备考，并没有认真思考读研的目的，对所选择的专业也没有进行全面深入的了解，对于未来的就业前景更是缺乏认真的数据分析和研判。这些学生在读研之后，才发现所在专业的实际情况和个人认识有较大出入，缺乏对本专业的兴趣，对于个人的发展前景也并不乐观，陷入了一种进退维谷的境地。

（二）对于环境变化的不适应

研究生的学习生活方式较本科生有较大差异。本科阶段更多在于通识教育，而研究生教育需要对某个领域进行深入钻研，学习科研压力较大，容易产生挫败感。研究生的班级概念弱化，集体学习和活动的机会减少，科研课题也是单打独斗，同学之间缺乏情感上的交流和支持，容易滋生孤独感。

（三）对自我高期待的受挫

能够顺利考上研究生的学生，一路走来都是佼佼者，有着较高的成就动机和自我期望。然而，理想自我与现实自我之间总是存在一定差距。科研就是一个不断试错的过程，必然会经受许多挑战。而目前各高校对于研究生的毕业要求也在逐步提升，不少学生都有过自己是否能顺利毕业的怀疑。在面临就业时，研究生容易出现一种高不成低不就的状态，沉重的就业压力和读研期待形成严重落差。如果不能合理认知，便可能产生悲观、失望的不良情绪，出现消沉、颓废的消极心态，最后发展成为各种心理疾病和过激行为。

（四）人际关系的困扰

如何与导师相处，是困扰很多研究生的问题。因导师在研究生的学业中发挥着关键作用，研究生对导师又敬又怕，较少主动与导师交流，师生之间缺乏沟通，就容易产生误解和矛盾。研究生生源复杂，社会经历各不相同，科研工作的独立性强，集体观念较弱，同门之间的竞争和攀比也可能造成矛盾。

三、“三全育人”视角下研究生心理素质提升的策略探讨

要避免类似 A 同学这类问题的发生，需要从研究生入学开始就积极介入，通过多项措施，全面提升学生的心理素质和竞争力。“三全育人”概念的提出，就是给研究生心理素质提升工作指明了方向，明确了目标。

（一）全员育人：建立覆盖全员、切实有效的心理问题监测与辅导体系

高校要开展研究生综合管理工作，将导师、专业教师、研究生教务管理人员、辅导员、心理健康教育专业老师等育人资源充分整合，建立联动机制，定期探讨研究生存在的共性心理问题，各司其职，共同帮助学生解决各类问题。

加强对研究生导师心理健康知识的培训，充分发挥导师的心理育人作用。导师作为研究生培养的第一责任人，在研究生心理素质提升工作中发挥着无可替代的作用。导师

与研究生关系紧密，能够第一时间发现学生在学习科研中遇到的问题，及时给予个体化的指导，避免学生因现实压力问题发展为心理问题。针对导师进行心理知识和沟通技能培训，提升导师的心理辅导能力，也能促进导师与研究生间的流畅沟通，从而避免师生矛盾的产生。

辅导员和心理健康教育专业老师协同并进、相互补充，共同制订心理健康教育工作规划和实施方案，在帮扶心理问题学生上发挥核心作用。辅导员具备一定的心理健康专业知识，了解学生思想动态，能够及时识别学生的心理问题，可以通过各种场合向学生宣传普及心理健康知识，介绍自我心理调适的方法与途径。心理健康教育专业老师要开设心理健康教育课程和讲座，并建立学生心理档案，对学生进行个体咨询及团体辅导，对学生心理危机进行干预。

加强班级、课题组、实验室的心理委员队伍建设，建立网格化的关心帮扶体系，发挥朋辈互助效应。与教师相比，心理委员与同学之间年龄相仿，且与学生一起生活，可及时了解同学的情绪状态和行为表现，掌握他们的心理动向，及时发现问题并上报老师。当发现学生有心理问题时，心理委员也可以作为朋辈支持体系开展帮扶工作。

（二）全过程育人：加强对问题学生的积极干预与跟踪反馈工作

从研究生入学开始，每学期持续开展心理问题学生的排查。通过心理测评问卷对全体学生进行初步筛选，再由辅导员通过个体谈话进一步确认和识别学生的问题，及时将心理问题严重的学生转介到学校心理健康教育中心。同时，辅导员建立心理问题学生的帮扶档案，为学生制订有针对性的干预计划，定期与家长、导师、心理健康中心、心理委员进行沟通，交流与反馈学生近期的状况和问题，及时调整帮扶策略，并进行长期的、积极的关注和帮助。

完善研究生的心理健康教育课程体系，加强研究生心理健康知识传播和普及，提升研究生心理技能储备。大学生心理健康教育是本科生的必修课，研究生阶段却没有相应的课程。可针对不同阶段研究生的心理需求，在合适的时间开展心理健康教育讲座，研一第一学期以更好的自我认知和环境适应为主，研一第二学期和研二阶段主要是情绪调节、人际沟通和学习压力调适，研三阶段则主要是求职心理调适、压力应对和面对挫折的心理建设。

（三）全方位育人：多措并举，营造良好校园氛围，建立全方位的育人体系

加强班团组织、党支部、科研团队、学术社团等学生组织的建设，营造良好的团队氛围。良好的人际关系能够减轻研究生因为独立科研带来的孤独感，可以发挥研究生群体之间的互助作用，提升研究生学习和科研的效率及质量，为研究生的自主学习营造良好的氛围。在对心理问题学生进行关心帮扶时，团结友好的班团组织也是强有力的生力军。

丰富研究生的校园文化生活，让心理健康教育走出课堂。比如在“5·25”心理健康节期间开展心理健康专题沙龙，深入探讨研究生在日常生活、学习、情感方面可能会遇到的相关问题；举办心理戏剧节，让研究生更好地了解和运用心理学；推行心理健康

跑，促进研究生在科研之余加强体育锻炼，提升身心健康水平。心理健康教育与校园文化活动有机融合，实现在实践层面心理健康教育的强化，可以帮助学生提高心理自我调适能力，疏解不良情绪。

针对研究生开展职业生涯规划教育，逐步建立完善的研究生就业指导体系。有的研究生在读研之前并没有深入了解本专业的就业形势，而研究方向也偏理论，在就业时可能面临比本科阶段更多的迷茫和压力。因此，应在研究生新生入学时开展职业生涯规划教育，启发研究生探索自身职业兴趣和培养职业能力，了解工作，引导研究生在入学时就确定一个清晰的努力方向，延长研究生升学、就业准备周期，提升自身竞争力，减轻心理压力。此外，为应届研究生毕业生提供就业指导，在简历制作、面试技巧、心理调适等方面进行个体和团体辅导，提升研究生的就业能力。

建立健全学校心理健康教育平台，通过线上线下相结合的方式为学生提供更多的支持与服务。受社会偏见的影响，很多学生在遇到心理危机时羞于直接向外界求助。因此，高校要重视网络心理健康教育、建立电话咨询及线上咨询平台，充分利用网络交流的平等互助特点，实现心理健康教育全方位渗透。学生可以开启“自助”模式，在网上接受心理健康教育，并通过心理测评了解自身心理状况，进行必要及时的心理调整。心理健康工作者也可通过网络准确、及时地了解大学生的真实心理动态，做好心理危机干预工作。同时，目前学校少量的专职心理咨询师很难满足学生日益增长的心理咨询需求，因此可以加强辅导员和专业教师的心理辅导和咨询技能的培训，扩充心理助人的专业队伍，从而建立学院二级心理辅导站，以便针对学院学生的特点，开展团体辅导和个体咨询，完善“他助”模式。

参考文献：

黄鸿，李雪平．国内关于研究生自杀问题的研究述评［J］．民族高等教育研究，2013，1（9）：38－41．

叶子青，高岚，叶一舵．高校研究生 SCL－90 心理健康测评分析及教育对策［J］．教育评论，2017（9）：84－89，119．

科研压力视域下个别研究生与导师关系不和谐的原因与干预措施探索

青思含[1]　彭　铎[2]

摘要：本文对研究生与导师关系不和谐的案例进行描述，阐述在科研压力视域下研究生与导师之间关系不和谐对学生心理健康造成的影响，分析其原因，并提出具体的干预措施。

关键词：研究生；导师；科研压力；关系不和谐；心理健康

当前科技水平的不断进步和社会经济的稳步发展，使社会对研究生的需求与日俱增。2020 年全国研究生招生 110.66 万人，比上年增加 19 万人，增长 20.74%。2022 年硕士研究生报名人数更是创下历史最高纪录，达到 457 万，涨幅达 21%，随着在校研究生人数的日益增长，研究生群体的心理健康问题也逐渐暴露出来。研究生在校期间面临的主要压力来源有科研压力、就业压力、人际关系压力、经济压力等，科研成为当前研究生面临的最大压力源。面对严峻的科研压力时，个别研究生与导师之间的矛盾被放大，不和谐的师生关系经常暴露在各种媒体上，对社会、校园都造成了不良影响。本文将科研压力作为切入点分析探讨研究生与导师关系不和谐的原因及干预措施。

一、案例

结合笔者亲身工作经历，选取五位研究生与导师之间的关系不和谐案例，其中有学生产生了焦虑、抑郁等情绪，个别学生甚至临床确诊为抑郁症。科研压力视域下师生关系不和谐对学生的心理健康造成较大的影响，这值得我们重视和探讨。

---

① 青思含，四川大学华西基础医学与法医学院，研究生辅导员，主要研究方向为大学生心理健康教育、思想政治教育。

② 彭铎，四川大学华西基础医学与法医学院，辅导员，主要研究方向为大学生心理健康教育、思想政治教育。

（一）案例 1

学生 A，女，硕士研究生一年级，家庭关系和谐，外校保送读研。学生诉因与导师甲理念不同，导师多次对其进行教育，并称如果继续这样下去就不能顺利毕业，学生感觉受到威胁，精神压力大，出现失眠等症状。通过与导师和该实验室其他同学了解情况知道，学生 A 较少来实验室，不能完成导师交代的任务，如导师交代她完成文献汇报工作，她未完成，再次准备后依然不认真对待，觉得实验室科研压力过大。导师称，在录取该生前已告知其实验室的学习模式、科研理念等，当时学生对科研积极性很高，并有读博打算，目前学生表示硕士毕业后要参加工作，导师也同意学生完成课题和毕业要求后给其时间找工作。但最终学生表示不适合该实验室，决定申请更换导师。

（二）案例 2

学生 B，男，硕士研究生一年级，父亲去世，家庭经济条件较困难。学生诉导师乙横向课题较多，给学生安排过多实验工作，他已连续工作一个月没有休息，生病了也不敢告诉导师，压力大、心情低落，萌生了退学想法。通过辅导员与导师沟通，导师表示之前没有关注到学生感受，将在今后工作中注意，并给学生安排了假期休息。后期随访发现，该研究生与导师保持了良好沟通、消除了隔阂，感觉研究生的学习生活符合预期，且在课题组的收入能满足自己的生活开支，学业方面的压力也能接受。

（三）案例 3

学生 C，女，硕士研究生一年级，跨专业后在导师丙处学习。导师丙为青年新晋导师，非常优秀，对学生要求严格，学生 C 因为基础薄弱且跨专业学习，时常需要做实验到很晚才能休息，进步缓慢，因为得不到导师的肯定，所以很焦虑，对自己很失望，想申请回原专业学习。辅导员与学生沟通后，学生表明自己已经付出了很多时间精力学习新专业的知识和实验技能，虽然进步缓慢，但舍不得直接放弃，愿意再尝试一段时间，并加强与导师、实验室同学的沟通。后期随访发现，学生已掌握大部分的实验技能，情绪稳定，愿意继续跟着导师读博深造。

（四）案例 4

学生 D，女，硕士研究生三年级，家庭关系和谐。学生诉导师丁要求学生做事情前均要进行汇报，但汇报后不满意导师丁常对其冷嘲热讽，贬低其学术能力，但不具体指导学生课题，学生无法开展实验。学生 D 在研究生二年级时曾尝试更换导师，因未成功，故继续在导师丁处学习，但与导师之间的关系并无改善，课题也没有进展，她感觉实验室的氛围非常压抑，也害怕去实验室，害怕与人交流，最近常有耳鸣等现象，常在实验室角落发呆。导师丁明确告诉学生这样下去他肯定要延期毕业。学生觉得即使延期也不能顺利毕业，萌生了退学的想法，准备先找到工作再申请退学，目前不再前往实验室，也不再与导师沟通来往。

（五）案例 5

学生 E，女，博士研究生第四年，已婚，在职定向生，家庭关系和谐。博士一年级时怀孕生子，与导师关系略紧张，平时主动与导师联系较少，经常在自己单位进行课题研究，临近毕业提交论文给导师戊修改，导师戊在论文上标记出 200 多个问题。学生在与导师沟通过程中，多次崩溃，甚至直接躺在地上大哭，后诊断为抑郁症并服药治疗。在辅导员与家人的鼓励下，经过多次与导师沟通，学生最终修改论文通过答辩后毕业。后随访发现，学生的抑郁症得到控制，情绪良好，能正常工作生活。

二、原因分析

通过对上述案例的分析总结，笔者认为研究生与导师之间关系不和谐既有师生自身的主观因素，也存在客观因素，总结为以下三方面。

（一）研究生心理不成熟

研究生年龄普遍在 22 至 26 岁之间，其中应届本科毕业生攻读研究生的比例较大，他们没有经过社会的历练，虽然年龄已处于成年期，但世界观、人生观和价值观还不够成熟，个别学生缺乏家庭、朋友的情感支持。个别研究生以往较少独立自主地学习，在本科学习阶段对科学研究工作的要求与基本流程缺乏深入了解，因此在研究生阶段开始做课题时会遇到较多挫折，如果不能及时调整，与家人、朋友、导师做好沟通交流，将会影响到学生的学业和身心健康。

（二）研究生与导师立场不同

多数情况下，导师会积极引导研究生，使其科研压力转换成学习动力，促进研究生顺利开展科研工作并完成学业。但在某些情况下，因为研究生与导师立场不同，造成师生关系紧张，产生冲突。

价值观冲突。部分导师认为学生在研究生阶段应该兢兢业业、全力以赴，取得高水平的科研成果，才能毕业。但个别学生认为除了科研学业还应该有自己的日常生活，学业上只要达到毕业要求、完成基本的科研任务即可。如案例 1 中的同学 A，其进入研究生阶段前对科研抱有的一定热情，但实际开展研究生学习后，面对有挑战的科研学习有畏难情绪，她选择逃避退缩，试图通过更换导师达到减轻研究生阶段学业压力的目的。

目标冲突。部分导师对学生要求高，会把学生当作下属管理，要求学生必须发高分文章，而忽略学生的个人发展、生活情感等，让学生感觉苦闷、压抑；学生的目标却是尽快发一篇符合毕业要求的文章，完成自己的毕业课题，除此以外也能锻炼一些其他方面的能力，尽快找到工作完成就业。如案例 2 中的导师乙，开始时一直给学生布置任务，而忽略了学生的感受，学生久而久之造成心理压抑，甚至患上抑郁症。

个性冲突。研究生与导师性格、处事方式不一致，如急性子与慢性子，仔细谨慎与粗心莽撞，使得师生配合不顺利。还存在个别师生性格乖僻，难以与人相处。若导师是这种性格，将对学生造成心理阴影，学生或选择退学、换导师或者坚持到毕业后将导师拉黑，甚至对科研丧失兴趣。如案例 4 中的导师丁，常对学生冷嘲热讽，导致学生精神紧张。

（三）研究生科研压力过大

教育部在 2019 年印发通知明确要求“狠抓学位论文和学位授予管理，重点要抓住学位论文开题、中期考核、评阅、答辩、学位评定等关键环节，严格执行学位授予全方位全流程管理，对不适合继续攻读学位的研究生要及早分流，加大分流力度”“要加大专项检查、抽查、盲评等质量监督手段使用力度”。一方面是研究生本人要达到毕业要求的科研压力大；另一方面还有来自学校给导师的压力，这些压力部分被导师转嫁给学生。特别是年轻导师在绩效考核方面面临较大挑战，迫于生存压力，不得不对学生提出较高的要求，希望学生在校期间能尽量产出更多的科研成果。

三、干预措施

针对以上情况，笔者将从师生自身和外界条件两个方面进行干预，旨在达到改善师生关系，助力师生共同进步、共同成长。

（一）重视师生的心理健康教育，以积极心态面对压力

研究生虽然较本科生年长，但心理依然不够成熟，仍需加强对研究生心理健康的重视。首先应该开设专门针对研究生的心理健康课程，帮助研究生识别和清晰自己的心理状况，了解如何处理学业中的压力。其次可以设置研究生班级或者课题组的心理委员，给予研究生朋辈支持。研究生因学习生活圈子小，在遇到问题时难以找到朋友倾诉，心理委员可以在学生遇到问题的第一时间给予帮助，必要时引入专业人员进行干预。

开展研究生导师的心理培训，引导导师学会关心学生的个人成长，关注学生的心理状态，能提前发现学生的焦虑抑郁情绪，避免冲突升级、师生关系破裂。心理培训还能帮助导师学会应对自己的科研压力和不良情绪，避免给研究生过度传递压力和不良情绪，以积极的心态面对学生管理过程中的矛盾冲突。

（二）提升导师素质，言传身教引导学生

导师不仅要指导学生的学术进展、培养学生的专业素养，更应该在思想政治、品德情操、为人处世等方面做好模范带头作用。导师必须具备正确的思想观念和良好的道德情操，以先进的思想品质引导学生，以高尚的精神风貌塑造学生，以优秀的师德师风感染学生，成为学生科研路上的领航人。这样的导师自然会受学生尊敬、喜爱，学生追随这样的导师自然能在科研之路上乘风前行。

（三）加强辅导员、导师协同育人

研究生的心理健康需要导师和辅导员共同守护，辅导员应该和导师保持定期沟通，

了解研究生在实验室的学习动态、心理状况，提前发现问题，与学生做好沟通，帮助调节师生间的矛盾，必要时邀请学校专业心理咨询师介入。组织开展心理健康讲座、减压活动等，积极号召研究生、导师参加，通过日常活动提升师生心理素质、缓解师生压力。

（四）延长磨合期，师生双向选择

大多数学生与导师的矛盾是在新生阶段爆发的，在目前的招生录取政策下，研究生与导师事先的沟通较少，多以线上联系为主，尤其是疫情暴发以来，连研究生复试均在线上举行。师生了解到彼此的信息都很片面，而随着时间进展接触更多后，师生之间的矛盾增多。为了减少此类情况发生，建议设置一段师生选择的缓冲期，在开学后不急于固定导师，给师生一段彼此磨合的时期，磨合期后师生可以有一次双向选择的机会，以此降低师生间产生矛盾的概率。

（五）提升学生个人素质

研究生面临的科研压力是学习成长过程中必须面对的压力，所以提高学生的硬实力，能帮助他们更好地应对科研压力。因此，可以开展一些实验技术、查阅文献、课题汇报等技能的培训，提升学生做科研的基础能力；邀请优秀的学长学姐分享科研经验心得，指导他们如何适应研究生生活，让他们有目标、有思路；定期举办专家讲座，拓宽研究生眼界，引导其了解更多学科前沿知识，创造更多交流机会，搭建更好的平台，与校内外课题组进行交流学习、联合培养等。当学生自身实力提升时，面对科研路上的压力，他们就能够迎难而上，最终找到属于自己的路。

提升研究生面对压力时的应对能力。一是引导研究生进行自我认知改变，学会注意事物的积极方面，将注意力集中在对自己有益的部分，对自己建立正确的期望值；二是引导研究生积极宣泄情绪，包括但不限于运动、倾诉、培养兴趣爱好、适当娱乐等，可以转移注意力、产生积极暗示、增强自信等；三是引导研究生积极进行心理咨询。许多研究生对心理咨询有一定的错误认知，要么认为心理咨询没用，要么羞于让他人知道自己的内心世界。实际上大多数存在心理问题的学生在接受心理咨询后都会得到一定程度的帮助，心理咨询能积极有效地促进学生身心的和谐发展，使其生命质量得以提升。

参考文献：

教育部．2020 年全国教育事业发展统计公报［EB/OL］．（2021－08－27）［2022－08－15］．http://www.moe.gov.cn/jyb_sjzl/sjzl_fztjgb/202108/t20210827_555004.html.

中国教育在线．2022 年全国研究生招生调查报告［EB/OL］．（2022－01－30）［2022－08－15］．https://kaoyan.eol.cn/yuan_xiao_xin_xi/202201/t20220130_2206607.shtml.

朱美燕．研究生心理健康教育现状调查分析与对策思考［J］．黑龙江高教研究，2017

(3)：117－121.
骆亚莉，刘凯，颜春鲁，等. 关于扩招背景下医学类研究生教育的几点思考［J］. 中国继续医学教育，2022，14（4）：165－169.
马臻. 研究生师生矛盾及化解对策［J］. 学位与研究生教育，2019（2）：1－5.
陈鹏. 研究生与导师矛盾的形成逻辑与超越之道［J］. 高等农业教育，2021（3）：118－123.
教育部. 教育部发文要求进一步规范和加强研究生考试招生及培养管理工作［EB/OL］.（2019－02－27）［2022－08－15］. http://www.moe.gov.cn/jyb_xwfb/gzdt_gzdt/s5987/201902/t20190227_371509.html.
孙慧. 研究生过度压力的自我应对方策探讨［J］. 学位与研究生教育，2009（10）：10－13.

研究生常见的心理问题与危机干预

吴海英[①]

摘要：研究生虽然已经基本形成稳定成熟的人格，但还是具有很强的可塑性。部分研究生经常会因学习生活中各种各样的困扰引发一系列心理问题，有些甚至会出现过激行为。本文从综合案例入手，针对研究生常见的心理问题，探索心理问题的类型和危机干预的办法。

关键词：研究生；心理问题；危机干预

高校研究生是一个日益庞大的学生群体，截至2020年，研究生人数已与本科生人数基本持平。按照目前的发展趋势，部分高校的研究生人数很快会超过本科生，但大多数高校对于研究生师资力量、管理人员的配备却还不够完善，对研究生管理工作的指导、服务无法精准到每一个研究生个体，容易出现疏漏。加之随着"双一流"办学方向的明确，研究生的培养要求也日益增高，要求研究生"严进严出"，随之而来的是研究生面临的毕业压力日趋增大，无法在规定年限内毕业的研究生越来越多，从而导致研究生的心理问题也愈发复杂，尤其是由学业问题引发的研究生心理危机日益增多。

心理危机的表现通常在于个体日常处理问题的方法及其惯常的支持系统不足以应对困境时，产生的一种心理失衡状态。每当出现这种失衡情况时，就会出现心理问题，心理问题到达一定程度时，就会产生心理疾病，从而容易导致心理危机，这时危机干预就非常必要。危机干预是给处于危机中的个人或家庭提供有效帮助和支持的一种技术，通过调动他们自身的潜能来重新建立和恢复其危机前的心理平衡状态。

一、研究生常见心理问题的类型

研究生在出现心理问题时，因其人格心智的健全，大多数人是可以通过自身处理事情的能力和惯有的支持系统应对心理问题的，通常不会出现心理严重失衡的状况。但一

① 吴海英，四川大学物理学院，学科及教务办主任，主要研究方向为思想政治教育。

旦出现研究生无法应对的心理问题时，他们就易出现心理困境，这种困境比低龄学生的心理困境会更加复杂，可能会引起其学业、生活、情感、家庭等全方位的心理失衡，从而产生的心理危机也更加难以应对。

研究生的心理危机组成各种各样，主要有以下四个方面：

（一）成才性危机。

每个研究生都肩负着比本科生更多的社会责任、家庭责任，他们更期望成才，而且都会有超越他人的欲望。但事实上，竞争往往是激烈和残酷的，这方面的危机时常表现为自己在参与社会竞争活动中追求个人发展的一种失当行为。

（二）境遇性危机。

这类危机主要是指如果出现罕见或突如其来的悲剧性事件时（比如家人突然去世、突遇地震等），个人日常处理问题的方法及其惯常的支持系统对此事件无法预测和控制，从而产生的一种心理失衡状态。

（三）现实存在性危机。

这类危机主要是源于个体重要的人生目的、人生责任和未来发展等的内部压力与现实的冲突和焦虑。

（四）病理性心理危机。

这类危机主要是由于某些心理障碍或心理疾病导致心理危机的产生，如抑郁、焦虑、紧张等，这是由神经症导致心理危机的发生。

典型案例：G 同学，女，博士研究生。G 同学越到博士学习的最后年限，越临近毕业，因无法毕业的问题，其情绪控制能力越弱。在 G 同学长期心理咨询无效后，经学校建议，G 同学去相关医院诊断出患有心理疾病。但其本人及家长均不认可医院的诊断，G 同学拒不就医，家长也找各种理由推脱。

在学校看来，G 同学存在严重的心理问题，经过医院诊断，明确该生的心理问题已上升到心理疾病的程度，安全风险大，需要危机干预，进行心理治疗，但该生及其家人并不认可医院的诊断。按照《中华人民共和国精神卫生法》，学生如不主动就医，只有其直系家属才能强制要求学生就医，其他任何人、任何机构在该生无自伤或者伤人的情况下，都不能强制要求他就医。家长如果一直拒不配合，在这种情形下，学校面临巨大的工作压力。

G 同学是由成才性危机（无法毕业的问题）到现实存在性危机（无法毕业就没有未来），再到病理性心理危机（长期无视自身的心理问题而导致心理疾病），具有很强的危机风险（自杀），这些危机会给家庭、社会、高校等带来沉重的负担。所以，预防学生自杀也是高校心理健康教育工作的重点。

G 同学不但有人身安全风险，其言论还极可能对学校造成不好的舆论影响。G 同学在无法控制情绪的时候，会把造成自身的所有问题归结到学校方面，这会对学校产生不良影响，更有甚者会给其他在校同学留下极不好的印象。

G 同学由于回避自身问题导致其心理问题没有办法得到疏导，时间一长，她变得更易怒，偶尔有自伤的行为，甚至多次扬言要跳楼自杀。这都是非常明显的因各种心理问题导致的思维和行为紊乱，进而导致严重心理失衡。而造成 G 同学这种心理危机的主要应激源是无法毕业的问题，长期的心理失衡，让她感觉自己难以应对，无所适从。

了解 G 同学的成长经历后，再深层次分析 G 同学这种心理危机情况，可以判断造成 G 同学目前的状况，还有不良人格因素的影响。她的心理危机是由不良人格因素和环境应激因素的相互影响而成。无法毕业是外界的应激因素，主要还是不良人格因素的影响而造成现在的局面。G 同学的成长环境导致她拥有着不良人格因素，而不良人格因素让她只能通过一些非常人的激烈手段去表达自己的情绪，而不采取正常、正确的方法去面对和处理学业上的困难，意识不到或者不愿意去正视现在的局面通过她现在的方式并不能解决根本的问题。不良人格因素让她认为所有问题的产生都是别人的问题，都是别人的原因导致的，她永远都是受迫害受委屈的那一个。

二、危机干预的办法

每个个体出现心理危机的时候，造成危机的原因都是全方位的，需要深入地了解和分析。由自身的不良人格因素导致的心理问题很难通过心理咨询得到改变，特别是针对已成年的研究生同学，但是我们可以从环境应激因素等方面入手，去进行危机干预。

管控心理应激或心理压力，具有预防心理危机的重要作用，需要学生本人的积极参与，需要学生辅导员和心理健康教育教师的指导，必要时须接受专业心理咨询和心理治疗。针对 G 同学这种情况，虽然一时无法改变她的不良人格因素，但是我们应该想办法引导她对应激事件进行理性分析，找出关键的问题，找出解决办法，选出最值得一试的办法，尝试解决问题。促使 G 同学自身要想办法消除应激源，或由应激源所带来的问题，才能有效控制其精神压力。著名哲学家爱比克泰德（Epictetus）曾说过："扰乱人精神的，与其说是事件，不如说是人对事件的判断。"著名的应激研究专家赛里也曾对经常处于工作压力困扰中的人说："问题不在于发生了什么，而在于你如何看待它。"看待也是一个认知活动，如何看待会影响一个人的心理反映。看待认知事物的过程会使 G 同学对环境事件有一个评价过程，从而产生不同的应对行为、生理反应或心理反应。正是因为 G 同学对毕业这个事情的认知出现了问题，进而扰乱了她的内心，出现了行为的偏差。

针对 G 同学这种情况进行危机干预，可以采取的认知调整的策略与方法，有以下四点：

（一）引导她尝试转换角度去看待应激源及其所带来的问题。

"横看成岭侧成峰，远近高低各不同"，引导她努力从积极的方面看待应激源及其所带来的变化。同样的事情，从不同的角度去看待，会产生不同的认识。毕业当然很重要，但是学习不是人生的全部，当一条道路走不通的时候，可以适当做调整，毕竟"条条道路通罗马”。

（二）转变不合理的认知生活习惯

一个人在长期生活中所形成的固有的生活模式，会让处于该环境的人产生不一样的生活信念，这个信念则会影响他对生活变故的初级评价，同时会影响他对不同事件的情绪反应。不合理的认知生活习惯跟G同学的原生家庭有关，她的认知生活习惯使她把能不能毕业的初级评价是放在极度重要的一个位置，作为她支撑人生的唯一重要支柱，将之视为太过于重要。她需要在生活中确立良好的认知生活习惯，进而找到更多的好的生活支撑点。

（三）调整G同学的个人期望及价值追求

期望水平对应于对后果的评价，进而影响情绪应激反应。价值观影响一个人对压力源的态度和认知评价，而认知评价又决定了应激反应的性质和强度。G同学的价值体系有极大的问题，才会有如此多的应激反应。根据G同学的综合情况，想办法让其认识到个人的价值所在，让其明白发挥自己真正价值的意义，个人期望和自身价值不一致时，应该尊重客观事实。

（四）积极治疗

G同学的心理问题发展到心理危机，进而产生心理疾病后是必须加强干预和进行心理疾病治疗的。心理疾病得到有效的治疗，心理危机干预才会有成效。不然，危机干预只能是一时的，无法达到理想的效果。所以针对G同学的个体情况，需要与家属充分沟通，采取积极的治疗方案，必要时求助心理医生。心理干预及时，是会还学生一个健康的心理，助其完成学业，达到高校不惜余力的努力培养优秀人才的目的。

近年来我国研究生的心理健康问题日益凸显，引起了社会各界的广泛关注。2019年12月26日，南京某大学一名学生自杀；2020年5月1日，北京某大学一名研究生在家坠楼自杀；2020年10月13日凌晨，大连某大学一名研究生在实验室自杀……无数惨痛的教训无时无刻不在惊醒着每一个教育工作者。所以，引导学生构建心理预防体系并发挥作用，广泛开展心理健康教育，提高心理健康自我防护意识、筛除高危人群、关注遭遇变故的同学，做好心理健康工作，做好危机干预工作，当好大学生心理健康的保驾护航者，是我们每一位高校老师的责任。

2020年以来，新冠肺炎疫情使得人们的生命健康面临严重威胁，给人们造成极大的心理冲击。疫情防控工作中，习近平总书记多次明确指出“要加强心理疏导和心理干预”，国务院也发布了一系列关于加强新冠肺炎疫情心理工作的文件。帮助不同群体摆脱负面情绪，恢复健康心态是当前社会面临的重大挑战，也是心理学工作者的责任与使命。学校承担着为祖国培养接班人、培养骨干能力的重任，培养的人才必须是身心健康的复合型人才，这样他们才能承担起建设社会主义国家的重任。

参考文献：

朱元利，李靖．“社会转型”期大学生心理危机及干预策略研究［J］．前沿，2010（6）：171－173．

聂振伟．心理学视角下的校园危机事件管理与干预［J］．北京青年政治学院学报，2012，21（3）：13－19．

徐秉鹏．浅谈大学生心理危机干预与校园稳定［J］．青春岁月，2011（24）：120，119．

田娟，李瑜庆．浅谈如何处理大学生的心理危机问题［J］．科技经济现场，2013（9）：97－99．

金海燕，路平，林伟连．易发心理障碍研究生的人口学特征及其教育对策［J］．学位与研究生教育，2004（3）：16－20．

张玲玲，刘雁红．发挥导师在研究生心理健康教育方面的指导作用［J］．中国轻工教育，2018（1）：44－48，58．

王征宇．症状自评量表（SCL－90）［J］．上海精神医学，1984（2）：68－70．

苏凤丹．试论中职心理健康教育在德育课堂中的应用［J］．国际公关，2019（3）：102．

一名学业受阻研究生的心理危机干预案例与分析

徐青锐[①]

摘要：本文结合现实生活中真实的案例，总结出学业受阻学生识别、预防、干预、巩固支持四个环节中的心理危机干预方式，这对于保障研究生心理健康具有十分重要的意义。

关键词：研究生；学业；心理健康；危机干预；案例

美国心理学家卡普兰认为心理危机就是当个体先前处理问题的方式和惯常的支持系统不足以应对其面临的困难情境时会产生的心理困扰或失衡状态。这种危机的状态会干扰和破坏一个人正常的生活状态，并有可能会引发自伤、自杀等严重后果。随着社会节奏的加快和各方面压力的不断增加，研究生各种心理问题频发，不仅对研究生的健康产生不利影响，而且也严重威胁着学校的秩序和社会的安全。辅导员如何在研究生心理危机中进行有效的干预，避免因心理问题引起的伤害行为发生，将伤害行为降到最低限度，帮助其渡过危机，恢复心理平衡，具有非常重要的现实意义。

一、案例基本情况

小 O，女，24 岁，研究生二年级学生。父母均是公务员，因工作繁忙无法照顾小 O，小 O 一直跟随外婆居住。小 O 从初中开始跟随父母生活，在初三时因父母感情破裂后跟随母亲生活。小 O 平时与父母沟通交流较少，与外婆比较亲近但是交流沟通也有限。进入研究生阶段后，小 O 的科研进展非常缓慢，每次跟导师汇报工作时都不知道该如何沟通，总是很害怕导师，担心导师会对自己很失望，会质疑自己的科研能力。进入研二下学期后，小 O 的情绪状态都不是很好，每天都非常焦虑、难过。室友发现小 O 近两周未去实验室，几乎每天都待在寝室，近 3 天拉起床帘躲在床上，听到其不

① 徐青锐，四川大学生命科学学院，讲师，博士，主要研究方向为思想政治和心理健康教育。

时压抑哭泣的声音，还跟父母打电话哭诉："我为什么要让家里背负这么大的经济负担？我根本就不适合读研，我不知道该怎么继续做，做什么都做不好，我就是个废人……"室友留意到小O的异常表现，非常担心，将情况告知了辅导员。

二、心理危机处理过程

（一）辅导员介入评估

1. 多渠道收集信息

（1）来自导师的反馈：小O很有礼貌，做事情很认真，科研思维和科研能力整体偏弱，个人观点和想法很少，科研进度偏慢。小O没有因为课题的推进积极主动联系过导师，沟通时不是很善于表达。

（2）来自实验室同学的反馈：小O很要强、很勤奋，属于来得早走得晚的同学，但科研进展比较缓慢。在实验室多喜欢自己闷头苦干，不会主动询问其他同学，也不习惯与跟大家一起结伴去就餐。每次参加实验室组会，小O都表现得特别重视、特别紧张，跟导师和同门讨论时经常会满脸通红说不出话来。

（3）来自室友的反馈：小O晚上经常在床上翻来覆去，似乎入睡困难，室友多次发现她凌晨两点钟还没有入睡；小O有时一整天都在宿舍待着，什么也不干，就坐在电脑前发呆，有时候一天只吃一顿外卖。

（4）来自小O母亲的反馈：小O很懂事，生活很节俭，但不怎么爱跟家人沟通，有什么事都藏在心里。高中老师也反映过小O在考试前经常会有情绪不好的情况。大四考研的时候小O也曾有一段时间很崩溃，多次打电话哭泣，但是不会给家人讲很多具体情况。

2. 与小O谈话获取直接信息

为了避免给小O带来不必要的困扰和刺激，辅导员以学业帮助为由约小O进行谈话，详细了解小O的近况。

（1）情感状态：负面情绪严重，情绪低落，非常痛苦，谈话中抑制不住流泪。难以控制自己的负面情绪，全面影响了自己的生活和学习，不想见人，不想去实验室进行研究工作。

（2）行为表现：生活作息无规律，失眠严重，入睡困难，睡眠浅。不愿意去实验室工作，最近一周大部分时间都躲在床上，不想与其他人有过多交往。实在难受的时候会给父母打电话倾诉，但是挂断电话后觉得自己的内心状况并没有好转太多。近三天出现撕扯睡衣、用睡衣带子用力缠绕束缚手指的行为。

（3）认知水平：逻辑思维清晰，能够正常进行对话。非常焦虑、担忧，自我价值受损，认为自己什么都做不好，根本没有办法完成科研任务。一开始进行科研时就觉得自己整个脑子僵住了，无法行动，有自杀的想法，但没有计划和行动。

3. 稳定小O的情绪

交谈的过程中提到科研情况时，小O多次哭泣，辅导员释放善意和关怀，耐心倾听，并通过共情、自我暴露等谈话技术缓和、抚慰、稳定小O的情绪，同时让小O意识到自己目前的状况不是很好，需要更多的帮助和支持。

（二）院校联席应对

辅导员意识到小O的情况比较严重，第一时间将了解的情况跟学院党委副书记进行了汇报，并进一步评估，同时与学校各部门联席应对。

1. 上报学校心理健康中心

辅导员详细梳理了小O目前各方面的情况，在学院党委副书记的指示下及时上报学校心理健康教育中心，联系学校的心理咨询师来评估小O的心理状况及危机程度。

学校的心理咨询师在与小O进行交谈后发现，小O不愿意与人交往，科研任务完成效率低下，自述“很想做事，很想完成好，但是总是呈现拖延的状态，什么也做不好，什么也没办法做，脑子也一动都不动，就像僵住了”。在情绪状态方面，小O近期持续感到悲伤、难过，无法控制自己的情绪。最近整晚都睡不着觉，自述睡前“脑子里好像有很多事情，安静不下来”，感觉很痛苦，有自杀念头及计划。咨询师建议小O尽快到医院就诊，进行专业诊断和评估。

2. 联系家长尽快就诊评估并干预

通过各方面的工作，在征得小O的同意下，辅导员联系小O母亲到校陪同其前往精神专科医院进行专业诊断，后小O被确诊为中度焦虑和中度抑郁状态。医生建议小O服药治疗，辅助心理咨询，并定期复诊。

3. 提供支持网络

（1）心理支持。无论小O是否接纳自己以及自己目前的状况，院领导、辅导员、导师、寝室同学以及实验室同学都要表现出无条件积极关注、接纳和支持小O，对小O所处的状况表示高度的关切与回应，并告诉她“不要怕，我们一直在这儿陪着你”“没关系，一切都会过去的，我们都在这里”“有什么情况咱们一起想办法，你不是一个人在面对”等。

（2）现实支持。小O心理危机的产生，很大程度上是由学业受阻引起的。在这种情况下，解决小O的心理问题就要与解决实际问题相结合，为小O提供力所能及的、必要的现实支持，如在实验室成立科研帮扶小组，在文献阅读、科研技术路线设计、操作动手以及科研问题反馈方面指定同学对其进行帮扶。小O最基本的需要得到满足后，心理问题也会慢慢随之解决。

（3）社会支持。从家长、学院、实验室和心理健康中心，再到寝室和班级，为小O构建六位一体的社会支持系统，让小O置身于各个网格之中，系统性、多层次地给予其社会支持系统的影响，帮助小O在这些支持中尽快得到滋养，慢慢回归到正常的生活轨迹中来。

（三）危机干预效果评估

当同学们反映小O存在异常表现后，辅导员全面收集信息并和小O进行谈话，而当辅导员意识到小O的心理危机状况较为复杂，处置得也比较谨慎，及时向学校上报，并请学校心理健康教育中心教师来评估并做好应对，为及时干预争取最佳时间，妥当地帮助小O获得有效干预。院校联席应对，积极联系家长，得到家长的支持和配合后，及时推动小O的就诊治疗和心理咨询。通过治疗、心理咨询和社会支持系统的改善，小O的状态越来越好，学习生活逐步回到正轨，最后顺利地完成了研究生阶段的学习并找到了符合心意的工作，信心满怀地投入到职业生涯阶段中去。

三、学业受阻类型心理危机的干预分析和思考

（一）积极开展心理健康教育宣教活动，引导和调整认知模式

学业受阻出现心理问题的学生的认知模式有些存在非此即彼和以偏概全的情况，常常用极端的思维模式来分析和处理学业中遇到的问题。而心理健康教育和宣传活动能够帮助研究生培育积极向上、理性平和的健康心态和认知，促进人格的健全和发展。根据研究生的生理和心理发展特点，在学业的不同阶段，开展心理健康教育讲座，设立心理健康知识宣传栏，举办心理剧大赛等主题活动，帮助研究生了解自身的心理特征、常见心理问题的表现和危害，掌握一些常用的自我心理调节方法和技巧，树立正确的心理咨询观念，增强心理卫生保健意识，提高抗压能力，以便在遇到危机状态时能够及时自我调整或者寻求专业人士的帮助。

（二）建立研究生心理档案，关注人格特质，完善预警机制

始终坚持“防止危机事件发生重在预防”的工作理念，在研究生新生入学的时候要进行心理普查，建立心理档案，同时要在心理档案里面完善学生的人格特质，对于日常生活和学习中表现出焦虑、敌对、压抑、冲动、脆弱等特质的学生进行持续性的关注和追踪。

建立校心理咨询师、院心理教师、班级心理委员、实验室心理委员、寝室心理委员五级预警机制。同时建立各级心理委员的心理健康知识培训机制，每学期定期召开相关培训，提升各级心理委员识别周围同学在学习、生活中的各种异常表现的能力，及时响应“吹哨”，预防心理问题的发生。

（三）把握重点群体，积极主动干预

很多时候，学生对于自己是否处于危机状态并没有一个清晰的认识。每学期定期开展研究生现状排查，动态了解研究生在学习、生活和思想等方面的情况和存在的困难，以及可能扰动他们的各种社会文化因素。筛查梳理出需要重点关注的学生，例如是否有单亲、离异、突发家庭变故、家庭经济困难、人际交往困难、学业困难等情况出现，特别是出现叠加情况的学生。辅导员要及时主动进行干预，做好心理危机预防工作。

（四）实行网格化管理，完善社会支持体系

针对筛查梳理出需要重点关注的学生以及正处于危机状态的学生，制定网格化的管

理策略，将其放在各个网格中，构建一个有针对性的支持体系。例如，针对学业受阻的研究生，年级上可以定期组织文献查阅、学术报告撰写等讲座或经验交流分享会，班级上可组织解压小技巧、情绪晴雨表等沙龙或团体辅导，实验室可进行新生适应教育、科研动手等帮扶活动，寝室中可组织整洁生活、关爱自我等团建活动，从各个支持系统为学生提供有效的支持，让学生最大限度地感受到在学校至少有一个人是在关心、支持或帮助自己，感受到来自人性的温暖。

研究生心理危机已是当前社会一个普遍的问题，如何识别、预防和干预危机需要各方通力协作和应对，希望各高校也能够在实际的工作案例中不断地汲取经验教训，不断完善危机干预措施。

参考文献：

边玉芳，钟惊雷，周燕，等. 青少年心理危机干预［M］. 上海：华东师范大学出版社，2010.

马喜亭，冯蓉. 辅导员应对大学生心理危机指导手册［M］. 北京：高等教育出版社，2021.

大学生心理健康教育个案分析

——对一名抑郁症学生的心理帮扶工作

罗 莹[①]

摘要：高校作为人才培养的重要基地，一直是社会各界关注的焦点，心理异常学生的个案也越来越多。本文以一名本科学生的个案为例，分析其产生心理问题的原因，并通过多方合力帮助，以期能让学生的心理状态恢复健康并长久保持。本文通过个案分析，希望能对高校的心理健康教育略尽绵薄之力。

关键词：大学生；心理健康；分析

一、案例

张某是2017级文科专业的一名男生，19岁，独子，父亲是公务员，母亲是企业会计员。张某在填报高考志愿时想报自己喜欢的电子专业，但是家长觉得经济类专业更有前途，也利于以后考研究生，张某就报了经济类专业。

大一上学期张某表现正常，专业课成绩班级排名中上。但是从大一下学期开始，自己同寝室室友被作为交流生派往外校学习，部分同学为出国留学做准备，相比之下，张某感到自己事事不如别人，压力越来越大，变得越来越沉默，最后直接闭口不言。老师多次对其进行心理辅导无果后，只好让家长带他到医院检查。后张某被确诊为抑郁症，家长担心其继续待在原环境，情况会恶化，影响学生正常毕业，于是给学生办理了留级转专业手续，希望学生能有一个新的开始。

在转入新专业初期，张某话虽然较少但跟新宿舍室友关系还算融洽。由于张某需要长期坚持服药，其母亲担心他不按时吃药耽误治疗，故选择在校陪读，以便定时督促张某吃药。张某觉得自己和同学有了隔阂，担心给同学生活造成不良影响，他又回到了形单影只的生活。

---

① 罗莹，四川大学心理健康教育中心，综合科科长，主要研究方向为积极心理学、自我成长、亲子关系等。

二、原因分析

（一）家庭原因分析

家庭是孩子成长的第一课堂。张某父亲平时工作较忙，与孩子关系并不亲密，对孩子疏于管教，张某日常起居均由母亲打理，致使张某错认为只有自己考试取得好成绩，父亲才会多关爱自己。张某在高考志愿填报上选择了被动接受，觉得这样能让父母开心。可是其父母不明白高中和大学的学习模式是不尽相同的，当张某告知父母同寝室友有到外校学习的、有准备出国的，自己什么都不如别人的时候，他们并没有引起重视，更没有想到孩子的自信心受到打击，只告诫张某在校不要贪玩，认为张某没有做到其他同学做到的事是因为没有用心去学。后来张某也不再跟家长交流学校的情况，开始自我封闭、沉默寡言。

家长知道张某患有抑郁症需要长期服药时，自然万分焦急，十分配合医生，请长假在校陪读并监督孩子吃药，但是忽略了张某在新环境中的个人思想，也忽略了同宿舍其他室友的感受，给孩子本来正常的生活环境造成了不良影响。家长也没有与孩子真诚交流，不清楚孩子的真实想法，孩子又不知道该如何跟家长开口，结果致使学生更加孤独。

（二）个人原因分析

张某本身是一个比较听话的学生，只是因为从小对父母言听计从习惯了，他对自己的生活没有很好的定位，只知道一味地按照家长的要求来做，不会跟父母说明自己的想法，造成了我们所看到的父母比较强势、孩子比较怯弱的现象。由于张某的交际范围有限，在校没有很好的朋友，所以没有一个有效的发泄压力的渠道，他又不愿意主动与辅导员老师沟通，加之父母对张某在校表现的不理解，致使张某心理更压抑。

三、处理措施

（一）家庭学校形成合力

因为一些家长并不了解心理疾病，对于学生突然出现的心理状况也是束手无策。作为辅导员，首先要和家长联系沟通，告知抑郁症产生的原因和危害，力求让家长积极配合学生治疗。案例中张某的母亲在得知学生病情时积极接受了医生的治疗意见，没有采取回避态度，对于学生病情好转起到了很重要的作用。同时也要告知家长对学生的关心要适度，不能影响学生的正常生活和正常交际范围，否则得不偿失。

（二）积极利用主题班会

利用主题班会对班级同学开展团体心理辅导，通过人人都发言的形式让班级学生增进了解，通过案例共享让大家正确认识心理健康教育。对于自身可能存在的心理异常要理性对待、及时解决，并告知相关解决途径。对于周围出现的心理可能有异常的同学要积极伸出援助之手，不能冷眼旁观，更不能以讹传讹。要让班级每一位学生都能感受到班集体这个大家庭的温暖，做到“不抛弃，不放弃”，要让班级正能量传递到每一个成员心中。通过这种集体辅导的方式既能让大家了解心理健康知识，也让心理异常的同学不会太尴尬，更重要的是让每一个人对自己的心理状态有大概的了解，便于根据自身情况进行调整。

（三）发挥班委骨干作用

班委是班级同学推选出来为班级服务的同学，当遇到困难时班委理应和老师站在统一战线上为班级服务。班级出现心理异常学生时，班委有责任第一时间告知辅导员，并在辅导员的支持下开展相关工作，同时也要告知其室友多些包容与理解，比如关注同学情绪和行为，多与同学聊天，多鼓励同学参与集体活动等，通过周围人的关怀和认可来打开心理异常学生封闭的内心。

（四）借助心理咨询机构

《中华人民共和国精神卫生法》第十六条规定：各级各类学校应当对学生进行精神卫生知识教育；配备或者聘请心理健康教育教师、辅导人员，并可以设立心理健康辅导室，对学生进行心理健康教育。在发现辅导员与张某的谈话已经没有显著效果解决其心理问题后，辅导员与学校心理健康咨询中心联系，心理咨询老师与张某交流后对其症状做了初步判断，建议辅导员告知家长带张某到正规医院检查后做进一步治疗。辅导员的辅导能力有限，借助专业的心理咨询机构对于学生病情进行判断，对于采取准确有效的措施是很重要的一个环节。

（五）建立学生个人档案

作为辅导员，对于每一个心理异常学生都要做好档案管理，除了向上级部门汇报相关情况，还需要针对每一个可能有问题的独立个体做好应急处理方案。在平时管理工作中，辅导员要多找学生交流谈心，及时掌握学生动态，多些鼓励与认可，随时应对突发状况。对于张某的情况，尽管家长配合医院，从药物控制到心理辅导都做了治疗，并且明显取得了好转，但这并不代表老师就可以完全放松了。只要张某仍旧在校求学，作为学校的一员，辅导员老师就有责任和义务对张某进行关注和监控，在季节交替时也要格外用心，争取让其不再出现任何意外。

心理健康教育工作任重而道远。大学生阶段是青年个体身心发展最活跃、最剧烈的时期，同时也是他的世界观、人生观、价值观走向成熟的关键时期。这个时期大学生还没有形成成熟的“三观”，受外界因素影响大，若没有正确的引导，很容易自我迷失，这种迷失会让学生感到混乱。作为奋斗在学生工作一线的辅导员，有责任和义务去关注每一名学生，帮助每一个迷失的孩子找到正确的归途，借此呼吁家庭、学校、社会能形成合力将心理健康教育事业做实做强，希望每一位学子都能健康成长，最终实现自身价值。

参考文献：

万美容．青年学概论［M］．北京：中国人民大学出版社，2016．

郑梓岑．大学生心理健康教育个案分析［J］．现代商贸工业，2018，39（23）：180—181．

周敏．一例关于疑病症的心理咨询案例报告［J］．社会心理科学，2011（Z2）：229—232．

韩婷．大学生抑郁症个案分析及应对策略［J］．西部素质教育，2016（Z2）：220．

大学生抑郁症个案分析及辅导策略

唐　禹[①]　张　波[②]

摘要：近年来，大学生心理健康问题愈趋严峻，这对大学生的健康成长与高校的安全稳定造成了一定的影响。其中，抑郁症患者占心理问题者较大比例，由此，对大学生抑郁症的预防与干预成为高校心理健康教育的重点。本文通过对一个大学生抑郁案例的描述与介绍，分析抑郁症产生的原因，并提出应对大学生抑郁症的策略和方法。

关键词：心理健康教育；大学生心理；抑郁症

大学生在进入大学时，或是由于受到不当的家庭教育方式影响，或是对新的学习方式、生活环境及人际交往的不适应，抑或是对学校期望过高与对现实的不满等都可能会引发学生患上抑郁症。抑郁症主要表现为显著且持久的情绪低落；同时伴有食欲不振、失眠、乏力等情况，害怕并回避社交，对生活丧失兴趣，无法正常进行课业学习与校园活动，抑郁程度严重者甚至还会自伤自残，这无疑给高校的安全管理工作带来了很大的挑战。由此，如何发现早期抑郁症，帮助患者认识并面对病症以及恢复情绪平衡，分析抑郁症产生的原因，找到抑郁症的干预方法，是每一个高校辅导员都应该密切关注并需要解决的问题。下面就以一个抑郁症个体辅导案例来进行分析。

一、案例简介

小布（化名），男，某专业大二学生。班委反映近两周以来，小布经常出现缺课与晚归的情况，拒绝参加集体活动，喜好独往，情绪时常失控。在得知这一情况后，笔者试着通过线上聊天给予该生关心与鼓励，努力与其建立信任关系。而后，及时约谈该生。在与该生谈话的过程中，学生不敢直视老师，常低着头，眼神闪烁无神，回答问题时的语气较为压抑，常答非所问，情绪表现低落。该生说最近失恋，自己心情不好并感

---

① 唐禹，四川大学物理学院，辅导员，主要研究方向为思想政治教育。
② 张波，四川大学物理学院，院党委副书记，主要研究方向为思想政治教育。

到痛苦，无法集中注意，精神恍惚，不想上课，无法控制自己的情绪，晚上还经常失眠。辅导员对该生表示关心，并向其说明如果有困难可以告知老师，并建议其前往本地心理健康中心进行检查与诊断。后续，在辅导员的陪同下，该生在医院做了详细的评估，结果诊断为中度抑郁症。辅导员与该生家长联系，并进行了简单的线上家访，得知该生为单亲家庭，长期同母亲生活，母亲务农，家庭经济较为困难。在小布同意后，辅导员将小布的病情如实告知其母亲，经过仔细商量，该生决定休学，回家调养。

二、原因分析

根据本案例中学生的相关情况，笔者将产生问题的原因分析如下：

（一）自我性格的影响

学生喜好独来独往，性格较为内向、孤僻，敏感多疑，这样的个性特征容易使学生的情绪堆积，无法及时排解。

（二）成长经历的影响

学生从小成绩优异，一路得到老师的称赞，但是高考中未取得更为理想的成绩，造成其的失落与不甘。抗挫能力的缺乏，加上“由高到低”的起伏状态，令学生不知如何更好地应对挫折。在进入大学后，学生学习松散，对未来规划很迷茫，再次面对挫折时情绪低落，从而引发了抑郁情绪。

（三）家庭因素的影响

家庭经济上的困难使学生在学习与生活上产生自卑感与失落感。青春期的叛逆，加上父母离异事件，对学生心灵造成重创，使得学生变得敏感多疑、偏执敌对，缺乏安全感。家长受教育程度较低，多采用简单直接的方式教育，这使学生容易产生敏感、易怒等情绪。另外，家长疏于对学生的教育、引导与关心，与学生没有深入沟通，使得学生不会主动寻求来自家庭的支持与帮助。

（四）个人情感的影响

学生个性敏感多疑，导致其在与他人情感沟通交流中，严重缺乏安全感，情感脆弱，过于依赖。执拗的性格又使得学生或许在相处中会有无效沟通的情况出现。

（五）应激事件的影响

恋爱关系的结束可能成为压垮学生心理防线的最后一根稻草，也可能成了导火索。甜蜜爱情的开始，学生毫无保留的付出，有一个可以倾诉与依靠的爱情伴侣，但后续恋爱中的争吵影响了学生的情绪，与恋人分手更是让学生心理负担加重，情绪无法抚慰，从而产生消极失落的情绪，甚至找不到生活的希望与意义。

三、教育和心理辅导过程

针对案例中的学生情况，笔者进行了以下工作的梳理与辅导。

（一）与学生建立良好的信任关系

首先，通过线上线下交流，与学生建立一种可以互相信任的关系，破除学生的心理防线。再运用一定的心理学知识与技巧，倾听学生诉说，了解学生症状，梳理病症产生的原因。而后耐心、细心地慢慢走进学生的内心，鼓励与支持学生，关心与关爱学生，让学生感到温暖。

（二）家校联动

在本案例中，学生小布一开始不太同意把他的情况告知家长，害怕告知家长后得到的是指责。作为辅导员，一方面，要让家长了解学生当下的心理状况与可能带来的不良后果，希望家长可以调整认知，对学生降低期望，毕竟身心健康无疑更为重要；另一方面，要做好对学生的心理疏导工作，减轻学生对于家庭交流的心理压力与害怕情绪。充分构建起学生与家长之间沟通的良好桥梁。

（三）共建支持帮扶体系

根据小布同学的家庭经济情况，鼓励并帮助学生申请国家助学金，同时报备学院申请困难补贴，解决该生医院就诊与服用药物花费的经济负担。

（四）做好学生的转介工作

在本案例中，明确学生出现情绪问题后，与学校心理健康教育中心联系，建议辅导员告知家长到正规医院做进一步详细检查与诊断。辅导员陪同该生前往医院进行诊断，借助专业的心理咨询机构对学生病情进行有效判断，以利于采取准确有效的措施，开展疏导、救治等积极的干预。

四、案例启示与思考

笔者对本案例有以下思考。

（一）早发现、早干预

大学生对抑郁症的认识不够，对于抑郁症出现的相关症状不自知，没有“精神”出现异常的意识，潜意识中更是不愿意将自己与“抑郁症”联系起来，认为患有抑郁症是一件丢人及被人嘲笑的事情。因此对大学生开展心理健康教育课程，进行知识盲区的普及与教育十分必要。辅导员也要多学习心理学相关专业知识，在班会和课堂上向学生普及心理健康知识，让学生了解抑郁症是一种常见的心理疾病，如果患有抑郁症要积极面对并及时就医。同时，在每学期开学前、重大考试前等关键时刻，要多与学生沟通，关注学生的情绪变化，针对具有不同人格特质的学生耐心倾听，细心分析，有效采取措施，做到早发现、早干预。另外，辅导员要充分发挥班级干部、宿舍长的作用，以便早日发现情绪失常的学生，早日帮助患抑郁病的学生走出心理困境。

（二）引导学生自我调节

第一，合理释放不良情感。大学生在面临重大压力导致心情抑郁时，应该找到适合自己情绪发泄的途径。比如：可以对父母、朋友、同学倾诉；也可以通过写日记的方式，将负面情绪用文字表达出来；还可以聆听音乐，或者大声尖叫，从而放松心情。高校辅导员要引导和鼓励大学生多渠道合理宣泄自己的负面情绪，从而恢复情绪稳定。

第二，充实大学生活。高校辅导员要鼓励大学生养成良好的作息，保证充足睡眠；健康饮食，积极参与体育运动，有助于身心愉悦、释放压力。另外，可引导大学生适当加入社团或者组织，多参加学校的社会实践活动，培养自己的环境适应能力，提高人际交往能力。

（三）建立支持体系

第一，与学生建立良好的师生关系。辅导员更多的是要与学生建立“朋辈关系”，表达对学生的关心与关爱，帮助学生梳理问题，让学生有宣泄情绪的空间。

第二，与家长建立有效的沟通。辅导员要和家长保持稳定联系，以合适的方式告知家长孩子近期在校的情绪问题等，让家长从孩子的年龄和身心发展的规律去和孩子多交流，鼓励家长降低对孩子的学业期望，把身心健康放在首位，科学配合治疗。

第三，接受专业的心理咨询治疗。辅导员可以告诉抑郁症学生，正视自己的心理问题，接受专业人士或机构的帮助。如果有学生害怕或排斥就医，这时辅导员要努力劝导并陪同学生一起去专业医院进行心理咨询与治疗，听从专业医生的建议，帮助学生尽快从抑郁症的困扰中走出来。

五、结语

近几年来发生在大学生身上的一些不良案例，使我们高校辅导员对心理健康教育工作的开展给以更大的重视与决心。追根大学生抑郁症的发生溯源，看似是由某个应激事件或者导火索激发的，但实际上与患者的人格特征、早期家庭教育、成长经历等有较大的关系。作为高校辅导员，我们有责任与义务去关心、关爱每一位学生，引导他们健康成长。同时，也呼吁父母、老师、同学乃至社会，都能够给予抑郁症患者充分的理解、足够的支持，希望每一位学子都能健康成长，实现自我价值。

参考文献：

贾萍. 大学生抑郁症个案分析及应对策略［J］. 陕西青年职业学院学报，2019（4）：21－23.

郑梓岑. 大学生心理健康教育个案分析［J］. 现代商贸工业，2018（23）：180－181.

孔玉玲. 关注大学生抑郁症 做有心的辅导员［J］. 传播力研究，2020，4（19）：166－167.

高校大学生危机干预案例分析及思考

——基于某学院学生自杀干预事件

陆　璐[①]

摘要：在近几年的工作实践中，大学生出现危机事件的背后凸显了很多原生家庭带来的问题，家庭教育的缺失、亲子关系的破裂造成的负面影响在大学阶段呈现出问题暴发的态势。本文通过一个具体的危机干预案例的分析，提出笔者对于高校大学生危机干预的分析和思考，以及建立家校心理健康教育新模式的探索。

关键词：危机事件；危机干预；家校心理健康教育

一、案例概述

（一）危机事件基本情况

小Z，女，19岁，汉族，城镇生源。家庭成员共3人，父母健在，但自小与爷爷奶奶居住，与父母关系恶劣，尤其与母亲无法共处，家庭中关系密切者为姑妈。7岁开始有第一次试图自杀的行为，初中开始有自残行为，高中时期到医院看病，被诊断为重度抑郁症，服药进行治疗。进入大学后，因服药不规律，并且没有再去复诊，再加上进入大二后与恋人分手，对恋人有很强的愧疚感，出现很多负面事件，情绪反复多变、易崩溃，出现自杀的想法。幸好学生自己拨打了求助心理热线，让辅导员及时进行干预，化解了危机。后到心理门诊就诊，诊断为抑郁症，但需住院治疗，学生坚决拒绝父母陪同，不同意入院。后母亲到校，学生反应激烈，拒绝与母亲相处，后经过商量，同意让姑姑陪同治疗。姑姑陪同入院后，该生无法适应医院环境，强烈要求出院，再加上情况有所恶化，家人与医生商量后决定出院。住院医生诊断该生并非单纯患有抑郁症，而是

---

① 陆璐，四川大学华西药学院、学生工作办公室主任，主要研究方向：思想政治教育。

有抑郁状态且存在人格障碍，自杀风险高，建议家长陪读，并定期咨询和复诊。

（二）抑郁及人格障碍原因分析

1. 原生家庭影响

通过访谈和家长沟通了解到，学生与原生家庭关系恶劣，尤其是与母亲有不可化解的矛盾。自小其母亲认为孩子是男方家庭的责任，因此应该交由爷爷奶奶抚养长大，其父亲的责任意识也缺乏，学生从小就在爷爷奶奶家居住生活。她曾经出现过爷爷奶奶有事情，把她带回自己家却被母亲扫地出门的情况。在该生小时候，爷爷工作繁忙，很多时候只能是奶奶照顾，教育方式也简单粗暴，以打骂教育为主。从小与她关系密切的亲人还有自幼一起生活的姑姑，但姑姑工作后离开家乡，结婚生子，学生被迫切断了与姑姑的感情依赖。

与此同时，整个家庭对学生的要求较高。父母的关注点聚焦在学生的成绩上，缺少其他方面的关爱，遇到问题都归因在学生身上，包括在青春期恋爱问题上面。该生一直过分要强，内心却又叛逆，曾在亲密关系上做出了一些较为出格的事情。家长认为是学生不自爱造成的，不仅没有及时抚平学生的创伤，反而采取批评和责骂的方式，进一步给学生造成了伤害。

根据家庭系统理论，“儿童或青少年的问题行为之所以与原生家庭密切相关，是因为在家庭的三角关系中，孩子是受教育者、接受者和学习者，成长过程中，孩子把父母当成学习的榜样，并从父母那里习得一些个体经验与感受，逐渐内化成自己特有的沟通方式、应对机制等生存法则。在不良环境的家庭中，孩子会被卷入父母的不良行为模式、沟通模式和情感模式里，在持续的不良互动当中，孩子很难得到良好的自我分化，而且会产生严重的慢性焦虑。他们在这样的三角关系中逐渐习得了这些不良的、僵化的模式，最后内化成自身应对外界环境的方式”。我们不难看出，Z 同学的家庭环境给她带来的是不良的互动，没有完成良好的自我分化和习得适应社会的能力，导致学生在大学阶段无法处理实际遇到的问题，出现自杀倾向。

2. 支持体系缺失

学生在不良的家庭环境中成长，不能从家庭中获得亲密关系的支持，也没有得到应有的关心和关爱。学生的高自尊心和低成就感存在矛盾，只能在学习成绩方面获得一定的满足感。学生从小就渴望亲密关系，但是却因为在初期的尝试中被家庭粗暴干涉，因此一直无法建立正常的亲密关系。在辅导员与该生建立起信任关系后发现，该生具有很强的依赖性和倾诉欲望，不断重复讲述自己的经历和负面情绪，导致每一段亲密关系或者是朋友关系都不能维持很长的时间。这种恶性循环，导致学生更无法建立起自己的情感支持系统。

良好的支持体系可以帮助个体获得心理的归属感，在成长过程中为个体提供发现自我、评价自我、宣泄负面情绪的渠道，从而找到解决问题的方法，学会适应变化的环境。但是 Z 同学的心理支持是缺失的，家庭中亲子关系的缺失导致其无法学会如何建立和维持一段良好的亲密关系，以至于后期朋友、爱人的关系无法建立和维持，遇到各种问题只能用不正确的方式去解决，情感情绪也没有宣泄的途径，长久淤积最终暴发，险些酿成严重后果。

二、危机干预过程

（一）院校两级迅速联动，启动干预机制

学生出现突发的情绪崩溃后联系了学校设置的心理热线，表明了自己想自杀的动向。心理健康中心的老师在热线中进行了紧急的危机干预，初步打消了学生的自杀念头。心理健康中心的老师随即联系了学院的辅导员老师，告知这个危机情况。辅导员老师立即启动学院的危机干预方案，联系学生，进行进一步的危机干预。通过近一个小时的谈心沟通，辅导员老师了解了学生产生自杀情绪的现实原因是与恋人分手而产生的愧疚心理，认为自己态度恶劣给对方造成了伤害。辅导员引导学生通过哭泣和倾诉发泄自己的情绪，逐渐打消其自杀的念头，返回寝室休息。辅导员也安排寝室的学生干部对该生进行密切关注，有异常及时联系。按照学院危机干预机制，辅导员逐级上报，制定初步干预方案。

（二）联系心理健康中心初步评估

辅导员按照干预预案，联系心理健康中心老师进行该生情况的初步评估。心理健康中心老师根据该生的情绪状况和既往的病史，评估后认为应当转介医院进行诊断治疗，随即打开绿色通道，转诊治疗。辅导员联系家长，家长第一时间准备前往学校，并且委托辅导员先行带学生前往医院诊断。

（三）心理门诊诊断评估，制订治疗方案

辅导员陪同学生到心理门诊诊断治疗，医生初步评估学生抑郁症复发，基于出现自杀企图，建议家长陪同住院治疗。后其姑姑前往陪同住院治疗，住院医生诊断学生为抑郁状态，且存在人格障碍，服药治疗的同时应当进行心理咨询，治疗周期持续时间长，建议陪读治疗或休学治疗。

（四）多方沟通，持续关注

出院后，学生恢复情况不太理想，虽然没有出现自杀动向，但是又多次出现情绪突然崩溃的情况。在辅导员与其充分沟通后，该生同意休学一年回家接受心理咨询治疗。在休学期间，辅导员保持与学生、家长的沟通，了解学生心理咨询和治疗情况，一年后该生顺利通过司法鉴定中心鉴定，在家长陪读的情况下复学。

三、对于高校危机干预的思考

（一）建立健全校院两级危机事件信息沟通网络，信息传递及时高效

本次危机干预案例的成功源于危机事件信息传递的高效及时。从心理热线得知学生的风险后，相关学院、相关辅导员老师立即进行持续的疏导和帮扶。在未出现严重后果的情况下，校院两级的应急预案启动，利用学校的绿色通道，及时将学生转诊到心理门诊进行诊断治疗，最终化解危机。

建立健全校院两级危机事件的信息沟通平台是危机事件成功处理的前提。校级心理健康中心对接学院设立专职联络员，各二级学院设立心理联络专职岗，可以保障信息传递的高效快速。在校级心理健康中心接到危机事件报告时，学院可以精准定位学生的辅导员老师，迅速收集和掌握学生情况，有重点的进行干预；在学院遇到学生危机事件时，可通过这个沟通网络联系到具有专业能力的心理健康中心老师指导开展工作，对学生心理情况进行研判，利用绿色通道及时转诊治疗，避免悲剧的产生。

（二）定期做好学生的心理筛查和重点学生访谈工作

心理健康中心每年对新生进行心理健康筛查都采用了量表筛查模式。部分曾经患有心理疾病的学生可以通过撒谎、逃避等手段逃避量表问题的判断，导致这部分学生往往在筛查中没有被标记为重点关注群体，出现学院帮扶排查的漏洞。结合本案例，学校或者专业机构应当联系学院了解学生的基本情况，针对不同类型的学生选择不同种类的量表，并且定期筛查，给孤儿、单亲家庭、身体有重大疾病或缺陷、有精神疾病或者心理疾病的学生建立心理健康档案，进行重点的帮扶排查，及时转介，实时追踪和跟踪学生的状态和心理情况，及时与学院沟通会商，反馈情况，做到早预防、早发现、早治疗。

（三）探索大学生心理健康的家校协同教育新模式

在近年的工作中发现，大学生危机事件受家庭环境影响颇深。例如本案例中的学生，小时候与父母割裂，父母的职责由爷爷奶奶代为行使，缺乏正确的家庭教育，导致学生在人格以及“三观”形成的过程中严重缺乏感情支持，加之遇到困难时不正确的引导和教育，导致其出现行为异常和心理疾病。这一点在有留守儿童经历的学生中比较常见。

在学校传统的心理健康教育中，采取的是通识性的课程和个性化的帮扶模式。我们在针对学生群体开设的课程可以利用专业的知识帮助学生认识心理健康的重要性，通过对学生内在心理素质的提升来帮助大学生建立起积极、健康、向上的心态。另外，还可通过心理热线、心理一对一的咨询和访谈，针对特殊需求的学生，解决实际存在的问题，化解危机；通过辅导员与家长建立的家校沟通渠道，与家长沟通，解决家庭与学生间的矛盾与冲突，协助建立良好的家庭关系。这样的心理健康教育模式可以解决大部分的学生遇到的心理问题，但是往往是遇到问题才解决问题，或者是反复去解决同类型的

问题，没有办法从家庭内部去化解矛盾。在这种情况下，学校心理健康中心开设的家长空中课堂就显得尤为重要。我们利用现代信息化的手段，通过网络平台给家长开设心理健康教育课堂，帮助家长树立平等、民主的亲子关系观念，学习基本的心理知识和家庭教育方法，通过个案分析帮助家长解决与学生的沟通障碍问题，达到两代人共同学习成长的目的。后期可开设家庭咨询站，选取有专业资质的老师进行家庭团体心理辅导，解决家长在教育过程中遇到的实际困难，协调亲子关系，帮助家长制定合理有效的家庭问题解决方案。另外可以建立因原生家庭导致心理问题学生的帮扶档案，定期由心理健康中心牵头，协同学院同问题家庭进行会商，在学生进行心理治疗的情况下，对家长也进行心理相关教育，帮助建立家庭支持系统。

参考文献：

雒淼淼. 一例高职学生心理危机干预案例分析 [J]. 财富时代，2021 (7)：184-185.

陈美玲，倪兵兵，叶家杰，等. 大学生心理健康教育体系探究——基于案例分析 [J]. 社会与公益，2021，12 (5)：51-53.

徐颖. 基于学生案例分析家庭教育对大学生心理健康教育课程教学改革的启示 [J]. 教书育人（高教论坛），2020 (27)：76-77.

王东升. 重度抑郁伴自杀倾向的大学生综合性心理危机干预 [J]. 高校辅导员，2017 (1)：76-79.

吴雨薇. 论原生家庭对个体发展的影响——从家庭系统理论出发 [J]. 泉州师范学院学报，2017，35 (3)：88-92.

家长态度对大学生心理问题干预的影响研究

唐　霞[①]

摘要：在大学生心理问题日益凸显的大环境下，笔者通过两个案例发现，家长态度对于学生心理问题的干预有显著的影响。本文从大学生心理问题的成因和学校目前工作的局限性切入，分析了为什么学生的心理问题干预需要家长的协助，探讨了学校在提升家长重视学生心理问题方面的可行性方案，从教师工作提升、家校互动、提高学生对家校互动的认可度等方面提出了相关建议，以期让家长更重视学生的心理问题，助力心理问题学生的治疗。

关键词：家长态度；心理问题；家校互动

随着社会的发展，学业压力和就业形势日益严峻，大学生的心理问题呈现出多发的趋势，心理健康问题影响到他们融入校园生活和正常的学习活动。因此，如何有效地帮助有心理问题的大学生走出困境是高校和学生管理工作的重中之重。目前，各高校都十分重视健全心理问题干预机制，但是很多家长对于学生的心理问题还没有足够的重视。2018 年 9 月 10 日，习近平总书记在全国教育大会上明确指出：“办好教育事业，家庭、学校、政府、社会都有责任。家庭是人生的第一所学校，家长是孩子的第一任老师，要给孩子讲好‘人生第一课’，帮助扣好人生第一粒扣子。”这充分肯定了家庭在学生教育中所占据的重要地位，笔者认为在对心理问题学生的干预中家庭应发挥重要的作用，家长的态度也极大地影响到心理问题学生的治疗和康复。

一、案例

同学 A，男生。该生在大二年级第一学期时，他的好朋友自杀，参加完葬礼之后返校情绪低落，有轻生的想法。联系学生高中班主任，了解到该生在高中时就出现过自杀的想法，在班主任的劝慰下没有采取行动，学生还让老师替其保密。辅导员与学生谈话

① 唐霞，四川大学生命科学学院，讲师，博士，主要研究方向为思想政治教育和心理健康教育。

之后改善不大，转介到学校心理教育中心进行评估，咨询师判定暂时无高危风险，但应立即就医。辅导员和家长进行沟通后，家长也非常重视，立即到校陪同学生就诊，诊断为抑郁状态，开始进行药物治疗。服药 10 天之后，该生意欲跳楼轻生，学校保安及时发现，经过努力，挽救回学生生命。家长在当天晚上赶到学校，第二天学生到心理卫生医院住院接受治疗。半月之后学生出院时，医生诊断为不伴有精神病性症状的重度抑郁发作，继续服药。家长在学生住院过程中，提出了休学的想法，但是学生比较坚持，要继续学习。学生出院之后，因为住院缺课较多，该学期课业也重，该生立即申请办理休学手续回家调养。学生回家之后，家长每天都会带他出去运动，一起做手工，与其聊天谈心。经过 3 个多月的休整，该生精神状态有了极大的改善，未查及抑郁焦虑情绪，处于疾病缓释期，司法鉴定中心建议监护治疗下复学，继续观察，必要时就诊。该生从抑郁状态到恢复正常学习，大约经过 5 个月时间。

同学 B，男生。该生是降级学生，连续降级两次。该生自述在大一时候因为编程课程不及格受到打击，老师在班会时当众说了挂科的事情，自己更觉得抬不起头来而沉迷游戏。辅导员老师和家长沟通，家长表示希望老师多督促学习。在大一学年结束的时候，该生有六门课程出现挂科，在开学的时候自己主动选择降级到低年级重新开始学业，父母表示支持学生的决定。降级之后，该生学习情况并没有得到明显的改善，重修课程还是多门不及格。在与老师多次沟通后，该生去学校心理咨询室做了一次咨询，但家长不认为学生出现了心理问题，也没有带学生去医院就诊或做咨询。学生一直处于自我调整状态，必修课不及格学分达到 23 分，学业中级预警，该生选择第二次降级。第二次降级之后，开学初期状态不错，但是到了中期不及时完成老师布置的作业，不接电话，拒绝和老师见面沟通。学生表示自己对所有事情都没有兴趣，想要改变但又无能为力，咨询师判定学生属于典型的抑郁状态。学生总是以自己视力问题、鼻炎问题作为影响学习的理由，家长也认为学生是因为身体原因导致不能好好学习，否认学生需要心理治疗，仅带学生去治疗了身体疾病，忽略了心理疾病。辅导员老师经常与该生交流，不断给学生赋能，还积极联系科任老师帮助他的学习。在辅导员老师、科任老师和家长长期关怀和帮助下，该生终于在降级的第五学期，恢复了正常学习状态，所有科目的不及格学分数降为 8 分。该生从遭受打击到基本恢复学习生活，用了两年半的时间。

同学 A 的家长认识到心理问题对于学生的正常学习生活有很大影响，能够在第一时间陪同学生就诊，并且迅速做出休学治病的决定。同学 B 的家长对于心理问题没有正确的认识，不清楚学生的哪些表现是心理问题导致的，也没有要带学生就医的观念，主要是老师在帮助学生疏导心理问题。通过这两个案例我们可以看到，家长对于心理问题的认识，直接影响了学生是否能够及时地接受治疗，也极大地改变了学生恢复正常学习生活的时间。当学生出现心理问题时，不仅是学校建立帮扶体系，家长对孩子心理问题的认识、态度以及与学校的配合也非常重要。

二、家长对学生心理问题态度的重要性

（一）大学生心理问题的成因

第一，大学生处于成人初显期的发展阶段，这个阶段的人群在心理上即将成熟，但是又处于很不稳定的状态，情绪起伏大。第二，多数学生在小学和中学期间，将精力主要集中在学业上，而且受到家庭的保护，在生活自理、人际交往、社会适应等方面都缺乏锻炼。在进入大学之后，脱离家庭的照顾氛围，全新的生活环境、人际关系、学习方式等都影响着大学生的心理健康。第三，大学生学习负担重，需要承担关于个人未来发展的巨大压力，困扰着学生的健康成长。第四，家庭环境对学生的心理状况有重大影响，不良的家庭环境对学生的负面影响会一直存在于他们的潜意识中。

（二）学校目前工作的现状或局限性

目前，学校几乎承担了所有大学生心理问题干预的责任。学校现在采用四级心理问题干预网格模式——“学校—学院—班级—宿舍”，对于心理问题的发现和干预发挥了极大的作用，但是也存在着一定的局限性。第一，《中华人民共和国精神卫生法》第三十一条明确规定：“精神障碍患者有本法第三十条第二款第一项情形的，经其监护人同意，医疗机构应当对患者实施住院治疗；监护人不同意的，医疗机构不得对患者实施住院治疗。监护人应当对在家居住的患者做好看护管理。”根据法律，学校没有要求心理问题学生住院治疗的权利，心理问题的干预治疗需要家长的配合做决定。第二，师生关系是学生入学之后才建立的，建立的时间短，学生对老师可能不会有完全的信任感，可能会隐瞒自己的部分情况，不利于老师协助解决学生的心理问题。第三，学生出现了心理问题，但是学生的生活和学业还是要继续，可能会有新的压力出现导致心理问题加重。同时，老师不可能做到关注到学生的所有情况，及时了解学生心理问题，所以，辅导员工作也有很大的局限性，需要家长的配合。

三、加强家长对学生心理问题重视的有效途径

（一）建立一生一册档案

针对心理问题学生，建立个人档案。通过建立档案，我们可以更清楚地梳理学生目前的学习、生活情况，掌握更多的信息，帮助我们全面评估学生的心理健康状况，并便于及时分类处理。在和家长沟通的时候，我们可以根据档案详细地说明学生现在的哪些表现是令人担心的，为什么我们判断学生的表现可能是出现了心理问题，更容易让家长引起重视。如果我们直接给家长说学生出现了心理问题，多数家长会下意识地否认。而我们和家长沟通学生现在出现的问题，更容易让家长认识到学生存在的心理问题。

（二）加强家校互动

高校大学生来自全国各省市，家长和学校之间的实际距离增大，不像小学和初中能够很便捷地召开家长会，甚至是进行家访。随着科技的进步，互联网技术已经与人们的生活息息相关，极大地便利了人们的交流方式。我们可以利用公众号、腾讯会议、家长微信群或QQ群等媒体平台来进行交流，搭建家校沟通的新平台。学院每个本科生年级都建立了家长群，老师会将学生当前遇到的重要事情也在家长群通知，让家长更多地了解学生的在校情况。我们也鼓励家长在群里相互交流，或者是单独联系老师沟通学生的情况。家校互动增加，可以增加家长对学生的了解度和信任度，在老师和家长沟通学生的心理问题时，能够更快得到家长的认同，也便于进行下一步的治疗。

（三）提高家长心理卫生健康知识水平

为了加强家长对于学生心理问题的重视，还应该提高家长的心理健康知识水平。同学B的情况处于心理问题爆发阶段，但是家长的心理健康意识还比较淡薄，认为是身体不适导致学生不能继续学习，也没有因为心理问题去医院就诊。四川大学和电子科技大学联合打造了“大学生家长空中课堂”，向家长们普及与学生交流的方式、学生容易出现的心理问题的类型和特点、如何管理自己的情绪等多板块的内容，帮助家长进行自我提升，学会改进和处理学生的心理健康情况，全方面提高家长的心理健康知识水平。

（四）增强学生对心理问题的重视度和家校沟通的认可度

有的学生自己的心理健康意识也比较薄弱，不重视心理健康问题。同学B也认为是身体不适导致自己不能学习，也没有意识到是出现了心理问题。有的同学心理出现问题之后，不愿意告诉家长。同学A在高中时就出现过自杀的念头，自己一直不愿意给家长说，也不让班主任给家长说。一方面，需要进一步给大学生普及心理问题的基础知识，帮助其正确的认识心理疾病，通过各种讲座或活动增强其求助意识。另一方面，要给学生做好宣传作用，告知学生家校合作对于学生心理问题及时发现和及时治疗的重要性，从关心、关爱学生的角度出发，让其主动支持和配合家校合作。

大学生心理问题发病率高，每个学生都有自己独特的情况，单靠学校根本不能做好大学生心理问题干预工作。随着社会的进步，越来越多的家长意识到心理问题的危害性，但是还有部分家长以学生有心理问题为耻，延误了学生的治疗。相信在我们持续不断地努力下，家长们都能正确地面对心理问题，家校合作共同促进大学生的心理健康发展。

参考文献：

张兰鸽，涂翠平，杜玉春．心理育人视角下危机干预中家校合作的困境与对策［J］．北京教育（德育），2021（Z1）：123－128．

人民网．习近平全国教育大会重要讲话金句速览［EB/OL］．（2018－09－11）［2022－

08－15]. http://edu.people.com.cn/n1/2018/0911/c1053－30286259.html.
杰弗里·延森·阿奈特. 长大成人：你要经历的成人初显期［M］. 段鑫星，刘琪，宋雪冰，等译. 北京：科学出版社，2016.
王富贤. 新时代大学生心理问题探析［J］. 黑龙江科学，2021，12（17）：100－101.
李冰寒，张辉. 家校合作构建大学生心理健康［J］. 中国医药导报，2019，16（22）：73－76.

一例大学生心理危机干预案例的启示和思考[①]

彭　铎[②]　青思含[③]

摘要：通过一例真实的大学生心理危机干预案例，分析心理危机干预成功的原因与经验，首先要及时发现，尽早进行干预，同时要有完整的干预体系以及回访过程。思考案例的发生与发展并总结案例中获得的启示：一是做好心理危机学生人群的摸排，通过网格状的摸排体系，精准定位心理危机学生；二是发挥辅导员的优势，引导学生自我建设，激发内在力量，进行主动干预；三是家校联动、医校联合等多维协作，发挥联防联控作用，为心理干预提供重要的支持和保障。

关键词：大学生；心理健康；心理危机干预

党的十八大以来，以习近平同志为核心的党中央高度重视学生心理健康工作，习近平总书记对学生心理健康教育作出了系列重要指示，为做好新时代高校学生心理健康教育工作提供了根本遵循。教育是培养人的事业，让广大学生更加健康阳光，是高校落实立德树人根本任务的应有之义。

当前大学生大都为“00后”，正处于自身认知调整的阶段，同时大学的生活环境、人际交往等与高中时期发生较大变化，这些变化对大学生的人格特质、心理健康带来的影响不可忽视。如何精准发现高校中可能会发生心理危机的学生人群，并对这类人群进行有效干预，一直是各高校的研究热点，也是难点。本文以实际工作中的一例心理危机干预案例为例，分析干预成功的原因，并引发了对心理危机干预的思考，获得心理危机干预的启示。

---

① 基金项目：四川大学中央高校基本科研业务费研究专项项目（项目批准编号：sksz202121）。

② 彭铎，四川大学华西基础医学与法医学院，辅导员，主要研究方向为大学生思想政治教育，大学生心理健康。

③ 青思含，四川大学华西基础医学与法医学院，辅导员，主要研究方向为大学生思想政治教育，大学生心理健康。

一、案例概述

（一）基本情况

小黄，女，21岁，汉族，大一学生，独生子女。家庭成员共3人，父母健在，系当地公职人员，家庭关系良好。小黄身体状况良好，无器质性病变，无不良嗜好，无心理疾病史，自述高中时喜欢同性别同学（女生）。小黄性格内向，属于慢热型，容易情绪激动，爱哭，不善表达，与同宿舍同学沟通交流多于班级其他同学，能够参与班集体的一些活动，例如迎新晚会等。

（二）引发原因

辅导员通过定期与学生的谈心谈话，了解到小黄喜欢同宿舍的室友小红。小红和小黄虽然专业不同，但所属年级和学院均相同，且为宿舍室友，使用共同的洗漱间，日常生活接触较多。从谈话中了解到在小红生日时，小黄带着生日蛋糕向其表白被拒绝，对方明确提出自己喜欢异性。小黄心里充满了落差感，打碎了蛋糕，到宿舍角落哭泣。

通过与小黄同宿舍其他学生交谈了解到，这段时间小黄经常晚上到宿舍外面哭泣，同宿舍室友因担心其人身安全，外出寻找并陪护。小黄白天上课能按时进行，到了晚上情绪就不受控制，特别容易激动。

（三）心理危机干预过程

1. 及时报告，启动干预机制

辅导员第一时间安抚小黄，稳定其情绪，并报给上级领导。辅导员也同步预约了学校的心理咨询师，开启院校两级的干预机制。心理咨询师在对小黄进行情绪疏导以及心理评估后，认为其暂不属于同性恋，不能诊断为抑郁症等疾病，需要多给予关爱和关注。

辅导员同时与家长沟通，了解其性取向、家长对待该事件的看法等，记录并形成学生突发事件台账。

2. 关心、关爱学生，引导其树立正确的恋爱观

辅导员定期对小黄进行情绪上的安抚，相互沟通彼此对恋爱观的看法，引导其形成正确的恋爱观。尤其在小黄容易崩溃的晚上，辅导员多次进行疏导与沟通，聆听小黄心底的声音，引导其进行自我心理建设。

3. 第三方介入

鉴于小黄的情绪特别容易激动，又自认为自己是同性恋，辅导员帮助小黄预约某三甲医院的心理医生，后医生诊断其非同性恋，没有心理疾病，需要加强关心关爱和关注。假期间，小黄通过当地医院预约心理医生，每两周进行一次情感疏导，当地医院的心理医生的诊断结果一致，认为小黄的心理状况暂不构成心理疾病，但也需要多关心关爱她。开学后，小黄继续与当地心理医生保持线上联系。半个学期过后，辅导员通过回

访，发现小黄对情绪的处理有很大程度的改观，恋爱观也有了较为客观的自我评价。

二、心理危机干预成功的原因分析

（一）发现及时，启动干预机制较早

本案例中，辅导员通过定期与学生访谈发现学生存在心理危机，并向同宿舍学生证实，于第一时间报上级和心理中心。学校的心理咨询老师也在第一时间对学生进行情感疏导，并对其症状进行评估。心理危机的干预开启较早，也得益于小黄正在试图尝试通过辅导员老师这个途径解决问题。这个阶段属于心理危机发生发展的第二阶段。通过本案例发现，第二阶段开启心理危机的干预会收到较好的效果。因此，及时发现心理危机学生人群，并尽早进行干预，是高效解除心理危机的有效途径之一。

（二）院校联动、家校联动、医校联合等干预机制的完善

本案例中，对小黄进行心理危机干预的不仅有辅导员，有学校心理咨询老师，以及医院的心理医生，还有家长等，多种社会支持体系参与了工作。通过学校、家庭、医院等多方介入，相互间积极沟通，小黄开始进行自我认知调整，最终解除心理危机。因此心理危机干预不再是单一方面的干预，而是多方协作、多维协作的结果，是有效整合学生心理健康教育社会支持体系的结果。

三、心理危机干预案例的启示

（一）心理危机学生人群的精准摸排

各高校会在大学生入学时安排进行心理测试，心理健康中心通过心理问卷调查的形式可大面积的对高校学生进行排查，筛选出部分有问题的学生名单。这部分学生的日常表现以及人格特质会表现在宿舍生活或班级活动中，班干部对学生平时表现的描述有助于辅导员了解学生的情绪、行为变化，最后辅导员通过一对一、点对点的谈心谈话，可精确判断学生是否存在心理危机，是否需要干预。通过面—线—点逐级细化，精准定位心理危机学生名单，形成网格状摸排是有效排查心理危机学生人群的途径之一。

（二）发挥辅导员的优势

辅导员是与学生接触较多的老师之一，对学生的性格、家庭情况等掌握较全面，容易与学生建立信任、依赖的关系，辅导员更容易发现心理危机的学生。同时心理危机的干预涉及学校、家庭、第三方机构如医院等多个方面，辅导员更是联通多方面的核心，也是追踪学生情绪、行为变化的主要方面。

很多高校辅导员没有专业的心理健康方面的知识，在处置学生心理危机时，除了按照已经形成的干预体系进行，更多要从日常生活、学习等方面着手，走进学生内心世

界，了解学生心理危机形成的具体原因，包括外部环境因素如社会环境、家庭环境、学校环境等，及内部因素如个体成长因素，高校学生在个体成长过程中经常遇见的是适应性问题、学业问题、情感问题、人际交往问题等。针对不同问题要引导学生进行积极的自我心理建设，激发自己的内在力量，避免出现心理疾病后的被动干预。

（三）多方位保障支持体系

辅导员与学校心理咨询师的沟通，辅导员与家长的沟通，辅导员与转介医院医生的沟通，在心理危机干预中经常发生，这种院校、家校的联动，医校结合、线上线下混合，第三方组织机构的介入等多维协作的模式，多方位保障支持体系可丰富心理危机干预资源，扩宽工作路径，能为有心理危机的学生提供重要的支持和保障，有助于解决学生心理危机问题。同时家校联动、医校联合等多维协作的模式有助于构建立体化的联防联控机制，是校园心理危机干预机制的延伸。

四、结语

大学生心理健康是关系到学生健康成长，形成健全人格的关键，通过早发现、早介入、多维协作等手段可有效干预心理危机，减少校园危机事件的发生，营造和谐校园。但如何将心理危机干预机制和体制进一步完善，如何更加有效地整合家庭、学校、医院等丰富的心理危机干预资源，如何保持干预机制的长效性等一系列问题将是心理健康工作者，也是高校需要思考的问题。

参考文献：

王清霞．新时期大学生心理危机干预路径及策略［J］．科学咨询（教育科研），2022（1）：19－21．

康颖．高校辅导员开展大学生心理危机干预研究［J］．现代交际，2021（23）：176－178．

路璐．积极心理学视角下高校心理危机干预工作创新探索［J］．科教文汇（中旬刊），2021（11）：34－36．

孙晓雪．新时期高校学生心理危机干预策略研究［J］．现代交际，2021（16）：44－46．

何阳．大学生心理教育及服务的第三方介入机制研究［J］．开封文化艺术职业学院学报，2021，41（12）：95－98．

王苏妍，段笑那．高校心理危机干预体系的构建［J］．锦州医科大学学报（社会科学版），2022，20（1）：62－64．

臧鹏．新冠疫情下高校学生家校联动心理危机干预机制的探索［J］．长春大学学报，2021，31（8）：28－31．

对性少数大学生群体的心理帮扶工作探析

——基于一线辅导员的视角

黄　艳①

摘要：性少数大学生是辅导员工作对象中较为特殊的一个群体，他们往往因为自身的性别认同、性别取向等原因，受到心理上的困扰。一线辅导员作为开展高校思想政治和心理帮扶工作的骨干力量，应对性少数大学生群体尊重接纳、有效甄别、加强家校联动，积极开展对他们的心理帮扶工作。

关键词：性少数；大学生；辅导员；心理辅导

在我国高等教育面向学生群体范围越发广泛的背景下，高校大学生群体的复杂性特征也越发明显。其中，性少数群体是大学生群体中较为特殊的一个组成部分，在一线辅导员的日常工作中可能会遇到个别性少数群体学生，如何深入了解这一特殊群体，进而开展有效的心理帮扶是辅导员工作中一个敏感而必须学习的内容。

一、什么是性少数大学生群体及案例

所谓性少数群体（LGBT），是指除异性恋之外的少数性取向人群。性少数人群主要分为同性恋者、双性恋者以及跨性别者（Gay，男同性恋者；Lesbian，女同性恋者；Bisexual，双性恋者；Transgender，跨性别者）。同性恋者、双性恋者较好理解，其中跨性别者，是指在性别认同（Gender Identity）或性别表达（Gender Expression）方面与出生时的生理性别及相应的社会期待不一致的个体。易性症则是指渴望以与自己的指派性别（或称生理性别）不同的另一种性别生活并为人所接受的心理现象，一般希望接受手术和跨性别激素治疗，以使自己的身体尽可能与自己的性别认同一致。

笔者曾接触过男同性恋者、“女装癖”、生理性别为男性但已通过变性手术成为女

---

① 黄艳，四川大学生命科学学院，学生科副科长、辅导员，主要研究方向为思想政治教育、大学生心理健康、学生党建。

性、生理性别为女性计划通过变性手术成为男性的跨性别者等情况的学生。辅导员作为开展大学生思想政治教育和心理帮扶工作的骨干力量，工作在大学生思想政治教育的第一线，是大学生成长成才的人生导师和健康生活的知心朋友，对大学生的健康成长起着重要作用。“一个都不能少”，做好性少数大学生群体的心理健康辅导工作，关系到他们的健康成长。下面仅以笔者经历过的两个案例作为本次探讨开展性少数大学生群体心理帮扶工作的引子。

一个是男同性恋者小A，男。在大学时期小A逐渐明确自己喜欢同性，在与一个男性朋友来往过程中萌生爱意并向其表白，但那个朋友拒绝了他。因恋情受挫，小A产生了轻生的想法，留下绝笔信后离开宿舍。室友发现后及时向辅导员汇报，辅导员马上带人寻找，终于将其找到并带回宿舍。为避免该生产生轻生念头，学院安排了同年级的学生骨干、室友和其他辅导员们一起照顾小A。小A在后续的学习生活中，发现同学们知道了他是同性恋的情况，认为同学们疏远他、歧视他，产生心理应激反应，在寝室封闭自我。学院经与家长沟通，同意该生办理休学手续回家休养。后小A所在年级毕业，小A复学后降级到下一年级，周边都是新同学，但小A仍不愿融入，独自在外租房居住，并抗拒与学院同学的交流。在毕业设计即将完成的阶段，小A办理了退学，后以撰写网络小说为生。

另一个是跨性别者小B，生理性别女。小B的生理性别为女，但在很小的时候就从心理上认为自己是男生，并与父母坦白沟通，父母从一开始的不能接受到慢慢接受，后带其就医确诊为易性症。小B在高考结束后开始接受性别变换的相关手术，但因年龄问题暂未完成所有手术。其母亲在确认录取后联系辅导员，希望学校和学院对孩子予以理解和关怀，并在宿舍安排、卫生间使用等方面（希望上男厕）予以照顾。学院给予了充分的理解、支持并定期跟进小B的情况。小B入学后除在卫生间的使用方面不太方便外，目前大学适应良好，成绩较好，学业及人生规划明确，心理状态健康。

二、对性少数大学生群体开展心理帮扶工作的重要性

性少数人群往往是社会中最为边缘、最为弱势的群体之一。关注他们的需求并对他们予以心理辅导和帮助，对于辅导员来说是必须且重要的。从以上两个案例，我们可以看出性少数大学生群体面临与普通大学生不一样的压力和窘境。

一方面，因为不同于多数人的性别认同、性倾向或着装倾向，性少数大学生群体广泛受到心理上的困扰。有研究表明，性少数大学生在抑郁、焦虑及自杀意念上的得分显著高于非性少数大学生，而在健全人格取向的心理健康上的得分显著低于非性少数大学生。案例一中小A虽然在后面辅导员陪同其就诊中未被明确诊断为抑郁焦虑，但其因性倾向为同性，表白被拒产生轻生念头，个人感受“被疏远、歧视”，抗拒与同学、老师交流，和案例二中小B使用男厕会感觉尴尬，和少数男生因喜欢着女装而受到来自家人的责骂、强迫而产生的低落、沮丧等情绪，都是性少数群体心理障碍的表现形式。在我国甚至世界范围内，性少数群体所处的环境都是非支持性居多的，他们面临着来自家庭、社区、学校、社会等环境的巨大压力，这些压力和不良情绪极可能引起性少数大

学生群体的心理健康问题，甚至危及生命安全。作为一线辅导员们，很有必要在消减压力、维护健康和保障生命的基础上，探讨如何对这部分大学生开展心理辅导，帮助他们明确自身性别认同、接纳自己的性倾向，提高性少数大学生的身心健康。

另一方面，性少数大学生群体因其性少数身份在学业上受到的负面影响相对较大。习近平总书记指出："我国高等教育肩负着培养德智体美全面发展的社会主义事业建设者和接班人的重大任务……办好我国高校，办出世界一流大学，必须牢牢抓住全面提高人才培养能力这个核心点。"因性少数大学生群体得到的社会支持较普通大学生少，面临的心理压力大，长期处于相对自闭的环境中，持久的学习生活压力易使他们产生疲惫感，进而消极对待学业，导致学习成绩下滑，对同学也越发冷漠、疏远，形成恶性循环。案例一中小 A 在后期产生心理应激反应，无法继续学业，只能休学。小 A 复学后，尽管辅导员、指导教师、学院都对他热情鼓励、积极帮扶，但他最终还是主动放弃毕业设计、放弃学业，选择了退学，不可谓不可惜。性少数大学生人数虽少，亦是大学生群体的一部分，需要辅导员对他们加以充分的重视，加强心理帮扶，提高学习能力，帮助他们德智体美劳全面发展。

三、对性少数大学生群体加强心理帮扶的思考

一线辅导员活跃在学生工作的第一线，是性少数大学生可以寻求心理帮扶的第一选择。对性少数大学生群体的心理帮扶，辅导员们可以从以下几个方面着手。

第一，辅导员老师自身应增加对性少数群体的认知，对性少数大学生的态度应是开放接纳、不含歧视。2019 年 5 月，世界卫生组织通过的《国际疾病与相关健康问题统计分类》，正式将性别认同障碍从精神障碍分类中移除，而在性健康分类中增添"性别不一致（Gender Incongruence）"一项，不论是男同性恋者、女同性恋者，还是跨性别者，他们都不是一种"病态"。辅导员在做所有与性少数大学生群体有关的心理帮扶工作之前，自身需先端正认识，保持价值中立，不贴道德标签，接纳这些同学的性别情况，这样才能让内心敏感的性少数大学生们敞开心扉，愿意与辅导员沟通，为后续工作奠定良好基础。

第二，辅导员在日常工作中应加大对该类学生排查的敏感度，加强对可能有心理问题学生情况的甄别，积极沟通，尽量避免心理问题的产生或严重化。有的性少数大学生对自己的性别取向懵懵懂懂，有的羞于与他人交流，有的将苦恼烦闷藏在心中，有的甚至已经发展成心理疾病，这就需要辅导员通过日常与同学们的密切接触，充分掌握学生情况，通过平等开放的态度，对排查到的学生和主动找到辅导员老师寻求帮助的学生，给予接纳、关心和理解。建立友好对话机制，积极主动地教育引导他们悦纳自身性别或性取向，让他们不再对自己的性别角色产生烦忧。面对产生了心理问题的性少数大学生，辅导员要加强深度辅导，督促学生就医并定期接受心理咨询辅导。

第三，在学院、年级、班级、寝室范围内构建朋辈帮扶体系。这主要包含两方面的工作。一是通过加强同学们对性别认同方面知识的了解，减少普通同学对性少数群体的错误认识，塑造多元性别平等意识，改善性少数大学生群体的校园生活环境，减少性少数大学生可能面临的心理问题和欺凌现象。通过构建多元开放的校园氛围，让性少数大

学生群体减少心理压力，从而可以将更多的精力用在正常的学习生活上。二是发挥学生干部作用，对有心理问题的性少数大学生多予以关注、多开导，同时注意保护同学隐私。对部分学习困难的采取结对帮扶的方式，带动班级营造团结互助的学习氛围，帮助性少数大学生循序渐进地走出学业困境，使其健康发展。

第四，帮助学生与家长建立良好沟通渠道，纠正家长的错误认识。我们应该看到有的性少数大学生其实在与家人的沟通中并不顺畅。案例一中小 A 的家人一直不太能接受自己儿子喜欢同性，小 A 并未能够从家人处获得相应的心理支持，一直心情抑郁。案例二中小 B 则因为逐渐获得了家人的认可和支持，心理健康状态一直较为良好。辅导员为帮助性少数大学生们健康进步，应该与学生的家长保持良好沟通，帮助家长纠正错误观点，引导家长逐步接纳孩子的具体情况，让他们认识到每个人在性倾向、性别认同、性别表达等方面享有平等的权利。加强家校联动，来自家人的积极支持对改善性少数大学生的心理状态至关重要。

相对来说，在高校环境中，大多数人并没有表现出对性少数群体的明确反对或支持态度，是相对包容的。但多数性少数大学生的心理健康状态都是需要予以重点关注的。辅导员应该对这部分大学生群体予以充分的尊重和接纳，加强对他们的心理辅导。随着不断努力，相信这些性少数大学生群体也能更加积极、乐观、健康成长。

参考文献：

王雁，辛颖，魏贝贝，等. 非支持性环境、性取向自我认同、秘密隐藏对性少数大学生心理健康的影响［J］. 中国健康心理学杂志，2020，8（10）：1572－1576.

DAILEY L，ELLIS SJ，MCNEIL J. Suicide risk in the UK trans population and the role of gender transition in decreasing suicidal ideation and suicide attempt［J］. Ment Health Rev，2014，19（4）：209－220.

联合国开发计划署“亚洲同志”项目、北京大学社会学系以及北京同志中心：中国性少数群体生存状况——基于性倾向、性别认同及性别表达的社会态度调查报告［EB/OL］.（2022－03－03）［2022－09－15］. https://www. cn. undp. org/content/china/zh/home/library/democratic _ governance/being－lgbt－in－china. html.

张宇迪，付芳. 基于全国样本的性少数大学生心理健康状况的调查［J］. 中国临床心理学杂志，2019，27（5）：1572－1576.

新华网. 习近平：把思想政治工作贯穿教育教学全过程［EB/OL］.（2016－12－08）［2022 － 09 － 15］. http：//www. xinhuanet. com//politics/2016 － 12/08/c _ 1120082577. htm.

联合国新闻. 世卫组织将性别认同障碍从精神疾患分类中移除［EB/OL］.（2019－05－10）［2022－09－15］. https://news. un. org/zh/story/2019/05/1035391.